1er ET 2e CYCLES UNIVERSITAI
FORMATIONS PARAMÉDICA

100 FICHES POUR CONNAÎTRE LA PSYCHOLOGIE

sous la coordination
de **Annick Weil-Barais**
et **Dominique Cupa**

Bréal

1, rue de Rome – 93561 Rosny Cedex

Chez le même éditeur

Collection « Grand Amphi – Psychologie » dirigée par G. Amy et M. Piolat

- *Les Méthodes en psychologie*, sous la coordination d'A. Weil-Barais
- *Psychologie clinique et psychopathologie*, sous la coordination de R. Samacher
- *Psychologie cognitive*, sous la coordination de J.-L. Roulin
- *Introduction biologique à la psychologie*, sous la coordination de J. Pellet
- *Psychologie sociale*, sous la coordination de J.-P. Pétard
- *Psychologie du développement*, sous la coordination de M. Deleau
- *Psychologie différentielle*, sous la coordination de P.-Y. Gilles

Collection « Lexifac » dirigée par S. Netchine

- *Statistiques appliquées à la psychologie* par B. Beaufils
  - Tome 1 – *Statistiques descriptives*
  - Tome 2 – *Statistiques inférentielles*
- *Psychologie sociale*, sous la coordination de P. Gosling
  - Tome 1 – *L'individu et le groupe*
  - Tome 1 – *Approches du sujet social et des relations interpersonnelles*
- *Enfants, adolescents : approches psychologiques* par A. Danis, D. Deret, F. Jamet, A. Lamel, S. Netchine, F. Rousseau, A. Santolini, C. Tijus, A. Weil-Barais
  - Tome 1 – *Les fondements*
  - Tome 2 – *Statistiques inférentielles*

Hors collection

- *La psychanalyse de Freud à aujourd'hui* par D. Bourdin

Dépôt légal : février 2001
ISBN : 2 84291 317 5

Les coordinateurs

Annick Weil-Barais
Professeur
Université d'Angers

Dominique Cupa
Professeur
Université Paris X-Nanterre

Les auteurs

Gérard Amy
Maître de Conférences
Université d'Aix en Provence

Antoine Bioy
Psychologue

Marc Blin
Attaché Temporaire d'Enseignement et de Recherche
Université Paris X-Nanterre

Barbara Bonnefoy
Attachée Temporaire d'Enseignement et de Recherche
Université Paris X-Nanterre

Bernadette Céleste
Maître de Conférences
Université Paris X-Nanterre

Frédérique Cuisinier
Maître de Conférences
Université Paris X-Nanterre

Dominique Cupa
Professeur
Université Paris X-Nanterre

Hélène Deschamps-Riazuelo
Psychologue
Chargée de cours
Université Paris X-Nanterre

Marie-Louise Le Rouzo
Maître de Conférences
Paris X-Nanterre

Hubert Lisandre
Maître de Conférences
Université Paris X-Nanterre

Isabelle Maramotti
Maître de Conférences
Université Paris X-Nanterre

Fleur Michel
Psychologue
Chargée de Cours
Université Paris X-Nanterre

Annie Moch
Professeur
Université Paris X-Nanterre

Marie-Josée Mouras
Maître de Conférences
Université Paris V

Valérie Rozec
Chargée de cours
Université Paris X-Nanterre

Stéphane Roy
Psychologue
Hôpital d'Instruction des Armées Percy Clamart

Annick Weil-Barais
Professeur
Université d'Angers

Avant-propos

La psychologie est une discipline méconnue du grand public. Le savoir induit de nos expériences quotidiennes d'interaction avec autrui en est une des raisons. Ce filon est exploité par les magazines et les émissions de télévision, où les problèmes touchant aux relations familiales, à l'éducation des enfants, aux relations amoureuses, etc., font souvent appel à un « psy de service » sans qu'il soit clairement identifié comme psychiatre, psychanalyste ou psychologue.

En outre, cette discipline n'est pas enseignée (en tant que telle, par des psychologues) dans les lycées. En terminale, des thèmes tels que la conscience, l'inconscient, la perception, la mémoire, le langage y font l'objet d'une réflexion philosophique et non pas d'un état des recherches effectuées par les psychologues sur ces questions.

Enfin, une part de cette méconnaissance incombe aussi aux psychologues eux-mêmes (universitaires et praticiens) qui, enfermés dans leurs spécialités, leurs savoirs en miettes, leurs organisations professionnelles balbutiantes et parfois concurrentes n'ont pas offert jusqu'à présent au grand public une image claire de la discipline et de la profession. Récemment, la reconnaissance du titre de psychologue et l'élaboration en commun d'un code de déontologie (*cf.* fiche 5) manifestent un changement d'attitude des psychologues.

À travers 100 fiches regroupées par grands thèmes, nous avons tenté de présenter à la fois des repères sur la discipline et un éclairage sur ses pratiques professionnelles.

Les lycéens des classes terminales, les étudiants en médecine, ceux des écoles du secteur sanitaire et social et plus largement le grand public pourront ainsi mieux connaître la psychologie et les psychologues.

Les auteurs

Sommaire

Partie I: Repères

Partie II: Les différents âges de la vie

Autour de la naissance

De la naissance à l'entrée à l'école

L'enfant face aux apprentissages scolaires

L'adolescence

Partie III: Populations et conduites à risques

Partie IV: La psychologie en regard des pratiques sociales

L'évaluation

Les psychothérapies

Le travail en institution

PARTIE I

REPÈRES

FICHE 1 PSYCHOLOGIES SPONTANÉE ET SCIENTIFIQUE

Pour pouvoir communiquer avec les autres, l'enfant, dès son plus jeune âge, « fabrique » des théories de l'esprit. Ces théories « spontanées » s'enrichissent en même temps que les compétences se complexifient. In fine, *tout un chacun possède une conception du psychisme, d'autant plus évidente qu'elle échappe souvent à la conscience. La psychologie scientifique, en mettant en place des moyens objectifs d'élaboration des connaissances produit des connaissances souvent en opposition avec les connaissances psychologiques spontanées.*

1 Psychologue ou psychologue ?

- Quand on dit « Pierre est psychologue », il s'agit le plus souvent d'une qualité attribuée à Pierre ; à la différence de Jacques, qui ne comprend rien aux gens, Pierre manifeste une certaine compréhension de la conduite d'autrui. On est donc psychologue comme on est grand ou petit, gentil ou méchant, blond ou brun.
- Mais que Pierre soit ou non psychologue, il peut être psychologue comme d'autres sont plombier, ingénieur, médecin, historien… Pierre fait alors partie de la nébuleuse des « psy » (*cf.* fiche 2) ayant suivi des études de psychologie » (*cf.* fiche 4) : il est un spécialiste de cette discipline exerçant un des métiers de la psychologie (*cf.* fiche 5).

2 Différents types de connaissances

A Les connaissances « spontanées »

- L'esprit humain est une véritable « machine » à fabriquer des représentations : du monde physique, de l'environnement social, de l'esprit, des œuvres esthéthiques ou religieuses, etc. Ces représentations sont fonctionnelles, et extrêmement efficaces dans la pratique. Par exemple, la conception de la terre comme un disque plat est tout à fait suffisante pour gérer des territoires restreints (arpentage de terrain). Le défaut de ces conceptions est leur caractère local et limité : quand les hommes ont entrepris de conquérir la Terre, sa rotondité s'est imposée.
- Les connaissances spontanées font partie de ce qu'on appelle **«le sens commun»** : ces connaissances relèvent de l'évidence. Dans le domaine de la psychologie ces évidences sont nombreuses ; elles fluctuent au gré des évolutions sociales (modification des systèmes de valeur et de normes) : par exemple, l'idiotie, l'impulsivité qui seraient spécifiques des « classes populaires » ; la « pensée primitive » comme caractérisant certaines peuplades ; plus près de nous, la croyance selon laquelle les enfants uniques, les enfants gauchers, les enfants du divorce, auraient un développement psychique perturbé, les enfants d'ouvriers auraient besoin plus que les autres de supports concrets pour apprendre, les familles émigrées se désintéresseraient des études ou encore celle selon laquelle les personnes âgées n'ont plus de besoins sexuels.

- Indépendamment des domaines d'intérêt et de pratique, les connaissances spontanées présentent des caractéristiques communes. À côté de leur fonctionnalité et de leur caractère local (ce qui va de pair), les modèles explicatifs ont tendance à considérer que **les causes se situent «dans» les objets**. Par exemple, la cause du déplacement d'un mobile sur une route, c'est le mobile lui-même – sa vitesse est alors dépendante de la puissance du moteur ; c'est oublier le rôle du support (sans aucun frottement, le mobile reste sur place). De la même manière, les causes de l'échec scolaire, des maladies mentales sont attribuées au sujet, sans que soient envisagées les interactions entre systèmes (psychique, familial, sociaux) qui déterminent les dysfonctionnements.
- **Les phénomènes ne sont déterminés que par une seule cause:** quand on dispose d'une explication, on ne va pas avoir tendance à en rechercher d'autres. Ceci constitue un véritable obstacle à l'intérêt pour les connaissances scientifiques, car la pensée commune a des explications pour tout.

B Les connaissances scientifiques

- Les connaissances scientifiques sont souvent opposées au sens commun, dans la mesure où elles sont issues de **méthodes et procédés visant à garantir que leur portée est plus générale que celui du contexte de leur production** (*cf.* fiche 3). Ceci n'empêche pas que les scientifiques eux-mêmes aient bien du mal à se dégager du sens commun (Gaston Bachelard).
- **Multiplicité des contrôles: duplication** des recherches dans des conditions « à l'identique » (test de la **fiabilité)** ou « variables » (exploration du domaine de **généralisation)** ; **discussion entre spécialistes** (congrès et colloques), **validation par des instances** (comité de rédaction des revues scientifiques, comité et conseils scientifiques des grands organismes de recherche : **CNRS** – Centre national de la recherche scientifique –, **INSERM** – Institut national de la santé et de la recherche médicale –, **Direction de la recherche** du ministère de l'Éducation nationale).
- **Des pratiques sociales institutionnalisées et codifiées** garantissent la fiabilité des connaissances scientifiques, leur pertinence et leur transparence (les publications scientifiques sont très précises : mention des sources documentaires utilisées et des cadres théoriques, descriptif des conditions et des méthodes de recueil et de traitement des données, etc.).
- **L'évolution des connaissances scientifiques:** dans tous les domaines, elles évoluent et plus encore dans les sciences sociales et humaines. Les raisons en sont multiples : évolution des représentations sociales sur l'homme lui-même et des questionnements qui en résultent. Par exemple, l'intérêt pour les théories de l'esprit est récent ; il est associé à un retour du psychisme sur la scène sociale. L'évolution des théories dépend de jeux complexes entre des aspects liés à la logique de la recherche (validation des modèles et théories) et des aspects socio-historiques (nouvelles technologies, systèmes politiques, idéologies, etc.).

Entamer des études de psychologie, c'est se préparer à accepter la rupture entre savoir quotidien et scientifique.

Pour aller plus loin

Bachelard, G. (1938), *La formation de l'esprit scientifique; contribution à une psychanalyse de la connaissance.* Paris : Vrin, 16e édition, 1996.

Lieury, A. (1997), *La psychologie est-elle une science?* Paris : Flammarion/Dominos.

FICHE 2 LA GALAXIE « PSY »

Comme toute discipline, la psychologie est organisée en spécialités qui correspondent à des domaines, champs théoriques et méthodes d'investigation spécifiques. Leur structuration ainsi que les disciplines « frontières » ont évolué depuis les débuts de l'institutionnalisation de la psychologie et elle reste fluctuante selon les lieux où elle s'organise. La psychologie fait partie des sciences cognitives.

1 Les spécialités de la psychologie

A Classification selon les méthodes

- **La psychologie expérimentale** a comme principe de n'étudier que ce qui peut l'être par la méthode expérimentale (*cf.* fiche 4). Elle s'appuie sur l'étude de comportements mesurés (temps de réaction, de réponse, catégorisation des erreurs, etc.). Son but est l'élaboration de connaissances générales, c'est pourquoi elle se confond souvent avec **la psychologie générale**.
- **La psychologie clinique** s'intéresse aux conduites en tant qu'elles sont révélatrices de significations quant à l'organisation du psychisme et de son fonctionnement. Elle privilégie l'écoute du sujet et les productions symboliques de toute nature (langage, dessins, etc.). La psychologie clinique est tout autant une *praxis* qu'un secteur de recherche (*cf.* fiche 16).
- **La psychologie génétique** privilégie l'approche de la genèse des conduites dans le but de comprendre les compétences humaines. Elle fait appel aux approches développementales (*cf.* fiche 19).

B Classification selon les objets d'étude

- Les objets d'étude de la psychologie étant très variés, il existe tout un ensemble de spécialités : **la psychologie de l'enfant**, **la psychologie sociale** (*cf.* fiche 18), **la psychologie du travail**, **la psychologie cognitive**, **la psychologie différentielle**, la psychologie de l'éducation, la psychologie de l'environnement, la psychologie du vieillissement, **la psycho-pathologie**, la psychologie de la santé, la psychologie du sport, la psychologie interculturelle, la psychologie de l'art, de la musique, la psychologie animale, etc. Toutes les spécialités ne sont pas enseignées en tant que telles à l'université (en caractères gras celles qui font partie du cursus obligatoire dans les universités françaises).

2 Les disciplines connexes

A Les disciplines à l'interface

- **La psychophysiologie** et, plus récemment, **la neuropsychologie** traitent des rapports entre le biologique et le psychisme. La première envisage surtout des corrélats entre des aspects physiologiques (activité cérébrale, rythme cardiaque, etc.) et comportementaux. La seconde se fonde surtout sur l'étude des désordres psychologiques survenant après les lésions cérébrales, l'enjeu étant de comprendre les rapports entre cerveau et processus psychiques supérieurs (langage, attention, mémoire, etc.). **La neuro-linguistique** est une branche de la neuropsychologie.

- **La psycholinguistique** s'intéresse aux processus psychologiques à l'œuvre dans l'acquisition et l'utilisation des langues (compréhension et production du langage). **La psycholinguistique textuelle** s'occupe de la langue écrite.
- **La psycho-sociologie** étudie les phénomènes de groupe en tant qu'ils interviennent sur le psychisme.
- Il existe bien d'autres disciplines faisant appel à la psychologie comme **la psycho-éthologie** (approche éthologique des conduites), **l'intelligence artificielle** (branche de l'informatique ayant comme projet de simuler les processus psychiques), **la didactique** (étude des processus de construction, de diffusion et d'appropriation des connaissances, en contextes culturel et éducatif), **l'ergonomie** (étude de l'environnement et des processus physiques et mentaux du travail), etc.

B L'intégration des disciplines

- Le morcellement des disciplines a conduit, dans les années 70, à des regroupements disciplinaires au sein desquels la psychologie occupe une place plus ou moins importante selon les contributions qu'elle est en mesure d'apporter. Ce sont, principalement : **les sciences de l'éducation** (psychologie des apprentissages scolaires, ergonomie scolaire, évaluation, etc.), **les sciences du langage et de la communication** (les processus de communication entre individus, les processus d'influence, l'impact des campagnes de prévention, des messages publicitaires, etc.).
- **Les sciences cognitives** regroupent les disciplines qui s'intéressent à la connaissance à tous les niveaux (biologique, psychologique, social, épistémologique, technologique) : les enjeux de ce regroupement sont divers (confrontation, harmonisation, intégration des points de vue ; gestion des équipes et des crédits de recherche).

La psychanalyse occupe une place à part puisqu'il s'agit d'une construction théorique à portée générale ayant prétention à rendre compte du psychisme (organisation et fonctionnement) et de ses œuvres (religion, littérature, connaissances, etc.). Elle influence donc la plupart des sciences humaines et sociales. Les différentes spécialités de la psychologie y font très inégalement appel.

Pour aller plus loin

Andler, D. (1992), *Introduction aux sciences cognitives*. Paris : Gallimard/Folio.

Parot, F. et Richelle, M. (1992), *Introduction à la psychologie; histoire et méthodes*. Paris : PUF (chapitre XVI : Les champs de la psychologie).

FICHE 3 LES MÉTHODES

Les méthodes diffèrent selon qu'il s'agit de recherche, d'évaluation ou d'expertise, de diagnostic ou d'intervention. Quels que soient les enjeux, le psychologue s'attache à obtenir des informations fiables et pertinentes dont il peut faire état (dans la limite du respect du code de déontologie – cf. fiche 05). Deux grands types de méthodes (l'observation et l'expérimentation) sont présentés ici.

1 L'OBSERVATION

A Caractéristiques

- **L'objectivité** est définie par le fait que l'observation est indépendante de l'observateur et d'un certain nombre de conditions – temporelles, spatiales, situationnelles – (par exemple, l'attribution d'un caractère impulsif ne doit pas dépendre de celui qui procède à l'examen psychologique). Cet idéal suppose que soient complètement définis les critères de catégorisation (ce qui est rarement réalisé).
- **L'instrumentation:** l'usage d'instruments d'observation permet de spécifier et de rendre stables les conditions de l'observation. **La standardisation** des instruments conditionne la possibilité de comparaison.
- **La pertinence:** seules sont intéressantes les données qui informent sur les dimensions psychologiques visées. La pertinence de l'observation est dépendante de la validité du cadre théorique déterminant les dimensions à prendre en compte.

B Les techniques les plus communes

- **Les grilles d'observation** spécifient les aspects des conduites et les dimensions à considérer ainsi que les catégories ou mesures correspondantes.
- **Les entretiens:** il en existe de plusieurs types qui diffèrent selon leurs finalités (entretien d'évaluation, thérapeutique, de conseil, etc.) et selon que les thèmes sont ou non pré-définis (directif, non directif). Dans l'entretien, l'analyse des mécanismes transférentiels est déterminante (*cf.* fiche 94) : dans toute situation interlocutoire, même si elle est non symétrique (l'un observe et l'autre est observé), il est illusoire de penser que les paroles énoncées sont indépendantes de la relation qui se noue au cours de l'échange.
- **Les questionnaires** se composent d'une suite de questions (ouvertes, à choix, échelles de réponses, etc.) rédigées de telle sorte que soit évité un certain nombre de biais bien connus (tendance à la confirmation, désirabilité sociale, biais affectant la compréhension, etc.)
- **Les tests:** il s'agit d'épreuves standardisées et **étalonnées** faisant appel à des supports divers (langage, figures géométriques, dessins, photos, dispositifs matériels, etc.). Ils permettent de situer des réponses ou des scores par rapport à ceux d'une population prise comme référence. Ils sont validés par des études corrélationnelles (par exemple, score à une épreuve et réussite scolaire).

2 L'EXPÉRIMENTATION

A Caractéristiques

- **Le but:** elle vise à mettre à l'épreuve des hypothèses.
- **Les procédures:** la plus classique consiste à isoler les paramètres qui spécifient les hypothèses et à comparer des conditions ou des groupes de sujets qui diffèrent seulement sur ces caractéristiques (ou facteurs). Les autres facteurs sont maintenus constants ou **aléatoirisés.**
- **Les plans d'expérience:** ils consistent en une structuration *a priori* des conditions et des groupes de sujets à comparer. Ils sont définis par les facteurs dont la variation est contrôlée (par exemple, âge des sujets et niveau d'entraînement dans une tâche), les relations entre facteurs et par le type de facteurs.
- **Les variables dépendantes et types de facteurs:** les caractéristiques mesurées constituent des **variables dépendantes** (c'est ce qui est observé). On peut soit associer de manière arbitraire les sujets à une caractéristique d'un facteur (par exemple, certains sujets bénéficient d'un entraînement intensif, d'autres d'un entraînement faible), soit choisir les sujets pour leurs caractéristiques intrinsèques (c'est toujours le cas pour le facteur « âge »). Dans le premier cas, les relations établies entre facteur et variable dépendante peuvent, sous certaines conditions, être considérées comme causales ; dans le second cas, elles sont de type corrélationnel.

B Les instruments

- **Le laboratoire:** les expériences ne sont souvent possibles que dans des conditions bien contrôlées réalisables seulement en laboratoire (contrôle du niveau sonore, du champ visuel, du temps de présentation, de l'environnement humain, etc.). Des problèmes de validité écologique peuvent alors se poser.
- **Des appareils spécifiques:** parmi les plus connus, on trouve **le tachistoscope** (appareil permettant de contrôler les temps de présentation de stimuli visuels), **les tétines non nutritives** (pourvues de capteurs pour enregistrer le rythme de succion des bébés, indicateur de leur « intérêt » pour les stimuli), **les appareils d'enregistrement des mouvements oculaires**. Actuellement, les ordinateurs sont très utilisés (présentation des stimuli, enregistrement et traitement des réponses) ainsi que les caméscopes.

L'observation et l'expérimentation sont souvent utilisées en complémentarité. Elles sont régies par des règles très strictes (déontologiques et méthodologiques)

Définitions

Étalonnage: « établissement, dans une épreuve psychologique, d'une échelle permettant de situer le résultat obtenu par un sujet par rapport aux résultats qui ont été observés antérieurement dans une population de référence suffisamment nombreuse et homogène de sujets comparables à celui qui a été examiné » (*Grand Dictionnaire de la psychologie*, Larousse, 1997).

Aléatoirisé: référence à une procédure consistant en un tirage au hasard des sujets, de telle sorte que les probabilités d'occurrence des caractéristiques non contrôlées soient identiques dans les groupes comparés.

Pour aller plus loin

Weil-Barais, A. Eds. (1997), *Les méthodes en psychologie*. Rosny : Bréal/Grand Amphi.

FICHE 4 LA FORMATION DES PSYCHOLOGUES

C'est à l'Université qu'incombe en grande partie la formation des psychologues. En France, la licence de psychologie a été créée en 1947. Actuellement, l'obtention du titre de psychologue nécessite au moins cinq années d'études. Selon les universités, l'entrée dans un cursus de psychologie se fait en premier ou second cycle. Dans ce dernier cas, la psychologie est intégrée dans un premier cycle interdisciplinaire.

1 Les cursus universitaires

A Organisation et contenus

- L'enseignement comprend un « tronc commun » important qui inclut (1) des enseignements fondamentaux en psychologie, (2) des enseignements dans les disciplines connexes et (3) des enseignements de méthode
- (1) Les enseignements fondamentaux en psychologie : **psychologie cognitive** (perception, langage et communication, mémoire, attention, raisonnement, représentations…), **psychologie différentielle** (la mesure, les tests…), **psychologie de l'enfant** (les étapes du développement, le développement moteur, intellectuel, affectif et relationnel, émotionnel), **psychologie sociale** (les phénomènes de groupe, les représentations sociales…), **psychologie clinique et pathologique** (processus mentaux intrapsychiques, interindividuels normaux et pathologiques, tests de personnalité, projectifs…).
- (2) Les disciplines connexes : ce sont principalement la biologie, la physiologie, les statistiques, la linguistique, l'informatique. Un enseignement de la langue anglaise est obligatoire car la plupart des publications scientifiques sont dans cette langue.
- (3) Les enseignements de méthodes concernent essentiellement l'observation et l'expérimentation (*cf.* fiche 3) ainsi que les méthodes de travail (recherche et exploitation des documents par exemple).
- Selon les ressources locales, peuvent s'ajouter des enseignements optionnels sur des sujets particuliers (échec scolaire, évaluation, conduite de groupes…) ou d'intérêt général (histoire et épistémologie de la psychologie, psychologie interculturelle, par exemple). Bien qu'il existe une harmonisation nationale, les contenus peuvent varier d'une université à l'autre.

B La spécialisation

- Elle commence en maîtrise et se poursuit en troisième cycle : DESS (Diplôme d'études supérieures spécialisées) et DEA (Diplôme d'études approfondies). Les DESS sont des formations strictement professionnelles alors que les DEA sont des formations à la recherche débouchant normalement sur la réalisation d'une thèse au sein d'un laboratoire.
- Les spécialités de maîtrise correspondent aux grands domaines fondamentaux plus quelques autres comme **la psychologie du travail et des organisations**. La maîtrise est une formation par la recherche. Elle se concrétise par la réalisation d'un mémoire comprenant **une revue de question** sur un sujet limité et une recherche impliquant recueil et traitement de données.

- En DESS, les formations correspondent le plus souvent aux grands secteurs professionnels (santé, éducation et formation, entreprise et organisation – *cf.* fiche 5). L'entrée dans les DESS et DEA est soumise à des conditions particulières : ces filières de formation sont habilitées pour recevoir un nombre limité d'étudiants. L'engagement dans un projet professionnel concrétisé par la réalisation de **stages** est indispensable.
- L'obtention du titre de psychologue est conditionnée par la réussite aux examens et par la réalisation d'un **stage professionnel en responsabilité** au cours du DESS ou à la fin du DEA, contrôlé par un référent psychologue, et soutenu publiquement à l'université.

2 Le titre de psychologue

- **La loi sur le titre** est récente : elle a été promulguée le 25 juillet 1985 (loi n° 85.772 publiée au *Journal officiel* du 26 juillet). Dans l'article V, elle stipule que « **l'usage professionnel du titre de psychologue**, accompagné ou non d'un qualificatif, est réservé aux titulaires d'un diplôme, certificat ou titre sanctionnant une formation universitaire fondamentale et appliquée de haut niveau en psychologie préparant à la vie professionnelle et figurant sur une liste fixée par le Conseil d'État ou aux titulaires d'un diplôme étranger reconnu équivalent aux diplômes nationaux exigés » et que « l'usurpation du titre de psychologue est punie des peines prévues à l'article 259 du Code pénal ».
- La loi de 1985 a été suivie de **décrets d'application:**
  - Décret du 22 mars 1990 (n° 90-255) modifié par les décrets du 27 mars 1993 (n° 93-538) et du 29 mars 1996 (n° 96-288) fixant la liste des diplômes permettant de faire usage du titre de psychologue.
  - Décret du 31 janvier 1991 sur le statut des psychologues de la fonction publique hospitalière. « Ils exercent les fonctions, conçoivent les méthodes et mettent en œuvre les moyens techniques correspondant à la qualification de la formation qu'ils ont reçue. (…) Ils contribuent à la détermination, à l'indication et à la réalisation d'actions préventives et curatives assurées par les établissements et collaborent à leurs projets thérapeutiques ou éducatifs tant sur le plan individuel qu'institutionnel » (article 2).
  - Décret du 20 mars 1991 portant sur la création du diplôme d'État de conseiller d'orientation-psychologue.
  - Décret du 28 août 1992, sur le statut des psychologues de la fonction publique territoriale. « Ils collaborent aux projets psycho-socio-éducatifs, tant sur le plan individuel ou familial qu'institutionnel, dans le cadre de l'aide sociale, de la protection maternelle et infantile et dans tout le domaine à caractère social » (article 2).

Il n'existe pas de conditions spécifiques d'accès aux études de psychologie à l'université. Bien que beaucoup d'étudiants s'y engagent, ce n'est qu'une petite fraction qui obtient le titre de psychologue : les études de psychologie, de par la variété des contenus d'enseignement qu'elles offrent, constituent pour beaucoup un moyen d'orientation et de préparation à d'autres études. Dans les formations professionnelles du secteur éducatif, sanitaire et social, la psychologie est une discipline de formation.

Définition

Revue de question: recension et exposé critique des travaux de recherche concernant un sujet.

Pour aller plus loin

Les brochures réalisées par les Unités de formation et de recherche en psychologie des universités (accessibles de plus en plus sur internet ou dans les CIO).

FICHE 5 DÉONTOLOGIE ET MÉTIERS

Les psychologues exercent dans des secteurs professionnels très variés (santé, éducation, travail, communication, justice, étude et recherche, etc.). Ils constituent un groupe professionnel diversifié (psychologue clinicien, psychologue scolaire, psychologue du travail, conseiller d'orientation-psychologue...). Il existe un code de déontologie pour l'ensemble de la profession que les psychologues adhérents aux associations professionnelles s'engagent à respecter (ce n'est qu'une obligation morale puisque, actuellement, il n'y a pas d'instance juridictionnelle pour sanctionner la non-application du code).

1 Le code de déontologie

A Historique

- La premier code de déontologie, en France, fut celui des médecins, publié le 27 juin 1947. Contrairement à ce code qui a un statut légal, celui des psychologues n'est qu'une émanation de groupement professionnel. Le premier code a été élaboré, en 1961, par la **SFP** (Société française de psychologie, une société savante regroupant des enseignants, des chercheurs et des professionnels).
- Le code actuel résulte d'une longue concertation entre divers organismes professionnels regroupés au sein de l'**ANOP** (Association nationale des organisations de psychologues), l'**AEPU** (Association des enseignants des universités) et la SFP. Il a été adopté le 22 juin 1996.

B Principes

- La finalité du code est « avant tout de protéger le public et les psychologues contre les mésusages de la psychologie et contre l'usage de méthodes et techniques se réclamant abusivement de la psychologie » (*préambule* du code). Il a vocation à servir de règles professionnelles dans le respect de la dignité humaine.
- Il est composé de 35 articles énonçant des règles basées sur des principes fondamentaux : **respects des droits de la personne**, **compétence**, **responsabilité**, **probité**, **qualité scientifique**, **respect du but assigné**, **indépendance professionnelle**. Par exemple, les psychologues sont tenus au secret professionnel, en dehors des cas d'obligation légale. Ils ont le devoir d'informer des modalités, des objectifs et des limites de leurs interventions. Ils interviennent avec le consentement des personnes ou sur requête de justice. Ils ont l'obligation d'étayer leurs pratiques sur des connaissances raisonnées mises à jour.

2 Les métiers

- **Psychologue clinicien:** il est spécialisé le plus souvent en psychopathologie ; il a généralement suivi une formation personnelle lui permettant de contrôler son engagement dans sa relation à autrui. Il exerce en libéral ou dans la fonction publique hospitalière (hôpitaux, foyers thérapeutiques, services d'aide, etc.), territoriale (**ASE** – Aide sociale à l'enfance, **PMI** – Protection maternelle infantile), et d'État (**PJJ** – Protection judiciaire de la jeunesse, milieu carcéral) ainsi que dans de nombreux services des secteurs privé et conventionné.

- **Psychologue scolaire:** recruté par concours parmi les professeurs des écoles, il a une formation spécifique. Depuis la conception de ce corps par Langevin et Wallon en 1947, leurs missions ont évolué. Actuellement elles sont définies par une circulaire du 10 avril 1990 (n° 90-083) : il contribue, au sein des équipes, à la prévention des difficultés scolaires ; à l'élaboration et à la réalisation du projet pédagogique de l'école ; à la conception, mise en œuvre et évaluation des mesures d'aide individuelle ou collectives au service des élèves en difficulté ; à l'intégration des handicapés (*cf.* fiche 71) ; il procède à des examens cliniques et psychométriques et au suivi psychologique des enfants en difficulté au sein des réseaux d'aide (*cf.* fiche 100) ; il peut aussi assurer le suivi pédagogique, participer à des études, évaluer des formations.
- **Conseiller d'orientation-psychologue:** ce corps a pris la suite de celui des conseillers d'orientation. Le diplôme d'État a été créé le 20 mars 1991 (décret 91-291). Les conseillers d'orientation-psychologues interviennent dans l'enseignement secondaire avec des fonctions assez proches de celles des psychologues scolaires.
- **Psychologue du travail:** leur champ d'intervention est très varié : recrutement, formation, évaluation des postes, sécurité, relations humaines dans l'entreprise, organisation du travail, gestion des carrières.
- **Chargé d'étude et de recherche:** de nombreux organismes emploient des psychologues pour occuper de telles fonctions car ils y sont préparés par leur formation. Les psychologues sont présents (en petit nombre) dans les organismes de recherche (CNRS, INRETS – Institut national de recherche sur les transports et la sécurité, INRP – Institut national de la recherche pédagogique).
- **Psychologue tout simplement:** sans mention particulière, les psychologues exercent aussi dans divers secteurs : l'armée, la police, la justice, les transports, le secteur agroalimentaire, l'édition, les services culturels, les municipalités, les régions, etc. Ils sont souvent employés à temps partiel, ce qui fait que les psychologues sont souvent obligés d'avoir plusieurs emplois ou combinent exercice libéral et emploi salarié.

25 000 psychologues environ seraient en exercice en France (autant qu'en Espagne ou au Royaune-Uni). Les métiers de la psychologie sont divers et en évolution. Beaucoup d'emplois faisant appel à des psychologues de formation ne mentionnent pas la qualité de psychologue.

Pour aller plus loin

Code de déontologie des psychologues (dans tous les volumes de la collection psychologie, Bréal/Grand Amphi).

Clinique et éthique. Psychologie Clinique, 5. Paris : L'Harmattan, 1998.

Charvin, F., Minguet, G. *et al.* (1995), *La psychologie et ses applications pratiques.* Le livre de poche, n° 522.

Ghiglione, R. (1998), *Les métiers de la psychologie.* Paris : Dunod/Topos.

FICHE 6 LES ORIGINES DE LA PSYCHOLOGIE

C'est au XVI*e siècle que le mot « psychologie » apparaît (du grec* psukhê, *âme, et* logos, *science). Si l'on retrouve cet intérêt pour les processus intellectuels dès l'Antiquité, ce n'est qu'au* XIX*e siècle que la psychologie se constitue en tant que discours autonome sur l'homme.*

1 Les premières origines

A De la psychologie de l'âme à la découverte de l'hypnose

- Dès l'Antiquité, les philosophes se préoccupent des questions posées par l'âme. Aristote, qui distingue trois sortes d'âme (végétative, sensitive et intellective) s'organisant de manière hiérarchique, postule que l'âme intellective ou rationnelle permet à l'homme de raisonner. C'est au XVIIe siècle avec Descartes (1596-1650) et la pensée mécaniste qu'émerge la référence à la conscience. Il revendique un dualisme entre la pensée et le corps. Le corps est du domaine de l'étendue, pouvant faire l'objet d'études empiriques, alors que la pensée relève du domaine de l'âme.
- Au XVIIIe siècle se développent les conceptions associationnistes, inspirées des positions empiristes. Ainsi, Locke (1632-1704) distingue les idées simples et les idées complexes et suggère que la pensée passe des premières aux secondes par un phénomène d'association. À la fin du siècle, de nouveaux courants éclosent, notamment avec Maine de Biran (1766-1824) qui préconise le recours à l'expérience intérieure, ou encore avec Puységur (1751-1825) et la découverte de **l'hypnose** issue des recherches sur **le magnétisme animal**.

B Vers une psychologie scientifique

- Comme la plupart des disciplines, la psychologie a emprunté des méthodes et concepts à des disciplines déjà constituées. En 1860, G.T. Fechner (1801-1887) publie *Éléments de psychophysique*. Il conçoit une loi qui a pour but de décrire la relation entre l'intensité d'une stimulation et l'intensité de la sensation. Fechner, cherche à quantifier les phénomènes psychiques. Il est à l'origine de la mesure en psychologie.
- En 1879, W. Wundt (1832-1920), considéré comme le fondateur de la psychologie expérimentale, crée le premier laboratoire de psychologie expérimentale à l'université de Leipzig. Ses travaux portent sur les perceptions et les sensations. Il prône l'utilisation de **l'introspection** dans la méthode expérimentale, fondée sur la connaissance intérieure que le sujet a de ses perceptions, actions, émotions, permettant de saisir avec authenticité la vie psychologique.

2 La naissance d'une nouvelle discipline autonome

A La psychologie en France : les premières divergences

- C'est à T. Ribot (1839-1916) que l'on doit la création de la psychologie comme science autonome avec la publication, en 1870, de *La psychologie anglaise contemporaine*. En 1885, il est nommé responsable de l'enseignement de la psychologie à la Sorbonne, et reçoit en 1888 une chaire de psychologie au Collège de France. En s'inspirant de **la méthode expérimentale** de Claude Bernard (1813-1878) et de l'évolutionnisme de Charles Darwin (1809-1882), Ribot postule que la pathologie mentale sert de situation expérimentale spontanée permettant de connaître les fonctions sous-jacentes. Avec Ribot, la psychologie devient objective et comparative.

- À Paris, J.-M. Charcot (1825-1893), brillant neurologue de la Salpêtrière, se passionne pour l'hystérie en utilisant l'hypnose comme médication. S'ensuit une lutte acharnée entre Charcot et l'école de Nancy : Liébault (1823-1905) puis Bernheim (1840-1919) s'intéressent aussi à l'hystérie et à l'hypnose, en s'inspirant du magnétisme animal de Mesmer.

B Le développement de la psychologie dans le monde

- En Russie, c'est dans le cadre de la recherche physiologique que la psychologie va se développer. I.P. Pavlov (1849-1936), en consacrant ses travaux à l'étude du **conditionnement** psychique de la salivation, découvre les **réflexes conditionnés**. V.M. Bechterev (1857-1927) développe la « réflexologie » et défend avant Watson (*cf.* fiche 7), mais de manière moins systématique, une psychologie objective. L.S. Vygotski (1857-1934) rompt avec la tradition mécaniste. S'intéressant au développement des fonctions psychiques supérieures, il met en avant l'importance des émotions, du langage et des interactions sociales. Il est considéré comme le père fondateur de l'école historico-culturelle (*cf.* fiche 12).
- Le développement de la psychologie anglaise s'inscrit dans le cadre de la révolution darwinienne. Les questions posées par l'hérédité font naître deux courants : un premier courant, la psychologie animale, postule l'existence d'une continuité entre l'animal et l'homme. Il s'agit alors d'étudier l'animal afin de comparer ses capacités intellectuelles à celles de l'homme. Un second courant s'intéresse aux différences interindividuelles chez l'homme. Les premiers psychologues américains ont, pour la plupart, été formés en Europe. Stanley Hall (1844-1924), un des pionniers de la psychologie expérimentale américaine, a travaillé chez Wundt dont il a diffusé les méthodes d'investigation aux États-Unis.

La psychologie s'est constituée en empruntant à des champs de connaissances et de pratiques extrêmement divers. C'est pourquoi l'unité de la psychologie relève davantage d'un mythe fondateur que de la réalité des faits.

Définition

Magnétisme animal: par analogie avec les forces magnétiques découvertes au XVIIIe siècle, Mesmer, médecin allemand (1734-1815) a prétendu avoir découvert un fluide, agissant par contact et à distance, qu'il pouvait diriger pour intervenir sur la santé des malades. Les écoles d'hypnotisme de la fin du XIXe siècle sont, en partie, héritières des sociétés de magnétisme qui se sont développées tout au cours de ce siècle.

Pour en savoir plus

Parot, F., et Richelle, M. (1992), *Introduction à la psychologie*. Paris : PUF/ 1er cycle.

« L'unité de la psychologie, mythe et histoire », *Bulletin de Psychologie,* 52, 440, mars-avril 1999.

FICHE 7 BÉHAVIORISME ET COGNITIVISME

Après s'être constituée en tant que discours autonome sur l'homme et des débuts marqués par des origines nationales, la psychologie voit ses concepts, méthodes et objets d'études dépasser les frontières pour devenir théories psychologiques et courants de pensée internationaux. Le béhaviorisme et le cognitivisme en sont des exemples majeurs.

1 Le béhaviorisme

A La psychologie comme science du comportement

- Le béhaviorisme (*behavior* signifie comportement en anglais) est né en réaction face à la méthode introspective utilisée lors de la fondation de la psychologie expérimentale dans la seconde moitié du XIXe siècle. Considérant qu'on ne peut accéder aux états mentaux, il s'agit d'étudier l'individu à partir de son comportement. En 1913, J. B. Watson (1878-1958) fonde l'école béhavioriste. Il systématise ce point de vue en développant le béhaviorisme méthodologique s'exprimant dans un souci d'objectivité et de scientificité. Pour les béhavioristes, seule l'étude des faits observables par tous, en excluant toutes expériences subjectives, semble possible.
- En reprenant l'idée que la psychologie ne peut être fondée que sur l'étude du comportement, Skinner (1904-1990) élabore ce que l'on a l'habitude d'appeler le béhaviorisme théorique ou théorie béhavioriste Stimulus-Réponse (S-R). Skinner parle de béhaviorisme radical. L'idée principale est que le comportement s'explique par les régularités dans les **renforcements** auxquels les individus ont été soumis dans leur environnement.

B La notion d'apprentissage

- Les principaux concepts élaborés par le béhaviorisme sont liés à l'étude de l'apprentissage animal, le postulat étant celui d'une unicité des processus dans le vivant.
- La théorie béhavioriste explique tous les processus d'apprentissage par le **conditionnement**. Ainsi Skinner, en s'inspirant du conditionnement classique ou pavlovien, élabore le **conditionnement opérant ou instrumental**. Pour ce type de conditionnement, l'acquisition d'un comportement (réponse) dépend de la relation temporelle existant entre ce comportement et un événement du milieu, la fréquence d'émission de la réponse dépend du caractère appétitif (récompense) ou aversif (punition) de l'événement.

2 Le cognitivisme

A L'émergence du cognitivisme

- Le cognitivisme est une réponse alternative aux théories béhavioristes concernant les explications du comportement humain. En faisant l'hypothèse qu'il est possible d'appréhender ce qu'il y a entre le stimulus et le comportement, le cognitivisme met l'accent sur les phénomènes de cognition, c'est-à-dire ceux qui sont liés à la connaissance, et postule l'existence de **représentations mentales** de nature symbolique et de **traitements** opérant sur ces représentations, généralement sur le modèle de l'ordinateur séquentiel (*i.e.* de bureau).

- Le cognitivisme tel qu'il apparaît à partir des années 60 avec la théorie de l'information a été largement inspiré par des théories antérieures que l'on peut qualifier de « cognitivistes ». À commencer par la psychologie animale et les théories de l'apprentissage illustrées aux États-Unis par Tolman (1886-1959). Un second courant, très influencé par la ***gestalttheorie*** (théorie de la forme), fait son apparition dans le champ de la psychologie sociale (Festinger, Asch, etc.). Une troisième famille de cognitivistes, avec Berlyne, met l'accent sur l'observation des comportements comme celui d'orientation-investigation. Enfin, un quatrième courant lié à l'œuvre de Piaget (1896-1980) repose sur l'étude du fonctionnement mental de l'être humain.

B Des concepts clés en psychologie cognitive

- La psychologie cognitive postule l'existence de représentations mentales. Il s'agit de modèles intériorisés que le sujet construit de son environnement et de ses actions sur cet environnement. Parmi les différents types de représentations, on distingue les représentations permanentes (relativement stables et durablement implantées en mémoire à long terme) et les représentations transitoires (encore appelées « représentations occurrentes », qui sont des projections ou des extraits de représentations permanentes « chargées » en **mémoire de travail**).

- Étroitement imbriquée dans l'étude des représentations mentales, la **mémoire** peut être considérée comme la pierre angulaire de la psychologie cognitive. La mémoire est psychologiquement conçue sur le modèle des mémoires informatiques, composées de différents types de mémoires. Le modèle d'Atkinson et Shiffrin (1968) décrit un modèle de mémoire basé sur trois systèmes : la mémoire sensorielle (concernant les informations sensorielles conservées en mémoire), la mémoire à court terme (caractérisée par le maintien de l'information d'une durée de quelques secondes) et la mémoire à long terme (reposant sur le stockage d'informations de manière permanente).

Le courant cognitiviste s'est construit, en grande partie, en opposition au courant béhavioriste. Prônant les démarches de modélisation, ce courant tend à rejoindre une branche spécifique de l'informatique, l'intelligence artificielle. On le considère souvent comme une révolution scientifique.

Définitions

Renforcement: événement qui rend plus fort la capacité pour un stimulus de susciter une réaction.

Mémoire de travail: hypothèse d'un « espace de travail » de capacité réduite dans lequel les informations (en provenance du registre de l'information sensorielle et de la mémoire à long terme) sont « chargées » provisoirement, et où la sélection et la mise en œuvre des opérations appliquées à ces informations sont réalisées.

Pour en savoir plus

Weil-Barais, A. (sous la dir.) (1999), *L'homme cognitif,* 5e édition. Paris : PUF.
Reuchlin, M. (1957), *Histoire de la psychologie*. Paris : PUF/Que sais-je ?

FICHE 8

LA PSYCHANALYSE

C'est au terme d'une longue période de recherche, en 1922, que Freud propose la définition la plus complète du terme « psychoanalyse », introduit en 1896. Psychanalyse est le nom : (1) d'un procédé pour l'investigation des processus mentaux ; (2) d'une théorie fondée sur cette investigation ; (3) d'un ensemble de conceptions et données psychologiques acquises par ce moyen constituant un champ disciplinaire.

1 La métapsychologie freudienne

A Une science de l'inconscient qui travaille sur le sens du fait psychique

- La psychanalyse est souvent considérée comme la science de **l'inconscient**, mais elle est avant tout une théorie psychologique globale travaillant sur la nature du fait psychique, lui-même porteur de sens, d'intention. À ce titre, Freud (1856-1939) pose l'hypothèse de l'inconscient psychique. Les productions de l'inconscient tels que **les actes manqués** ou **les rêves** sont reconnus à la fois comme chargés de sens et des actes psychiques complets. Dans la réalité psychique on distingue le sens donné immédiatement et le sens caché, masqué dans une réalité psychique inconsciente. Pour expliquer les faits psychiques inconscients, Freud parle de censure, ou de **refoulement**.
- Le refoulement est déclenché par le sujet pour échapper à l'angoisse véhiculée par le conflit psychique. Cette angoisse est provoquée par une augmentation de l'excitation présente dans l'appareil psychique. Lorsque la décharge n'est pas possible par les voies normales, le sujet recourt au refoulement. Les éléments refoulés (actes manqués, rêves ou symptômes névrotiques) n'en sont pas moins actifs et continuent à se manifester. La sexualité constitue l'un des pôles majeurs du conflit. Elle est pensée comme poursuivant des fins propres. En introduisant le terme de **libido**, Freud décrit toute zone corporelle comme source possible d'excitation, certaines zones, dites érogènes, étant déterminantes au cours du développement.

B Les deux topiques de l'appareil psychique

- Freud décrit métaphoriquement le psychisme sous forme de lieux (*topos* en grec signifie lieu). Dans la première topique (1915), le psychisme est constitué de trois instances : le préconscient, l'inconscient et le conscient. L'idée de base est que la seule distinction conscient/inconscient des phénomènes psychiques n'est pas satisfaisante. Cette première topique est essentiellement descriptive dans la mesure où elle n'aborde pas le jeu des forces qui s'affrontent dans le conflit et produisant le refoulement.
- Dans une seconde topique (1923) plus élaborée, Freud distingue trois instances : le ça, le moi et le surmoi. Le ça est le réservoir de l'énergie psychique, régi par **le principe de plaisir** et défini comme le pôle pulsionnel. Le moi est le produit des interactions entre les exigences du ça et les interdits du surmoi. Il est le pôle défensif de la personnalité. Fonctionnant selon **le principe de réalité**, il protège le sujet contre l'angoisse. Le surmoi joue un rôle de censeur à partir de l'intériorisation des interdits parentaux. Il défend le moi contre les irruptions du ça.

2 La méthode d'investigation thérapeutique

A Un principe de base : les associations libres

- La cure analytique est un processus thérapeutique basé sur la verbalisation de matériaux (rêves, associations verbales, silences, etc.), *a priori* inaccessibles pour le sujet, ainsi que la relation établie entre le patient et l'analyste. En partant de l'hypothèse que le symptôme présenté par le sujet est le substitut d'un processus psychique refoulé, la reconstitution de l'histoire du sujet grâce à l'émergence de ces souvenirs refoulés doit permettre la disparition du symptôme.
- La technique psychanalytique repose sur la méthode constitutive de **libre association**. Le patient est prié de se laisser aller à ses **associations libres**. Il doit communiquer, sans retenue, à l'analyste tout ce qui lui traverse l'esprit quand bien même il le trouverait inutile, stupide ou pénible. Cette méthode est un moyen privilégié d'accès à l'inconscient, permettant le surgissement des représentations inconscientes. Elle structure la relation analytique aussi bien dans son application que dans la résistance que le sujet manifeste à son endroit.

B Le transfert

- Parallèlement aux résistances manifestées par le patient pendant la cure et traduisant une volonté de ne pas guérir, se développe sur l'analyste un transfert de désirs inconscients tendres ou hostiles liés à l'analyse. On distingue **le transfert positif** caractérisé par des sentiments exprimés par le patient allant de la tendresse au désir amoureux envers la personne de l'analyste, et **le transfert négatif** exprimant des sentiments allant de l'agressivité à la peur.
- Dans le transfert, le patient répète la situation traumatisante de son enfance sans la remémorer. Il est primordial que l'analyste repère et comprenne la nature exacte du transfert afin qu'il devienne un outil thérapeutique. Il existe également tout un ensemble d'effets inconscients reçus par l'analyste à partir du transfert de l'analysant sur l'analyste lui-même que l'on appelle **le contre-transfert**.

Plus que tout autre approche, la démarche freudienne a ouvert la voie à l'interprétation des faits psychiques et psychopathologiques, leur donnant un sens sexué. Sujette à controverses depuis sa création, la psychanalyse, que Freud voulait universelle, laisse un héritage impossible à mesurer de par sa portée et sa fécondité.

Définitions

Acte manqué: acte par lequel un sujet substitue, malgré lui, à un projet ou à une intention qu'il vise délibérément, une action ou une conduite totalement imprévues.

Libido: énergie psychique des pulsions sexuelles qui trouvent leur régime en termes de désir, d'aspirations amoureuses, et qui, pour S. Freud, rend compte de la présence et de la manifestation du sexuel dans la vie psychique.

Pour en savoir plus

Freud, S. (1916-1917), *Introduction à la psychanalyse*, trad. fr. 1956. Paris : Payot.
Laplanche, J., et Pontalis, J. B. (1967), *Vocabulaire de la psychanalyse*. Paris : PUF.
Roudinesco, E. (1986), *Histoire de la psychanalyse en France*. Paris : Le Seuil, 2 vol.

FICHE 9

LE CONSTRUCTIVISME ET L'INTERACTIONNISME

Ces deux courants se rejoignent dans la mesure où ils s'intéressent de façon centrale aux interactions des individus avec le milieu. Le constructivisme, dont Piaget est le représentant le plus connu, s'attache surtout aux interactions sujet-situation, alors que l'interactionnisme (symbolique et social), seul courant évoqué ici, met l'accent sur les échanges entre sujets en situation.

1 Le constructivisme

A L'activité comme source de connaissance

- Pour Piaget, le milieu intervient dans la mesure où le niveau atteint par l'enfant l'autorise, par l'intermédiaire des mécanismes d'**assimilation** et d'**accommodation**. L'assimilation est la modification des données de la perception par les structures cognitives préexistantes, tandis que l'accommodation est la modification des structures qui s'adaptent aux données. Dans ce modèle de l'esprit, l'exploration active de la part de l'enfant est à la base de l'apprentissage, de la compréhension et des découvertes.
- L'équilibration du système cognitif est le moteur des mécanismes d'assimilation et d'accommodation. Le déséquilibre est provoqué par une inadaptation des structures cognitives aux données de l'expérience. L'équilibration est **majorante** au sens où elle permet le passage d'une structure cognitive à une autre qui lui est supérieure au plan fonctionnel. Cette dynamique de déséquilibration rend compte du développement du sujet.

B Les stades

- Dans la mesure où la dynamique du système cognitif conduit à l'apparition de structures dans un ordre déterminé, Piaget a tout naturellement décrit le développement en stades successifs. Il s'agit d'étapes dans le découpage de la chronologie du développement qui va du bébé à l'adolescent, fondées sur l'existence de discontinuités, de changements de rythme ou de changements qualitatifs observés dans l'évolution somatique, physiologique ou comportementale de l'enfant. Ces stades du développement intellectuel sont, de l'avis de Piaget, un cas privilégié, non totalement généralisable. Il ne croit pas à l'existence de stades du développement perceptif et physiologique.
- Piaget distingue quatre **stades** ou périodes se succédant dans la construction du développement cognitif : la période sensori-motrice (de la naissance à deux ans environ), la période prélogique (de deux à sept ans) caractérisée par l'extension de la fonction symbolique, la période des opérations concrètes (sept à onze ans), et la période des opérations formelles (au-delà de onze ans).
- Dans une conception constructiviste, l'ordre d'apparition des conduites prévaut sur l'âge d'apparition qui varie selon les conditions de vie des enfants.
- Le néoconstructivisme travaille à partir des grands concepts piagétiens en cherchant à en donner des définitions plus opérationnelles, en adoptant notamment les concepts issus du cognitivisme (*cf.* fiche 7).

2 L'INTERACTIONNISME

A L'interactionnisme social

- Il est issu, en grand partie, d'une critique de l'approche piagétienne qui, tout au moins à une certaine période, a négligé les interactions sociales au profit des aspects formels de la pensée. Il met l'accent sur l'importance des conflits surgissant des échanges entre individus (« conflits sociocognitifs »). Les déséquilibres proviendraient aussi bien de ces conflits interpsychiques que des conflits intrapsychiques valorisés par Piaget.
- Ce courant a permis de mettre en avant l'importance des interactions sociales dans la construction des connaissances et de clarifier les caractéristiques des contextes qui favorisent les échanges et les conflits.

B L'interactionnisme symbolique

- Le terme a été créé en 1937 par Herbert Blumer qui a soutenu la nature profondément symbolique de la vie sociale : le moteur de l'action humaine est la recherche de significations ; celles-ci se construisent dans les interactions sociales.
- De fait, l'interactionnisme constitue une nébuleuse de chercheurs appartenant à des disciplines diverses (ethnologues, linguistes, psychiatres, psychologues, etc.) partageant des présupposés communs : l'importance des significations (qui ne se confondent pas avec l'information), la médiation de la vie psychique par l'usage des systèmes sémiotiques, l'ancrage des activités dans les contextes sociaux qui contribuent à leur donner sens, la nécessité de comprendre le jeu des interactions dans lequel émergent les conduites.
- L'adoption des thèses interactionnistes conduit à être attentifs aux contextes de vie des individus ainsi qu'aux réseaux et formes d'échanges dans lesquels ils sont impliqués.

Le constructivisme et l'interactionnisme développent des conceptions dynamiques du psychisme dans lesquelles les individus sont des acteurs à part entière. Ils rejoignent en cela la psychanalyse et s'opposent aux conceptions mécanistes développées tant par le bébaviorisme que par certains courants cognitivistes.

Définition

Système sémiotique: ensemble structuré de signes servant à communiquer.

Pour aller plus loin

Cosnier, J. (1998), *Le retour de psyché; critique des nouveaux fondements de la psychologie*. Paris : Desclée de Brouwer.

FICHE 10 PINEL, CHARCOT, JANET

Tous trois attachés à l'hôpital de la Salpêtrière, à Paris, Pinel (1745-1826), Charcot (1825-1893) et Janet (1859-1947) ont influencé, chacun à leur manière, toute la psychologie française moderne : Pinel fonde la psychiatrie, Charcot, la neurologie, et Janet, une théorie psychologique qui pâtira du succès de la psychanalyse freudienne, née au même moment et sur les mêmes bases.

1 Philippe Pinel (1745-1826)

- Après des débuts difficiles sous l'Ancien Régime, Pinel prend une part active à la Révolution française, ce qui lui vaut d'être nommé professeur à l'École de santé de Paris (1794), et surtout médecin-chef à l'hôpital de la Salpêtrière (1795), avant de devenir membre de l'Institut (1803).
- Son nom est associé au « geste libérateur » par lequel il aurait ordonné qu'on libérât les aliénés de leurs chaînes, geste immortalisé par le célèbre tableau de Muller exposé à l'Académie de médecine. En réalité, ce moment est mythique, car la plupart d'entre eux avaient déjà retrouvé une liberté de mouvement au sein de l'asile, à l'initiative directe du personnel soignant, avant même qu'il en fût informé.
- Mais ce mythe traduit également une réalité, au sens où Pinel a largement contribué par ses ouvrages théoriques et d'enseignement à jeter les bases de la psychiatrie moderne.
- Dans sa *Nosographie philosophique, ou Méthode de l'analyse appliquée à la médecine* (1798), il propose une classification des maladies inspirée de la méthode naturaliste de Linné. Les maladies mentales (« vésanies ») sont distinguées, en l'absence de lésion cérébrale, par degré de détérioration du comportement : **mélancolie simple** centrée sur un objet unique, **manie** ou délire généralisé, **démence** ou affaiblissement intellectuel généralisé, et enfin **idiotisme**, « abolition totale des fonctions de l'entendement ».
- Dans son *Traité médico-philosophique sur l'aliénation mentale* (1801), il impute aux émotions et aux passions les atteintes viscérales qui seraient à l'origine de la maladie mentale. Il reste le premier à avoir mis l'accent sur l'importance de l'organisation de l'institution psychiatrique, et sur l'influence déterminante des relations familiales et sociales dans l'évolution de la maladie.

2 Jean Martin Charcot (1825-1893)

- Professeur d'anatomie pathologique à l'université de Paris, Charcot est nommé, en 1862, à la Salpêtrière, où il ouvre, en 1882, une clinique neurologique dont la réputation devait rapidement dépasser les frontières, attirant de nombreux étudiants étrangers, et notamment Sigmund Freud en 1885.
- Ses nombreux travaux de recherche en font l'un des fondateurs de la neurologie moderne (avec G. Duchenne). Il démontre la dégénérescence de la colonne dorsale dans l'ataxie locomotrice, l'importance de l'anévrisme miliaire dans

l'hémorragie cérébrale, et met en évidence les centres cérébraux de certaines fonctions nerveuses.

- Mais son nom reste surtout associé à **l'hystérie**, dont il cherchera en vain à démontrer l'origine cérébrale. Ses trois plus brillants élèves, Babinski, Janet et Freud, tirèrent surtout les leçons de cet échec en abandonnant l'hypothèse de l'organicité, pour développer des théories purement psychologiques.
- « Ce que j'appelle la psychologie, c'est la physiologie rationnelle de l'écorce cérébrale. » Cette précision décisive et souvent oubliée éclaire le sens de la formule restée célèbre : « l'hystérie est une maladie psychique par excellence » (1888), qui a pu faire croire, à tort, que Charcot assimilait les symptômes hystériques à ceux de la suggestion hypnotique spectaculaire qu'il pratiquait lors de ses présentations de malades.
- Cette distinction l'oppose précisément à l'école de Nancy (Bernheim), qui réduit l'hystérie à la crise hystérique, ainsi qu'aux aliénistes (Tardieu, Lasègue), qui en font le reflet d'un pur « état mental ». À l'inverse, il s'attachera à repérer l'identité de certains phénomènes hystériques avec ceux résultant de lésions somatiques avérées. Mais ce rapprochement demeurera exclusivement statistique, et sera bientôt battu en brèche par la clinique.

3 Pierre Janet (1859-1947)

- Remarqué pour une thèse de doctorat en lettres sur « l'automatisme psychologique » (1889), Janet est appelé, en 1890, à diriger le laboratoire de psychologie de la Salpêtrière, où il conclut ses études médicales par une thèse sur « l'état mental des hystériques » (1894). Il accédera à la chaire de psychologie du Collège de France en 1902, attirant à ses conférences un public nombreux et éclectique.
- Ses recherches portent principalement sur l'étude des névroses, la psychologie des conduites et la psychopathologie sociale. On lui doit le repérage d'une nouvelle entité clinique, la **psychasthénie**, que Freud reprendra sous le nom de *névrose obsessionnelle*, et l'hypothèse d'un **subconscient**, lui aussi antérieur à l'*inconscient* freudien.
- Sa rivalité malheureuse avec Freud a sans aucun doute contribué à déconsidérer une œuvre importante, mais peu utilisée de nos jours. On peut soutenir, avec J. Postel, que sa clairvoyance n'est pas en cause, mais plutôt un souci excessif de reconnaissance académique, auquel Freud sut renoncer pour s'opposer au discours médical de son temps.

Ces trois fondateurs, en partie oubliés aujourd'hui, éclairent le contexte historique et la dynamique scientifique qui devaient présider, en 1900, à la naissance de la psychanalyse freudienne, et à son introduction tardive en France, dans les années 1920.

Pour en savoir plus

Postel, J., Quetel, C. (1994), *Nouvelle histoire de la psychiatrie.* Paris : Dunod.

FICHE 11

BINET ET PIÉRON

Alfred Binet (1857-1911) et Henri Piéron (1881-1962) ont tous deux marqué la psychologie française par leur souci de construire des instruments de mesure objectifs des capacités psychiques. La célébrité de Binet est associée à la première échelle d'intelligence pour enfant qu'il a mise au point avec le Dr Simon. Piéron, considéré en France comme le fondateur de la psychologie scientifique, a occupé des fonctions institutionnelles importantes ; ses conceptions ont profondément marqué l'université.

1 Alfred Binet

A Éléments biographiques et historiques

- Titulaire d'une licence de droit et d'un doctorat en sciences naturelles, il a tout d'abord été un disciple de Charcot (*cf.* fiche 10) et a mené des travaux sur l'hypnotisme et le magnétisme. D'abord directeur-adjoint du laboratoire de psychologie physiologique de l'École des hautes études (EHE), il en devient le directeur en 1896. Il se tourne alors vers la psychologie de l'enfant avec la volonté de conduire une étude scientifique expérimentale des fonctions supérieures de l'esprit (mémoire, raisonnement, etc.). Sensible aux différences interindividuelles, il cherche à établir des typologies. C'est en procédant à des observations dans les écoles qu'il en vient à s'intéresser à la pédagogie. Il est ainsi à l'origine de la pédagogie scientifique (Avanzini, 1969).
- Il crée, en 1894, *L'Année psychologique,* la première revue scientifique de psychologie en langue française.
- L'instauration d'une école publique obligatoire par Jules Ferry en 1881-1982 ayant fait ressortir le problèmes des écoliers « instables », « réfractaires », indisciplinés », « arriérés », **Ferdinand Buisson** crée la Société française pour l'étude psychologique des enfants (SLEPE), en 1899. Binet y joue un rôle très actif et en devient le président de 1902 à sa mort, en 1911.
- Dans le cadre des travaux d'une commission interministérielle chargée de préparer la loi du 15 avril 1909 instaurant un enseignement spécialisé pour enfants anormaux au sein de l'école, il conçoit avec le Dr Simon une échelle métrique de l'intelligence destinée à déceler les enfants nécessitant un enseignement spécial (publiée dans *L'Année psychologique*, en 1905, 1908 et 1911).
- Il décède prématurément, en 1911, des suites d'une attaque cérébrale, sans avoir connu l'enthousiasme avec lequel son échelle a été accueillie aux États-Unis. À sa mort, le domaine de l'enfance déficiente devient « une chasse gardée des médecins ».

B L'échelle Binet-Simon

- Elle est constituée d'une série de petites épreuves proches de la vie courante (donner son nom de famille, répéter des chiffres ou des phrases, dénommer et classer des images, etc.) faisant appel aux fonctions psychiques supérieures.

- L'échelle fournit une évaluation de l'âge mental, c'est-à-dire de l'âge qu'ont les enfants normaux fournissant habituellement les réponses données par le sujet évalué. Elle repose sur des données d'ordre statistique.
- L'échelle a connu une notoriété mondiale et a fait l'objet de nombreuses adaptations (L.M. Terman). D'autres échelles en dérivent comme la Wechsler, la NEMI (Nouvelle Échelle métrique de l'intelligence, mise au point par R. Zazzo et son équipe, en 1966).

2 Henri Piéron

A Éléments biographiques et historiques

- Agrégé de philosophie en 1903, il suit les enseignements de Ribot et de Janet. Préparateur au laboratoire de psychologie expérimentale de l'EHE à l'asile de Villejuif, il assiste **Édouard Toulouse** (1865-1947), médecin aliéniste et psychologue participant au mouvement eugéniste. En 1912, il succède à Binet à la direction du laboratoire de psychologie à la Sorbonne et prend, pour cinquante ans, la direction de *L'Année psychologique.*
- En 1928, il crée avec H. Laugier l'Institut national d'orientation professionnelle (INOP). La revue *Le Travail humain* est lancée, en 1933. En 1951, il crée l'Institut de psychologie de l'université de Paris : sa mission est la formation des psychologues.

B Défense d'une psychologie scientifique appliquée

- Piéron s'est intéressé à de nombreux domaines à la fois fondamentaux (physiologie du sommeil, mécanismes physiologiques sous-jacents aux comportements, les sensations, etc.) et appliqués (docimologie, mesure des différences interindividuelles). Il réfute l'idée d'une intelligence générale : les aptitudes des individus atteignent des niveaux de développement différents. Il revient donc à la psychologie scientifique de construire des tests pour détecter les aptitudes les plus développées, données de base des conseils d'orientation.
- Piéron et sa femme ont conçu de nombreuses épreuves pour la mesure des aptitudes cognitives. Il partageait l'idéal d'une adéquation entre aptitudes et fonctions occupées dans la société.

Bien que Binet et Piéron aient partagé les thèses eugénistes dominantes de leur époque, leur quête de mesure objective des aptitudes intellectuelles s'inscrit dans un projet démocratique et républicain de réussite selon le mérite (et non pas selon la naissance).

Biographies

Ferdinand Buisson (1841-1932): homme politique radical-socialiste, professeur à la Sorbonne, président de la Ligue des Droits de l'homme de 1913 à 1936.

Henri Laugier (1888-1973): médecin de formation, créateur de la psychophysiologie du travail, il fut, en 1935, le premier secrétaire général du Conseil supérieur de la recherche scientifique (devenu par la suite le CNRS), créé en 1933.

Pour aller plus loin

Paicheler, G. (1992*), L'invention de la psychologie moderne*. Paris : L'Harmattan.

Vermès, G. (1999), « La recherche en psychologie au CNRS, son institutionnalisation de ses débuts aux années cinquante ; construction d'une unité disciplinaire ». *Bulletin de psychologie*, 52(2), 440, 213-222.

FICHE 12

VYGOTSKI, WALLON ET PIAGET

Vygotski (1896-1934), Wallon (1879-1962) et Piaget (1896-1980) sont des figures majeures de la psychologie de l'enfant et du développement. Bien que les études récentes (concernant notamment les compétences des bébés) aient considérablement modifié les données établies par ces auteurs, leurs constructions théoriques sont toujours d'actualité.

1 Lev Sémionovitch Vygotski (1896-1934)

A Éléments biographiques et historiques

- Né en Biélorussie au sein d'une famille juive, il a vingt-cinq ans quand éclate la révolution d'octobre ; il est étudiant à l'université de Moscou. Élève très doué, il s'initie à la littérature, aux beaux-arts, à la linguistique, à l'anthropologie culturelle, pour aboutir à la psychologie. Il déploie une intense activité à la fois politique (il est député de l'Armée rouge), pédagogique et scientifique. Il critique la psychologie de son temps (la réflexologie de Bekhterev et Pavlov, le béhaviorisme). Il voyage en Europe pour voir, sur place, ce qui s'élabore.
- À la fin des années 20, il apparaît comme le chef de file de la jeune école soviétique (qui comprenait, entre autres, Luria et Leontiev). En 1925, il crée à Moscou le Laboratoire de psychologie pour l'enfance anormale qui deviendra par la suite l'Institut de défectologie expérimentale du Commissariat au peuple pour l'éducation. En quelques années, il s'y produit un nombre considérable de recherches.
- Atteint de tuberculose, il meurt à l'âge de trente-huit ans, en 1934, sans qu'aucun hommage lui soit rendu. Quelques jours après sa mort, la police politique opère une perquisition à son domicile. Vivement critiqué par le régime soviétique – à partir de 1932 toute psychologie est suspecte d'individualisme ; l'usage des tests est condamné –, son œuvre tombe dans l'oubli et, dès 1936, ses écrits sont retirés de la circulation. Leur redécouverte se fera en deux temps : 1956, la réédition russe de son ouvrage posthume, *Pensée et Langage*, traduite en anglais dans une version réduite expurgée (c'est l'époque de la guerre froide) ; 1980, l'édition russe de ses *Œuvres* en 6 volumes qui n'épuise cependant pas le stock de ses manuscrits. Depuis lors, Vygotski est l'objet d'un engouement surprenant eu égard à la part de l'œuvre accessible. La première traduction en langue française de son œuvre majeure (*Pensée et Langage*) date de 1985.

B Le statut social de la conscience individuelle

- Vygotski a développé une conception du psychisme humain comme produit d'une genèse sociale, médiatisée et structurée par les systèmes de signes : une **théorie historico-culturelle du psychisme**.
- La conscience individuelle a un statut social : la connaissance des autres précède la connaissance de soi. Les activités humaines sont d'abord collectives, elles sont régulées par le langage (adressé à autrui) porteur des significations et connaissances élaborées par les générations antérieures. Toute compétence apparaîtrait

ainsi deux fois dans le développement : une fois au plan « interpsychique » (en relation avec des partenaires), une seconde fois, plus tardivement, au plan » intrapsychique » (l'activité propre du sujet).

- Il critique ainsi la thèse du « langage égocentrique » développée, en 1923, par Piaget dans *Le langage et la pensée chez l'enfant,* supposée traduire l'incapacité de l'enfant à se décentrer par rapport à lui-même. Pour Vygotski, tout au contraire, le « propos pour soi » est le précurseur de la pensée rationnelle. « Le langage intérieur » résulterait d'un processus d'intériorisation de la communication sociale.

- Deux concepts majeurs sont reliés à la thèse de Vygotski :

  – **La zone proximale de développement** (ou zone de proche développement) correspond au développement potentiel estimé à partir de ce que l'enfant est capable de réaliser avec un adulte à un certain moment de son développement mais qu'il n'est pas encore capable de réaliser seul, ce qu'il fera plus tard. Cette capacité potentielle qui se manifeste au cours de l'interaction sociale donne à l'apprentissage un rôle dans le développement.

  – **L'instrument psychologique** est une médiation entre l'homme et la réalité, fournie à l'individu par la transmission sociale des savoirs. Vygotski en propose une conception dialectique : le sujet est modifié par l'action sur lui-même des instruments qu'il utilise (en particulier le langage).

2 Henri Wallon (1879-1962)

A Éléments biographiques et historiques

- Normalien, agrégé de philosophie en 1902, Wallon fait des études en médecine afin de se consacrer à la psychologie. Sa thèse de médecine porte sur les délires chroniques. II devient assistant dans les asiles de Bicêtre et de la Salpêtrière et pratique en dispensaire et en libéral. En 1921, il est chargé d'enseignement à l'Institut de psychologie que vient de créer Piéron (*cf.* fiche 11). En 1937, il devient professeur au Collège de France, charge qui lui est retirée pendant l'Occupation.

- Il s'engage très tôt et milite chez les socialistes, puis adhère en 1942 au parti communiste. À la Libération, il est nommé secrétaire de l'Éducation nationale (on dirait maintenant « ministre ») et élabore avec Paul Langevin une réforme de l'enseignement (lois Langevin-Wallon).

- Toute sa vie, il s'est intéressé à la prise en charge des enfants déficients.

- Ses ouvrages majeurs sont : *L'enfant turbulent* (1925), *Les origines du caractère chez l'enfant* (1934), *L'évolution psychologique de l'enfant* (1941), *De l'acte à la pensée* (1942), *Les origines de la pensée chez l'enfant* (1945). Il a fondé la revue *Enfance*, en 1948.

B La psychobiologie

- Le nom du laboratoire créé par Wallon, en 1925 (installé à l'origine dans une école primaire de la banlieue parisienne) – Laboratoire de psychobiologie de l'enfant – indique tout un programme. Pour Wallon, la vie est affrontement de systèmes (les conflits sont le moteur du développement) ; hors du milieu social l'être humain est un organisme mort. Le biologique et le psychologique sont pour lui indissociables.

- Pour Wallon, l'enfant est un « animal social » dès sa naissance, il est immergé dans la société à travers l'affectivité, les expressions émotionnelles, les rituels et les coutumes dont il est l'objet. La relation tonico-émotionnelle, support de la « symbiose affective », succède à la « symbiose physiologique » entre l'enfant et sa mère. Le sujet se construit à travers le « dialogue tonique », l'imitation, l'identification et l'accès à l'univers symbolique (ces thèses sont très proches de celles de Vygostki bien qu'il semblerait que Wallon n'ait pas eu connaissance de ses œuvres).

- Le caractère de l'enfant se dessine et s'organise à partir des premières conduites motrices; dans les utilisations motrices et relationnelles de la motricité, les enfants manifestent très tôt des styles moteurs fortement personnalisés; ils préfigurent les styles de personnalité et les styles cognitifs qui conservent dans le temps une certaine stabilité (*cf.* fiche 87).
- Les enfants construisent leur propre image corporelle en intégrant les expériences kinesthésiques, motrices, tactiles et visuelles qui font du corps à la fois un sujet et un objet d'émotions et de connaissances. Il y aurait une double genèse (psychoneurologique et affectivo-sociale) de l'image de soi.

3 Jean Piaget (1896-1980)

A Éléments biographiques et historiques

- Né dans une famille universitaire suisse protestante, il s'intéresse dès l'enfance aux sciences naturelles. Il décrit les oiseaux, collectionne les coquillages; le sérieux de son travail lui fait mériter, à l'âge de onze ans, d'être admis à participer à des travaux du Musée d'histoire naturelle de Neuchâtel. Il y étudie les mécanismes d'adaptation d'un petit mollusque d'eau (les limnées) et publie sur ce thème une quinzaine d'articles scientifiques. Toute sa vie, il s'est intéressé à la biologie et ses conceptions du développement en sont profondément marquées.
- Après l'obtention de son doctorat ès sciences *(La malacologie valaisanne)*, Piaget traverse une période d'interrogation de tout ordre (métaphysique, philosophique, politique). Cependant son intérêt se concentre très vite sur les problèmes de la connaissance. Il s'oriente alors vers la psychologie et trouve dans le laboratoire de Th. Simon à Paris (*cf.* fiche 11) un terrain favorable pour développer des observations auprès des enfants. C'est là qu'il s'initie aux méthodes d'investigation faisant appel à des situations physiques.
- En 1921, il publie dans le *Journal de psychologie* un « essai sur le développement de la notion de partie », une étude relative à la maîtrise de la logique des classes et des relations, un thème récurrent dans son œuvre. C'est à cette époque qu'il retourne en Suisse où il devient le collaborateur de **E. Claparède** à l'Institut Jean-Jacques Rousseau de Genève (sciences de l'éducation).
- **Trois étapes** se distinguent alors dans la trajectoire scientifique de Piaget :

  – **1921-1932:** des recherches en psychologie de l'enfant (étude des raisonnements).

  – **1936-1955:** des recherches en psychologie du développement; Piaget bénéficie de l'apport de deux collaboratrices, A. Szeminska et B. Inhelder, qui enrichissent la méthode d'observation par entretien (utilisée dans les premiers travaux de Piaget) par l'apport de situations que les enfants pouvaient manipuler. Piaget propose un modèle théorique du développement qui se caractérise par une formalisation des structures logiques supposées sous-tendre les fonctionnement psychologiques observés aux différents âges (les stades). Ce modèle explicite les mécanismes d'évolution (équilibration majorante, abstraction réfléchissante).

  – **À partir de 1955,** date de la création du Centre international d'épistémologie génétique, Piaget réexamine la genèse chez l'enfant des grandes catégories de la pensée (nombre, espace, temps, vitesse, causalité, etc.) : il compare ces données à l'évolution historique. Il propose une théorie générale de la construction des connaissances : **le constructivisme**.

B L'épistémologie génétique et la méthode d'exploration critique

- L'épistémologie génétique fondée par Piaget est une épistémologie basée sur une approche empirique : l'étude de la genèse des connaissances chez l'enfant.
- Dans l'optique d'une telle démarche, les stades de développement ont un statut théorique : ils sont la traduction formelle des phases par lesquelles l'esprit humain a dû passer pour accéder aux connaissances scientifiques. L'assimilation de telles phases à des stades effectifs du développement de l'enfant relève, dans ce cadre, d'une erreur d'interprétation. La confusion a cependant été entretenue par Piaget lui-même dans certains écrits destinés au milieu éducatif.
- À la fin de sa vie, Piaget a abandonné l'idée de stades généraux dans l'évolution de la connaissance; ceux-ci supposent, en effet, que tous les domaines de connaissances se développent au même rythme. Il a avancé l'idée qu'il existerait un ordre dans la manière d'approcher les phénomènes : approches **intraobjectale** (appréhension des propriétés des objets et des phénomènes), **interobjectale** (mise en relation entre objets et entre phénomènes) et **transobjectale** (construction d'une relation ou d'une structure qui transcende les ensembles d'objets et de phénomènes).
- **La méthode d'exploration critique** a permis de recueillir une quantité extraordinaire de données nouvelles sur le psychisme enfantin. Elle se caractérise par une adaptation des questions à l'âge de l'enfant, l'usage de protocoles d'entretien systématique comprenant : des demandes de manipulation (constituer des quantités d'eau équivalentes dans des vases de diamètres différents, par exemple), des justifications (*qu'est-ce qui te fait penser à cela?*), le recours à des suggestions (*un enfant m'a dit... qu'est-ce que tu en penses?*), la sollicitation faite à l'enfant de s'exprimer à l'aide de différents systèmes symboliques (langage, dessin, gestes). Certains auteurs ont adapté la méthode pour des interventions auprès d'adultes (P. Vermersch, *L'entretien d'explicitation en formation initiale et continue,* 1994).

Vygotski, Wallon et Piaget ont contribué à promouvoir en psychologie de l'enfant des modes d'exploration qui s'inspirent des démarches cliniques. Au-delà de divergences théoriques, ils ont en commun une opposition farouche aux thèses béhavioristes d'origine anglo-saxonne. Les critiques faites par Vygotski à l'œuvre de Piaget ne concernent que les œuvres antérieures à 1934. La confrontation entre ces auteurs suscite des débats intellectuels d'une grande productivité.

Biographie

Édouard Claparède (1873-1940): psychologue de l'enfant fondateur de l'éducation nouvelle dont Célestin Freinet s'est largement inspiré.

Pour en savoir plus

Clot, Y. Eds. (1999), *Avec Vygotski*. Paris : La dispute.

Ducret, J.-J. (1990), *Jean Piaget; biographie et parcours intellectuel.* Neuchâtel : Delachaux et Niestlé.

Jalley, E. (1981*), Wallon lecteur de Freud et Piaget.* Paris : Éditions sociales.

FICHE 13 LEWIN ET BATESON

Lewin (psychosociologue américain d'origine allemande) et Bateson (anthropologue et ethnologue américain d'origine britannique) ont développé des théories systémiques (cf. fiche 21) qui tentent d'articuler les fonctionnements individuels et groupaux. Leur œuvre continue d'inspirer chercheurs et praticiens.

1 Kurt Lewin (1890-1947)

A Éléments biographiques et historiques

- Après avoir réalisé d'importants travaux à Berlin dans le courant de la **gestalt-théorie** (psychologie de la forme), Lewin est contraint en 1930 (montée du nazisme en Allemagne) d'émigrer aux États-Unis. Il y a joué un rôle décisif dans l'essor de la psychologie sociale, prônant à la fois l'observation de petits groupes et l'usage de démarches expérimentales.
- Il a concentré ses recherches sur la dynamique des groupes, développant une forme de recherche alliant intervention et analyse des pratiques : la **recherche-action**. Il a ainsi étudié de nombreux comportements sociaux : habitudes alimentaires, style d'autorité, méthodes de travail, décision de groupe, changement d'opinion, etc.

B La dynamique des groupes

- Lewin est considéré comme le premier chercheur en psychologie sociale à avoir proposé une théorie générale du comportement social humain. Pour lui, les conduites s'expliquent par des interactions complexes qui définissent un **«champ dynamique»** : un système de forces en équilibre dont les principaux éléments sont les membres du groupe, leurs besoins, les buts, les ressources, l'organisation, les normes de groupe, les réseaux de communication, etc., envisagés dans leurs dimensions objective, cognitive et affective.
- Les représentations, le vécu des individus, les affects et les émotions interviennent dans l'équilibre du système, au même titre que les aspects structuraux et opératoires (statuts, rôles, structure des organisations, etc.).
- Le groupe est considéré comme un système de forces ayant comme finalité le changement social. C'est un système dont les éléments sont interdépendants. **Le critère d'interdépendance,** proposé en 1948, spécifie que « l'essence d'un groupe » ne réside pas dans la similitude de ses membres, mais dans leur interrelation. Le groupe est un tout dynamique et tout changement intervenant dans une partie affecte l'ensemble.
- Étudier la dynamique d'un groupe, c'est repérer les forces en jeu, les interactions entre elles et les processus qui en résultent.
- **La dynamique de groupe** désigne un dispositif de formation permettant une expérience groupale et une sensibilisation aux phénomènes de groupes.

2 Gregory Bateson (1904-1980)

A Éléments biographiques et historiques

- Issu de la grande bourgeoisie intellectuelle anglaise, Bateson a tout d'abord une formation de zoologiste. À sa sortie de Cambridge en 1924, il part aux Galapagos sur les traces de Darwin (son père était un biologiste antidarwinien). En 1925, il décide de faire une thèse en anthropologie.

- En 1927, il séjourne dans plusieurs tribus en Nouvelle-Guinée : il s'y ressent comme un intrus et critique les approches de ses prédécesseurs. À l'occasion d'un second voyage en Nouvelle-Guinée, il rencontre Margaret Mead, anthropologue américaine connue, qu'il épousera en 1936. C'est à cette époque qu'il écrit *Naven,* un ouvrage dans lequel il introduit le concept de « schismogenèse ». Avec M. Mead, il s'intéresse aux processus d'incorporation de la culture par l'enfant et, pour ce faire, met au point des techniques de description et d'analyse des comportements non verbaux (prises de vue photographique, à cadence contrôlée).
- En 1948, Bateson abandonne le monde de l'anthropologie pour entrer dans celui de la psychiatrie (il se sépare définitivement de M. Mead en 1949). Fasciné par la cybernétique, il s'engage dans l'élaboration d'une théorie générale de la communication. L'hypothèse du *«double bind»* est avancée en 1956 et donne lieu à de nombreux travaux empiriques sur la schizophrénie, peu concluants.
- À partir de 1959, il reprend sa quête d'une théorie générale de l'esprit : il s'agit d'une tentative de rassembler un ensemble de phénomènes apparemment disparates mais proches dans leur fonctionnement (le langage, l'apprentissage, l'évolution biologique).

B Schismogenèse et *double bind*

- **Schismogenèse:** genèse d'un schisme au sein d'un système social. Bateson distingue la schismogenèse « symétrique » (les interactants répondent au don par le don, à la violence par la violence, etc.) et la « complémentaire » (les partenaires s'enfoncent de plus en plus dans des rôles de type domination-soumission, exhibitionnisme-voyeurisme, etc.).
- **Double bind** (traduit en français par **«double contrainte»**) désigne des communications paradoxales : l'un des individus du groupe reçoit des injonctions contradictoires (encourager-punir) qui le conduisent à s'isoler. Les personnes en interaction sont prises dans un système conflictuel qui rend impossible toute communication normale. Partant de l'hypothèse d'une origine communicationnelle des troubles psychiques, des élèves de Bateson ont élaboré, dans les années 60, les principes de la thérapie familiale (*cf.* fiche 93).

Les œuvres de Lewin et Bateson sont profondément marquées par les sciences physiques et les mathématiques auxquelles ils empruntent de nombreux concepts qu'ils utilisent dans un sens métaphorique (champ, force, etc.). Leur approche est systémique (cf. fiche 21)

Définitions

Gestalthéorie: courant de la psychologie allemande opposé aux approches analytiques ; a mis en évidence des lois d'organisation des perceptions (les effets de champ).

Cybernétique: étude des processus de commande et de communication chez les êtres vivants, dans les machines et les systèmes sociologiques et économiques.

Pour aller plus loin

Kaufman, P. (1967), *Kurt Lewin.* Paris : Vrin.

Bateson, G., Birdwhistell, Goffman *et al.* (1981), *La nouvelle communication.* Paris : Points Essais (chapitre 2).

FICHE 14 WATSON ET SKINNER

Watson (1878-1958) et Skinner (1904-1990) sont les représentants les plus connus du béhaviorisme. Le premier est le « père » du manifeste béhavioriste; le second, inventeur du conditionnement opérant, a développé un « béhaviorisme radical ».

1 John Broadus Watson (1878-1958)

A Éléments biographiques et historiques

- Issu d'un milieu modeste de Caroline du Sud, il a fait ses études à l'université de Chicago, fief du fonctionnalisme. De fait, il se retrouve, comme garçon de laboratoire, à s'occuper des rats blancs d'un professeur de neurophysiologie et finit par faire une thèse sur « la relation entre l'accroissement de la complexité dans le comportement du rat blanc et le développement de la myélinisation dans le système nerveux central » (1903). Cette thèse fut plutôt mal accueillie.
- En 1908, **J.M. Baldwin**, qui, dans une perspective génétique et évolutionniste, souhaitait voir développer la psychologie animale, propose à Watson une chaire de professeur à l'**université Johns Hopkins.** Dès l'année suivante, Baldwin (accusé d'avoir été vu franchir le seuil d'une maison de tolérance) est contraint de démissionner et de s'exiler à Mexico; il lègue à son jeune collègue (Watson a trente ans) la direction du département de psychologie et de son laboratoire, ainsi que celle d'un journal qu'il avait contribué à créer : *Psychological Review*.
- En 1912, il est à la tête d'un groupe qui critique l'APA (*American Psychological Association* fondée en 1892). Il finit par en prendre la présidence, en 1915 : « Si Watson avait atteint une grande sécurité institutionnelle, il ne faut certainement pas voir dans son élection la manifestation d'une position dominante en psychologie. Au contraire (...) elle était surtout le résultat de ses manœuvres électorales, de sa force de persuasion, de son aptitude à se constituer en réseau et à faire campagne pour lui-même » (G. Paicheler, 1992, p. 228). Fort de cette position, c'est en 1913 qu'il publie le manifeste béhavioriste dans la revue qu'il dirigeait.
- Curieux destin : en 1920, accusé à son tour d'une liaison avec son assistante, Rosalie Rayner, il divorce ; sa carrière universitaire s'achève. Il exerce alors une carrière dans les affaires et notamment la publicité. Avec sa nouvelle épouse il écrivit des livres à succès (parmi lesquels *Le soin psychologique du bébé et de l'enfant*, 1928) qui eurent une grande influence dans la société américaine.

B Le manifeste béhavioriste

- Ce manifeste, paru en 1913 dans un article intitulé *«Psychology as the Behaviorist Views it»*, pose comme principe que la psychologie scientifique ne peut être basée que sur l'étude du comportement ; il condamne la méthode de l'introspection et le recours à la conscience pour expliquer les conduites humaines. « La psychologie telle que le béhavioriste la voit est une branche des sciences naturelles. Son but théorique est la prédiction et le contrôle des comportements » (Watson).

- Dans le contexte de l'époque, ces idées ne sont pas nouvelles : c'est leur institutionnalisation qui leur a donné du poids. Le rejet de la conscience aboutit à une expulsion des significations et du langage hors du champ scientifique.
- Le triomphe du manifeste fut loin d'être immédiat : « La révolution béhavioriste, censée se transmettre comme une traînée de poudre (...) est une reconstruction mythique des origines du comportementalisme » (G. Paicheler, 1992, p. 232).

2 Burrhus Frederic Skinner (1904-1990)

- Né en 1904 en Pennsylvanie, il a fait des études de médecine et de psychologie à l'université de Harvard. Professeur de psychologie dans cette université, il a prolongé les perspectives de Watson tant au plan théorique qu'appliqué. Il a développé des techniques comportementales dans le domaine de l'éducation et de la psychothérapie.
- La découverte du **conditionnement opérant** ou **instrumental:** Skinner a montré qu'il était nécessaire, dans l'analyse des comportements et de leur modification, de prendre en compte les effets, sur l'organisme, des conséquences d'une action. Il a montré que des animaux placés dans une cage avaient tendance à reproduire une action suivie d'un événement positif (distribution de nourriture par exemple) ou à l'éviter lorsqu'elle était suivie d'un événement négatif (choc électrique). L'obtention d'une récompense ou d'une punition dépend donc de ce que fait le sujet (appuyer sur une pédale par exemple).
- **L'enseignement programmé** est une des applications majeures du comportementalisme skinnerien. Il est basé sur l'idée que toute conduite, toute connaissance, peuvent s'apprendre en distribuant de manière adéquate les renforcements. Les réponses sont modelées par des programmes de renforcement.
- **Les thérapies comportementales** sont basées sur l'idée que les affects et les émotions peuvent être apprises et désapprises selon des processus de conditionnement (*cf.* fiche 95).

En mettant en avant les possibilités infinies de modelage qu'offrent les techniques de conditionnement, Watson et Skinner ont ouvert la voie à toutes sortes de dérives au plan des recommandations pratiques et des méthodes à visées pédagogique et thérapeutique. Cependant, les techniques de conditionnement qu'ils ont développées restent d'un grand intérêt en recherche fondamentale.

Biographies

J.M. Baldwin (1861-1934): fondateur de la psychologie génétique inscrite dans une perspective comparative. Piaget s'en est largement inspiré.

Université John Hopkins: c'est dans cette université que fut créé, en 1883, le premier laboratoire de psychologie des États-Unis, par Stanley Hall.

Pour aller plus loin

Mariné, C. et Escribe, C. (1998), *Histoire de la psychologie générale; du béhaviorisme au cognitivisme.* Paris : Press Editions.

Paicheler, G. (1992*), Histoire de la psychologie moderne.* Paris : L'Harmattan.

FICHE 15 FREUD ET LACAN

Parmi les grandes figures de la psychanalyse, Sigmund Freud (1856-1939) occupe la place de père fondateur. Il laisse une œuvre considérable, tant par son volume que par son actualité dans la pensée analytique moderne. Jacques Lacan (1901-1981), qui s'en est toujours réclamé, apparaît comme une figure incontournable de la psychanalyse française. Adoré ou haï de son vivant, il laisse une œuvre écrite réduite pour l'essentiel à un unique volume, Écrits, et un séminaire oral retranscrit qui aura duré vingt-cinq ans, de 1953 à 1978.

1 Sigmund Freud

A La naissance de la psychanalyse

- Neurologue autrichien passionné par la recherche, Freud suivit en France les enseignements de Charcot (*cf.* fiche 10) et Liébault, qui orientèrent son intérêt vers **la maladie nerveuse**, et spécialement l'hystérie.
- C'est en renonçant à la méthode hypnotique, et en laissant le patient éveillé se livrer à **l'association libre**, qu'il invente un dispositif thérapeutique destiné à produire une théorie générale sur le fonctionnement psychique humain : la psychanalyse.
- L'hypothèse fondamentale de cette théorie est l'existence d'un inconscient psychique, où sont **refoulés** certains souvenirs traumatiques, à l'origine des maladies nerveuses : « l'hystérique souffre surtout de réminiscences » (*cf.* fiche 8).

B La première topique

- Avec *L'Interprétation des rêves*, paru en 1900, Freud, qui considère le rêve comme une « voie royale » pour accéder à l'inconscient, propose une première théorie de l'appareil psychique, distinguant trois instances : l'inconscient, le préconscient, et le système perception-conscience.
- Cette théorie se développe rapidement, alimentée par la clinique de la cure. En 1905, les *Trois essais sur la théorie sexuelle* font scandale en (re)découvrant l'existence d'une sexualité infantile, séparée de la puberté par une « période de latence », qui succède elle-même au complexe d'Œdipe.
- À partir des années 1910, Freud réoriente sa recherche vers une théorie de la psychose, qu'il produira à partir du « cas Schreber » (1911). Cette théorie développe un nouveau concept, **le narcissisme**, qui lui permettra d'appréhender le phénomène amoureux, de cerner la dynamique du transfert, et de préciser les fonctions du moi dans l'appareil psychique.

C La seconde topique

- Ce nouveau concept est à l'origine du bouleversement théorique de 1920, avec l'hypothèse bientôt controversée de **la pulsion de mort**. Celle-ci permet cependant à Freud de proposer une nouvelle topique, distinguant **le ça**, **le moi** et **le surmoi**.

- Il renouvellera sur cette base sa théorie de l'angoisse, ainsi que son analyse de la perversion et de la sexualité féminine.

2 Jacques Lacan

A Le symbolique, le réel, l'imaginaire

- Inventeur du **stade du miroir** (1932), qu'il emprunte à H. Wallon (*cf.* fiche 12), Lacan développe une critique radicale de l'utilisation du « moi » dans la théorie analytique, et prône un « retour à Freud » qui est à l'origine des grandes scissions de la communauté analytique française.
- En 1953, il entame son séminaire avec une relecture de l'œuvre freudienne à partir de trois registres inédits, étroitement liés : le symbolique (registre du langage), l'imaginaire (registre du moi) et le réel (registre de l'objet). Il espère ainsi produire les fondements scientifiques de la psychanalyse. À partir du cas Schreber, il renouvelle la théorie analytique des psychoses, avec le concept de **forclusion du Nom-du-Père**.

B « L'objet a » et le mathème

- À partir de 1957, il développe une conception originale de la notion d'objet, seulement implicite chez Freud : « l'objet a », dont la présence se signale comme absence, et génère l'angoisse, mais fonctionne également comme « cause du désir » inconscient.
- Dans un souci de transmission, il construit un ensemble de formules d'apparence mathématique, les « mathèmes », formalisant avec précision certains concepts analytiques, comme le fantasme et la pulsion. Les dernières années du séminaire accentueront cette formalisation à partir de la théorie des « nœuds borroméens », où s'articulent les trois registres lacaniens.

Freud et Lacan ont fondé des groupes analytiques qui se sont subdivisés depuis leur création. Ce sont des lieux de formation, de reconnaissance et de contrôle.

Définitions

Association libre: règle fondamentale de la cure analytique, consistant à énoncer tout ce qui vient à l'esprit, sans aucune censure.

Refoulement: processus qui maintient hors de la conscience les représentations inacceptables pour le sujet.

Pour en savoir plus

Freud, S. (1925), *Autoprésentation, Œuvres complètes,* tome XVII. Paris : PUF, 1992.

Roudinesco, E. (1986), *La bataille de cent ans. Histoire de la psychanalyse en France* (2 vol.). Paris : Le Seuil.

FICHE 16

APPROCHES PSYCHOPATHOLOGIQUES ET CLINIQUES

L'origine de la psychopathologie se situe au XIXe siècle au moment où naît la clinique psychiatrique française avec laquelle elle va d'abord se confondre. C'est Th. Ribot qui, vers 1880, crée la discipline avec l'idée que les fonctions psychiques normales peuvent s'éclairer par une approche des dysfonctionnements (par exemple, la connaissance de la mémoire s'enrichit de l'étude des amnésies). La psychologie clinique est une discipline plus récente, introduite en France par D. Lagache comme pont entre la psychanalyse et la psychologie expérimentale (1949). Ce lien avec la psychanalyse est spécifique de la psychologie clinique et de la psychopathologie française.

1 Problèmes épistémologiques

- La psychopathologie est l'étude des maladies mentales et, en ce sens, est l'étude de **processus psychiques et somato-psychiques d'individus** (ou de groupes, institutions, etc.) considérés à tort ou à raison comme malades. Elle se comprend comme **un temps explicatif** devant déboucher vers **des tentatives thérapeutiques.** La diversité des courants théoriques mobilisés à cet effet (psychanalyse, béhaviorisme, cognitivisme, constructivisme, interactionnisme, etc.) conduit à une hétérogénéité des approches. Ainsi la psychopathologie d'inspiration analytique se conçoit-elle dans un espace relationnel où un sujet écoute un autre sujet ou un groupe parler de ses souffrances. Elle se différencie des approches comportementales qui reposent sur la croyance en une objectivation possible des individus ou des groupes, indépendante de l'observateur (*cf.* fiche 17).
- La psychologie clinique recouvre **un domaine plus vaste** que la psychopathologie car elle s'applique aux conduites humaines normales et pathologiques.
- Bien qu'apparemment distinctes, ces deux approches se rejoignent dans la pratique, au point que certains se demandent s'il est judicieux de continuer à les séparer puisque ce qui est reconnu, c'est la spécialité de psychologue clinicien.
- L'existence de ces approches pose la question de la frontière entre **le normal et le pathologique** (*cf.* fiche 73), question qui ne peut être abordée indépendamment des normes et des pratiques sociales. La psychologie clinique interculturelle contribue à clarifier cette question puisqu'elle tente d'articuler culture et psychisme individuel. Cette approche permet de comprendre certains traumatismes, notamment ceux dus à la perte des repères consécutive à l'exil (immigration, déplacement forcé de population, etc.).

2 Spécificités des approches cliniques et psychopathologiques

- Ces approches sont issues de préoccupations d'ordre **théorico-pratique**. L'appareillage théorique utilisé a comme finalité essentielle la mise en œuvre de pratiques thérapeutiques visant une modification, voire le mieux-être, des individus ou des groupes concernés ; ceux-ci sont considérés comme susceptibles d'évolution et de changement.

- La dimension **thérapeutique** est spécifique de ces approches ; les diverses techniques utilisées ont pour fonction d'agir sur les troubles par des moyens psychologiques : paroles, expériences corporelles, etc. Ces techniques relèvent **d'indications précises** et nécessitent des formations spécifiques de la part des praticiens.
- L'approche se fait à partir de la relation (attitudes/contre-attitudes, transfert/contre-transfert) qui est considérée comme **un univers interactionnel complexe**. Cela suppose l'engagement du clinicien et une analyse approfondie de cet engagement. On ne peut pas parler d'approche clinique sans ce travail.
- À partir de l'écoute, de l'observation et de l'usage de tests, la compréhension des phénomènes est de nature **interprétative**. Les inférences reposent sur des systèmes conceptuels complexes (par exemple, la théorie freudienne), ce qui pose inévitablement des problèmes de validation.
- **La prise en compte de la singularité** est centrale. Les sujets sont abordés comme des êtres uniques avec toutes les composantes de leur histoire et de leur situation. Il en est de même pour **les familles**, **les groupes et les institutions.**

Les approches cliniques et psychopathologiques sont extrêmement variées. L'absence de consensus concernant les objets, méthodes, pratiques et théories peut être vue comme une faiblesse. Toutefois, elle s'accompagne d'une richesse d'outils et d'instruments indispensables à la pluralité des besoins.

Définitions

Transfert: processus par lequel les désirs inconscients du patient s'actualisent dans le cadre de la relation thérapeutique.

Contre-transfert: ensemble des réactions inconscientes du clinicien à son patient et plus particulièrement à son transfert.

Pour aller plus loin

Samacher, R. *et al.* (1998), *Psychologie clinique et psychopathologie*. Bréal/Grand Amphi.

Couchard, F. (1999), *La psychologie clinique interculturelle*. Paris : Dunod.

FICHE 17

APPROCHES COMPORTEMENTALES ET COGNITIVES

Ces approches trouvent leur origine dans des champs théoriques opposés (cf. fiche 7). Cependant, elles se rejoignent au plan méthodologique général : le recours aux données d'expérience constitue une exigence majeure.

1 Caractéristiques générales

A ... de l'approche comportementale

- Celle-ci se caractérise avant tout par la préoccupation de construire une description objective des comportements. L'objectivité passe par l'usage de descripteurs précis et si possible par une quantification. Les mesures physiques sont valorisées car elles font appel à des instruments bien étalonnés et fiables : mesures de temps, de distances, d'amplitudes, etc.
- À défaut de pouvoir toujours utiliser des mesures physiques, les psychologues s'emploient à construire et à utiliser des échelles, respectant un certain nombre de qualités : sensibilité, fiabilité, validité.
- La mise en relation de mesures est la base de l'approche comportementale et de l'explication. Le béhaviorisme a valorisé les relations entre caractéristiques de l'environnement et des comportements ; cependant l'approche comportementale ne s'y réduit pas. Il est tout aussi intéressant d'établir des corrélations entre descripteurs d'un même comportement (amplitude des mouvements de la tête et amplitude des saccades oculaires en lecture, par exemple) ou entre descripteurs relevant de comportements différents (mise en relation des temps mis pour identifier soit des mots, soit des images).
- L'approche comportementale est souvent de type inductif et fait donc appel à la méthode expérimentale : étude systématique des relations entre variables. Ceci nécessite de procéder à des observations dans des conditions particulières réalisées le plus souvent en laboratoire.

B ... de l'approche cognitive

- Les modèles occupent une place centrale dans cette approche : il s'agit de constructions hypothétiques supposées rendre compte de structures psychiques ou de leur fonctionnement (par exemple, les modèles de la mémoire, de la perception, de la lecture, etc.).
- La construction des modèles répond à un certain nombre d'exigences concernant les propositions hypothétiques avancées : économie (ne pas les multiplier), compatibilité (elles doivent être compatibles avec celles ayant déjà fait l'objet de validation expérimentale), calculabilité (elles doivent permettre d'effectuer des inférences), validité (les inférences doivent être en accord avec les comportements observés).

- La démarche cognitive est de type hypothético-déductive : les faits sont déduits des hypothèses et sont confrontés aux données de l'expérience.
- Un idéal de formalisation traverse les approches cognitives ; les formalisations mathématiques, logiques et informatiques sont les plus courantes.

2 Intérêt et limites

- L'approche comportementale a permis d'établir un nombre considérable de relations. Certaines sont solides au sens où on les retrouve dans toutes sortes de situations (par exemple, l'effet de récence ou de la familiarité de l'information présentée sur la rétention) ; mais bien souvent les résultats ne se retrouvent pas d'une étude à l'autre. On invoque maintenant des effets de contexte, sans qu'on sache bien comment le caractériser.
- En l'absence de cadre théorique, il est difficile d'intégrer des données très disparates. De ce point de vue, l'approche cognitive, en mettant en avant la théorie, est plus à même de rendre intelligibles des observations recueillies dans le cadre de la validation d'un modèle.
- En s'intéressant tant aux structures mentales qu'à leur fonctionnement, les approches cognitives font appel à des méthodes très variées : résolution à haute voix, entretien d'explicitation, enregistrement des activités et des conversations, comparaison expert-novice, etc. Elles ont ainsi contribué à enrichir les moyens d'investigation utilisés en psychologie.
- Les exigences concernant la construction des modèles conduisent parfois à ne s'intéresser qu'à des aspects très limités des conduites. Cela a peu d'importance si on estime qu'on peut comprendre les conduites complexes à partir de l'étude de conduites plus simples. Il s'avère que, lorsqu'on considère des compétences complexes, un tel postulat s'avère peu raisonnable. La conséquence en est une réduction des exigences quant aux modèles utilisés et des difficultés de validation, plusieurs modèles pouvant aboutir à des inférences identiques.

Les approches comportementales et cognitives se complètent au point qu'il est courant de voir les deux termes associés (par exemple, thérapies cognitivo-comportementales, cf. *fiche 95).*

Pour aller plus loin

Weil-Barais, A. (1998), *Les méthodes en psychologie*. Rosny : Bréal (chapitre 1).

FICHE 18 APPROCHE PSYCHOSOCIOLOGIQUE

Cette approche tente de mettre en relation différents aspects du psychisme (cognitif, motivationnel, émotionnel...) avec l'insertion sociale des individus (relations interindividuelles, groupes, institutions...) dans un environnement donné. Née aux débuts de la psychologie scientifique (recherche sur la suggestibilité, les erreurs de jugement, le témoignage...), cette approche a donné lieu à la création d'un champ – la psychologie sociale – qui s'est institué de prime abord aux États-Unis. Son institutionnalisation en France date des années 50 (R. Pagès, J. Stoetzel, S. Moscovici, J. Maisonneuve).

1 Caractéristiques générales

A Individu et société

- La question centrale de l'approche psychosociologique est celle de la relation entre individu et société. « Elle repose sur une conception issue de l'histoire culturelle et philosophique des sociétés occidentales selon laquelle existerait, d'un côté, l'individu et, de l'autre, la société » (Pétard 1999, page 33).
- Deux conceptions s'affrontent : (1) les caractéristiques psychologiques individuelles expliquent les institutions et fonctionnements sociaux, (2) les conditions sociales influencent les comportements individuels. Elles présupposent toutes deux que l'individu constitue une réalité extérieure à la société et renvoient souvent à une conception individualiste et substantialiste du psychisme (*cf.* fiche 22).
- Les conceptions interactionnistes permettent de dépasser cette opposition qui fonde en grande partie le partage entre la sociologie et la psychologie sociale. Elles posent que : (1) l'opposition individu-société n'a pas de fondement dans la réalité, (2) le psychisme se forme au sein des groupes sociaux par les relations avec les autres, (3) la société est définie par des actions humaines qui impliquent des échanges entre les individus (*cf.* fiche 9).

B Méthodes d'investigation

- L'approche psychosociale a contribué à développer des méthodes d'investigation particulières : enquêtes par entretien et par questionnaires, échelles d'opinion et d'attitude, **analyse de contenu**. Combinées à l'approche comparative, ces méthodes permettent de cerner les différences entre groupes sociaux.
- L'observation participante (*Action Research* de K. Lewin – *cf.* fiche 13) fait également partie de l'arsenal méthodologique de l'approche psychosociale : l'objectif du chercheur est de provoquer un changement dans le milieu par la position qu'il occupe et les fonctions qu'il assure au sein d'un collectif. Indépendamment de l'intérêt qu'il peut y avoir à provoquer un changement (par exemple, réduction de la violence dans un établissement scolaire, modification des conduites à risque), l'étude des conditions qui ont pu permettre ce changement apporte des connaissances sur les mécanismes à l'œuvre. C'est donc l'analyse après coup, à partir des matériaux recueillis au cours de l'action, qui est productrice de connaissances.

- L'approche psychosociale fait généralement appel à **l'observation de groupes naturels** (les conducteurs de voiture, les jeunes de quartiers « sensibles », les consommateurs...). Il existe aussi **une psychologie sociale expérimentale** qui, revendiquant la scientificité de son approche, préconise de travailler en laboratoire : le chercheur intervient pour induire chez les individus des attitudes, des opinions, des conduites spécifiques. La production en laboratoire d'états psychiques particuliers ou de conduites, dans des conditions bien contrôlées (groupes expérimentaux), permet de spécifier les conditions de leur occurrence, par comparaison avec d'autres conditions. Cependant, la manipulation de personnes, même à des fins scientifiques, pose des problèmes éthiques. Les expériences de Milgram sur **la soumission à l'autorité** ou celles de Zimbardo sur les effets de l'enfermement sont des références majeures souvent citées dans les débats à ce sujet.

2 Domaines

- Les domaines faisant l'objet d'une approche psychosociologique sont extrêmement divers ; on n'indique ici que les principaux :
  - l'influence sociale et la persuasion (conformité, obéissance à l'autorité, effets de messages persuasifs...) ;
  - les normes sociales, les représentations sociales, les croyances, les jugements, les stéréotypes, la pensée et la mémoire sociale ;
  - les groupes et les rapports intergroupes (travail de groupe, conflits, négociations) ;
  - les attitudes et le changement des attitudes ;
  - la communication, les relations interpersonnelles, les interactions langagières ;
  - les comportements dans les organisations ;
  - le soi (évaluation de soi, comparaison soi-autrui...) ;
  - les influences de l'environnement matériel (espace physique, densité sociale...) ;
  - la santé et le stress ;
  - la socialisation (en particulier chez l'enfant).

La psychosociologie définit un champ de recherches et de pratiques (conseil, audit, expertise...) fortement ancré dans les problèmes de société.

Définitions

Analyse de contenu: ensemble de techniques d'analyse de productions verbales (analyse thématique, analyse par mots-clés...).

Soumission à l'autorité: Milgram a montré que des sujets soumis à des injonctions d'une autorité légitime (un savant en blouse blanche dans un laboratoire, par exemple) étaient capables de faire souffrir une victime innocente. Cette conduite est mieux prédite par l'efficacité du contexte que par des caractéristiques de personnalité.

Pour aller plus loin

Delhomme, P. et Meyer, T. (1997), *Les projets de recherche en psychologie sociale*. Paris : Armand Colin (chapitre 1).

Pétard, J.-P. (1999), *Psychologie sociale*. Rosny : Bréal (chapitre 1).

FICHE 19

APPROCHES DÉVELOPPEMENTALES

Les approches développementales visent à rendre compte des transformations des conduites et du système psychique qui interviennent au cours de la vie. Sont privilégiées les approches longitudinale et transversale.

1 L'approche longitudinale

A Principes et mise en œuvre

- Il s'agit de suivre dans le temps l'évolution d'individus en procédant à des observations à des périodes ou intervalles temporels déterminés.
- Les premières études longitudinales ont été faites auprès d'enfants. Il s'agissait surtout de monographies, les enfants étant généralement observés par leur père, ce dernier assurant souvent leur éducation de façon à ce qu'il puisse contrôler les conditions de leur développement (cas de Binet, par exemple). Une telle pratique entretient une confusion des rôles (parental et scientifique) préjudiciable tout autant à l'enfant qu'à la recherche elle-même. Le suivi de sujets volontaires et informés des enjeux des études est devenu la règle.
- Afin de permettre la comparaison, les instruments et conditions d'observation sont, dans la mesure du possible, identiques. L'usage d'épreuves standardisées de type test est ainsi préconisé. De fait, il est souvent nécessaire d'ajuster les instruments aux compétences recherchées. Par exemple, le suivi du développement des compétences en lecture impose de modifier la complexité et la diversité des épreuves.

B Intérêt et limites

- Dans la mesure où les individus suivis sont peu nombreux, il est possible de recueillir auprès d'eux un matériel riche (enregistrement de jeux, de conversations d'enfants, par exemple). La multiplicité des données permet des mises en relation intéressantes (langage adressé à l'enfant avec verbalisations de l'enfant, par exemple). Elles ont souvent une grande valeur heuristique. Cela a été le cas pour Piaget, Wallon et Freud, qui se sont servis du suivi de quelques cas pour élaborer leur théorie.
- Lorsqu'on s'attend à une grande variabilité interindividuelle, il est intéressant de pouvoir la contrôler en ayant recours aux mêmes sujets. Cependant, la répétition des observations de même que les relations avec l'observateur ne manquent pas d'avoir une incidence sur les conduites observées (lassitude, apprentissage…). Par exemple, dans une recherche sur le développement du langage chez l'enfant, la présence de l'observateur qui enregistre les conversations parents-enfants incite le parent à parler davantage à son enfant. **L'approche ethnographique** assume l'impossibilité de neutraliser les facteurs parasites en intégrant dans le système étudié l'observateur lui-même et le contexte de l'étude.
- Pour des raisons assez évidentes, il est rare que les études longitudinales couvrent un intervalle temporel très grand : au-delà de quelques années, il est difficile d'ob-

tenir l'accord des personnes, voire de pouvoir les suivre dans leurs déplacements. Les chercheurs eux-mêmes, soumis à des impératifs de production, préfèrent emprunter des approches moins contraignantes.

2 L'APPROCHE TRANSVERSALE

A Principes et mise en œuvre

- Elle repose sur la comparaison de groupes à des niveaux de développement différents. Le critère privilégié est le plus souvent l'âge chronologique, plus rarement l'âge mental. Les groupes sont comparés sur la base de performances à des épreuves standardisées. Ils sont constitués de telle sorte qu'ils soient comparables du point de vue d'un ensemble de facteurs susceptibles d'avoir une incidence sur le développement : sexe, niveau social, niveau scolaire, etc.
- Dans cette approche, les valeurs moyennes constituent une estimation de la performance d'un individu virtuel de la classe d'âge considérée.

B Intérêt et limites

- L'avantage majeur de l'approche transversale est de pouvoir recueillir au même moment des observations sur des classes d'âge très éloignées et de pouvoir avoir une estimation de la variabilité interindividuelle. Cependant les différences entre groupes ne peuvent être uniquement attribuées à des différences d'âge. Ainsi, quand on compare les performances de personnes âgées à celles de sujets plus jeunes, on n'est jamais assuré, en cas de constat de détérioration, que celle-ci est imputable à l'âge et non pas au fait que globalement les performances cognitives de la population se sont améliorées, sans doute à cause des changements intervenus dans les conditions de vie. Les comparaisons historiques dont on dispose sont peu nombreuses mais elles attestent de changements notables (A. Flieller).
- En utilisant des groupes assez nombreux, on peut étudier, conjointement avec l'âge, l'effet d'autres facteurs : sexe, catégorie sociale, style éducatif... Cependant, en procédant ainsi à des études de groupes et non pas d'individus, on fait l'impasse sur un aspect essentiel du développement, à savoir la multiplicité des registres de fonctionnement qu'il implique (cognitif, affectif, social) : une avancée sur un aspect peut se traduire par une régression sur un autre.

Malgré leurs inconvénients, les démarches présentées restent très utilisées, les autres démarches (tentative d'accélération du développement cognitif par entraînement, simulation du développement) ayant jusqu'alors été moins productives.

Pour aller plus loin

Bideaud, J., Houdé, O. et Pedinielli, J.-L. (1993), *L'homme en développement.* Paris : PUF.

Deleau, M. (coordinateur) (1999), *Psychologie du développement.* Paris : Bréal.

FICHE 20 APPROCHES COMPARATIVES ET DIFFÉRENTIELLES

Ces approches ont pour perspective commune de rendre compte des différences entre groupes ou entre individus, soit dans une perspective fondamentale (mieux comprendre le fonctionnement normal et pour en montrer les différences et les spécificités), soit dans une perspective appliquée (évaluer les individus à des fins de sélection, par exemple).

1 L'approche comparative

A Fondements et caractéristiques

- L'approche comparative est née avec la psychologie scientifique. Elle prend appui sur une conception hiérarchique du système nerveux central dérivée des thèses évolutionnistes : les fonctions mentales se construisent progressivement au cours de la genèse (ontogenèse et phylogenèse) et disparaissent rétroprogressivement en cas de troubles mentaux et au cours du vieillissement. L'animal, l'enfant, le malade mental et la personne âgée constituent ainsi des modèles d'analyse des « niveaux sédimentaires » de l'organisation des fonctions mentales. Par exemple, en comparant, aux mêmes âges, des enfants normaux à des enfants ne maîtrisant pas le langage oral (du fait de déficit sensoriel), P. Oléron (1957, 1972) pensait pouvoir étudier le rôle du langage dans les activités intellectuelles.
- L'approche comparative trouve également son origine dans les premiers questionnements sociologiques relatifs au rôle que joue la culture dans la construction des mentalités collectives. La comparaison entre les adultes de cultures différentes fournit une estimation des effets de l'organisation sociale sur les fonctions cognitives.

B Apports

- Les comparaisons sont toujours difficiles à interpréter : par exemple, quand on compare un groupe d'enfants normaux à un groupe d'enfants aveugles, la différence n'est pas uniquement d'ordre sensoriel – ces enfants ne sont pas éduqués comme les autres, ils n'ont pas les mêmes expériences, le regard porté sur eux n'est pas le même, etc. En bref, il est impossible d'isoler des facteurs (un sourd n'est pas un entendant moins le langage), voire impossible d'utiliser des épreuves communes aux groupes comparés (des épreuves visuelles ne peuvent pas être utilisées avec des sujets aveugles : il faut les adapter).
- Quand des critères identiques sont considérés pour effectuer les comparaisons, le risque est grand qu'un groupe serve de référence : ceci conduit à une vision déficitaire (des déficients sensoriels, des enfants, des personnes âgées…). En s'intéressant moins aux performances qu'au fonctionnement des sujets en situation, l'approche cognitive comparative a contribué à mettre en avant la spécificité des organisations psychiques et la très grande flexibilité adaptative du système cogni-

tif humain. Développée dans tous les secteurs de la psychologie, l'approche comparative, notamment la psychologie interculturelle, a largement contribué à remettre en cause les modèles généraux.

2 L'approche différentielle

A Fondements et caractéristiques

- La psychologie différentielle est née en Angleterre à la fin du XIXe siècle comme prolongement de la théorie darwinienne de l'évolution. L'évolution étant le résultat d'une sélection, celle-ci n'est possible que s'il existe une variabilité des caractères héréditaires. C'est F. Galton (1822-1911), cousin de Darwin, qui a jeté les bases de l'approche différentielle. Pour observer la variabilité individuelle, il invente des tests (épreuves standardisées) s'inspirant de situations de laboratoire et profite d'une exposition internationale sur la santé à Londres pour les faire passer à 10 000 personnes. Généralisant l'usage de la courbe de Gauss (à laquelle s'ajustent bien les mesures physiques de type taille et poids) aux mesures psychologiques, la variabilité individuelle est estimée en différence d'écart à la moyenne de la population rapportée à l'écart-type de la distribution.
- L'approche différentielle s'est développée, dans un premier temps, en réponse à des demandes sociales (repérage des enfants déficients mentaux pour les placer en institution, sélection de personnels pour les entreprises, détection des aptitudes pour l'orientation scolaire et professionnelle...). La fabrication de tests répond à ces besoins. Suivant les évolutions théoriques de la psychologie, cette approche s'intéresse maintenant tout autant aux performances qu'aux fonctionnements individuels.

B Apports

- « Pratiquement tous les phénomènes étudiés par la psychologie ont été l'objet d'une approche différentielle, quel que soit leur niveau d'intégration (des réactions psychophysiologiques relativement élémentaires aux modalités de fonctionnement de l'image de soi), qu'ils relèvent de la cognition (perception, mémoire, prise de décision, planification, etc.) ou de l'affectivité (motivations, sentiments, émotions, etc.). » (Huteau, 1995, page 19.)
- L'approche différentielle contribue à produire et à valider des instruments de diagnostic et de pronostic.

Filles de l'évolutionnisme, les approches comparatives et différentielles s'en sont dégagées pour constituer des champs spécifiques : la psychologie comparative (qui se décline en psychologie comparée, psychologie interculturelle...), la psychologie différentielle.

Pour aller plus loin

Deleau, M. et Weil-Barais, A. (1994), *Le développement de l'enfant; approches comparatives*. Paris : PUF (pages 9 à 35).

Gilles, P-Y. (coordinateur) (1999), *Psychologie différentielle*. Paris : Bréal.

Huteau, M. (1995), *Manuel de psychologie différentielle*. Paris : Dunod (pages 8 à 38).

FICHE 21 APPROCHE SYSTÉMIQUE

Cette approche n'est spécifique d'aucun champ de la psychologie. Elle est une réponse globale à la question de l'étude de la complexité : les objets complexes ne sont pas réductibles à un agrégat d'éléments (le tout n'est pas la somme des parties) ; l'ensemble constitue des systèmes organisés, chaque élément étant en relation avec les autres.

1 Caractéristiques générales

A Le concept de système

- Le concept de système a été forgé autour de trois idées essentielles :
  - celle d'un ensemble en rapport réciproque avec un environnement, ces échanges lui assurant une certaine autonomie ;
  - celle d'un ensemble formé de sous-systèmes en interaction, cette interdépendance lui assurant une certaine cohérence ;
  - celle d'un ensemble subissant des modifications plus ou moins profondes dans le temps, tout en conservant une certaine permanence (Walliser 1977).
- La référence au concept de système sert à définir les objets dont on s'occupe : le système familial (*cf.* fiche 93), le système psychique (*cf.* fiche 22), les groupes, etc. Elle attire l'attention sur le fait que les objets ne sont pas donnés : ils sont définis à des fins d'étude ou d'intervention par l'intermédiaire d'un cadre théorique. Compte tenu du problème traité, la plus grande difficulté réside dans le choix du système à considérer (par exemple, l'enfant ou la famille lorsqu'il s'agit de comprendre et de traiter les troubles dont il souffre).
- La spécialisation en psychologie conduit à privilégier l'étude de sous-systèmes (la mémoire, l'attention, le langage, l'affectivité, les émotions, etc.) ; l'approche systémique conduit à considérer les relations entre des sous-systèmes envisagés de manière séparée par la tradition analytique.

B Les caractéristiques de l'approche systémique

- L'approche systémique cherche avant tout à définir une **démarche rationnelle d'analyse** et de **conception de systèmes**, en se basant sur des théories et modèles.
- La portée de l'approche systémique est fonction du niveau de précision des théories et des modèles. Comme en psychologie, les modèles sont rarement formalisés (au sens où ils permettent des quantifications), l'approche systémique a le plus souvent une portée **herméneutique**. Il s'agit avant tout de donner du sens au « désordre » qui caractérise les systèmes humains : comprendre la signification des phénomènes plutôt que rechercher des causes. Il s'agit de saisir les organisations psychiques et leur fonctionnement à partir d'une analyse des conduites et des pratiques. L'approche systémique fait ainsi davantage appel à des méthodes d'observation (étude de conversations au sein de groupes, étude de l'homme au travail, étude des relations parents-enfants, etc.) qu'à la méthode expérimentale.

2 Domaines d'application

- Les domaines d'application de l'approche systémique sont très larges, qu'il s'agisse d'étudier l'homme au travail, l'élève, le consommateur, le malade mental, l'alcoolique, etc., chaque fois que la complexité des problèmes envisagés impose de prendre en considération l'ensemble des systèmes et sous-systèmes dans lequel est impliqué l'objet considéré. L'étiquette « approche systémique » reste cependant attachée aux recherches sur les relations et la communication au sein des familles.
- **La «double contrainte» (*double bind*)** évoque une situation relationnelle sans issue et qui aboutit au désarroi d'un des membres du groupe concerné. La « victime » est invitée à jouer un rôle quasi sacrificiel, de « bouc émissaire ». Ce type de situation a été décrit par une équipe de chercheurs cliniciens dirigés par l'anthropologue G. Bateson étudiant les troubles de la communication entre des patients schizophrènes et leurs familles dans un hôpital psychiatrique de Palo Alto (*cf.* fiche 13). L'étude des expressions verbales, des gestes et des mimiques montre l'existence de messages paradoxaux, à la fois inducteurs et inhibiteurs (inciter à faire et punir ; menacer et inciter à ne pas tenir compte des menaces), chargés d'affects négatifs, porteurs d'une confusion angoissante pour chacun des participants. La communication à propos des injonctions paradoxales est interdite, ce qui empêche toute élaboration psychique à leur endroit.
- **Dans le domaine de l'acquisition des connaissances,** l'approche systémique conduit à considérer classiquement trois systèmes en interaction : l'élève, le maître et la connaissance (le **«triangle didactique»**). Des concepts tels que **«rapport au savoir», «contrat didactique»** y sont étroitement liés : le premier renvoie aux relations qu'entretient l'élève avec la connaissance et les activités d'apprentissage (ces relations pouvant être déterminées par les interactions que l'élève entretient avec d'autres systèmes : la famille, le groupe de copains, etc.) ; le second renvoie aux attentes et conventions partagées entre le maître et les élèves résultant des échanges passés maîtres-élèves.

L'approche systémique contribue à se décentrer du sujet individuel pour se focaliser sur les relations entre les personnes.

Définition

Double bind: est traduit par « double contrainte » ou « double lien ».

Pour aller plus loin

Jackson, Don D. et Watzlawick, P. (1981), « Recherches sur la famille : approche systémique », *in* Bateson G. *et al.*, *La nouvelle communication.* Paris : Le Seuil (pp. 223-254).

Walliser, B. (1977), *Systèmes et modèles: introduction critique à l'analyse de systèmes.* Paris : Le Seuil (pp. 220 à 239).

FICHE 22 LE PSYCHISME

*Le psychisme (esprit, conscience, cognition) est la structure mentale de l'être humain. Inaccessible directement à l'observation, on n'en connaît que les manifestations (comportementales, émotionnelles, symboliques). Les conceptions du psychisme ne sont que des hypothèses supportées par des courants différents (*cf. *fiches 6 à 9). Le psychisme est à distinguer du cerveau sans lequel cependant il n'existerait pas.*

1 Différentes conceptions du psychisme

A Conception internaliste

- L'organisme est considéré comme une entité isolable ayant des caractéristiques psychiques propres : les traits de personnalité, l'intelligence, les capacités de traitement de l'information, la motivation, les attitudes, l'image de soi... caractérisent les individus au même titre que des caractéristiques biologiques (la taille, la couleur de la peau, le sexe...) ou sociales (niveau social, d'étude...). L'individu est mu par des causes (recherchées par la méthode expérimentale inspirée de Claude Bernard).
- Une explication internaliste revient à expliquer les conduites par des caractéristiques psychiques considérées généralement comme relativement stables, ce qui en justifie la mesure (intelligence, personnalité, motivation, etc.). Les théories classiques de la personnalité en sont un bon exemple (*cf.* fiche 87) de même que les conceptions cognitives qui considèrent que le psychisme est assimilable à un système de traitement de l'information (*cf.* fiche 17).
- **Une conception substantialiste** suppose que chaque structure psychologique a son correspondant matériel (dans le cerveau). **La neuro-psychologie** est basée sur un tel présupposé.

B Conception externaliste

- Les réponses de l'organisme sont dépendantes des stimulations dont il est l'objet. Par conséquent, il est possible de faire l'économie du psychisme. Les expériences subjectives des sujets accompagnent l'activité mais ne les déterminent pas. Une position extrême (« éliminationniste ») considère que la conscience n'est qu'un épiphénomène inutile : les états mentaux n'ont pas d'existence objective.
- C'est le béhaviorisme qui a poussé le plus loin une conception externaliste du psychisme. Il fonde son analyse sur la description du couple stimulus-réponse en insistant sur les processus de conditionnement (réflexes conditionnés de Pavlov, conditionnement opérant de Skinner – *cf.* fiche 14).

C Conception interactionniste

- Le psychisme est le produit d'interactions. Il ne peut donc se comprendre que par rapport à une genèse : « Le nouveau-né possède un potentiel génétique dont le développement va être induit par ses rapports avec le milieu qui va sélectionner et valoriser certaines orientations anatomo-fonctionnelles aux dépens d'autres qui régresseront et même parfois seront forcloses. Dans ces échanges avec le milieu, le climat affectif sera fondamental, pour entretenir les motivations et le niveau de vigilance et permettre ainsi les acquisitions cognitives. Un bon nombre de ces acquisitions de base se feront par des processus d'identification empathique qui permettront l'appropriation en particulier des instruments de communication et leur internalisation » (Cosnier, 1998, p. 134). Un tel processus n'est possible que si l'on suppose chez l'être humain une « pulsion affiliative » ainsi qu'une capacité à inférer les pensées et intentions d'autrui (théories de l'esprit).

- Le sujet est par définition « relationnel, en situation et en rapport avec les autres sujets » (page 136). Le psychisme émerge de ces relations et, en premier lieu, la conscience de soi.

2 Conscience et inconscient

- La conscience désigne un état de présence à soi, aux autres et au monde ; elle implique un sujet, des représentations mentales intentionnelles et des mécanismes psychophysiologiques (perception, vigilance, attention, mémoire, etc.).
- L'existence de « niveaux de conscience » est partagée par plusieurs auteurs. G.M. Edelman postule l'existence de deux niveaux : la conscience primaire (se rendre compte de la présence d'objets) et la « conscience supérieure » (se rendre compte de ses propres actes et de leurs effets).
- La conscience n'est pas un phénomène que l'on peut voir de l'extérieur. Ce n'est donc que par un mécanisme autoréflexif que l'on peut connaître un état mental (désir, intention, connaissance, jugement, etc.) ; et on postule que ce qui se passe pour soi peut également se passer chez autrui et, réciproquement, que les autres peuvent nous prêter des états mentaux. C'est parce que les individus se prêtent des états mentaux qu'ils peuvent communiquer.
- De fait, une grand partie de nos actes ne sont pas accessibles à la conscience. Ceci explique que les thèses cognitivistes supposent du **non-conscient** (parfois abusivement appelé inconscient).
- L'inconscient est une invention de Freud. Il postule que le système psychique est scindé en deux systèmes distincts (la conscience et l'inconscient) en conflit puisqu'ils n'obéissent pas aux mêmes principes (principe de réalité, de plaisir). L'inconscient ne peut être atteint que par ses manifestations dans la relation du psychanalyste avec le patient.

Les thèses freudiennes rejoignent l'interactionnisme par l'importance accordée à la relation à autrui et à la mise en langage des expériences subjectives comme moyens d'accéder à la conscience de soi.

Pour aller plus loin

Cosnier, J. (1998), *Le retour de psyché; critique des nouveaux fondements de la psychologie.* Paris : Desclée de Brouwer (chapitres 4 et 5).

FICHE 23 LA COMMUNICATION

L'homme dispose de moyens de communication extrêmement variés qui lui permettent de s'adapter à une quasi-infinité de situations. La distinction classique entre communication verbale et non verbale est maintenant dépassée, l'accent étant mis sur la multicanalité et la pluralité des fonctions des systèmes de communication.

1 Les modèles de la communication

A Le modèle du code : de l'émetteur au récepteur

- Ce modèle a été élaboré par deux ingénieurs américains, en 1948 : C.E. Shannon et W. Weaver. Partant du postulat que communiquer c'est « reproduire à un point donné, de manière exacte ou approximative, un message sélectionné à un autre point », la communication est décrite comme un processus qui va de l'émetteur au récepteur *via* un canal.
- Il s'agit d'un processus linéaire : la **source** produit un message (de l'**information**) ; par un processus d'**encodage**, l'**émetteur** transforme le message en signaux ; les **signaux** passent par un **canal** (moyen utilisé pour transporter les signaux). Le **décodage** consiste en une reconstruction du message par le **destinataire** (personne ou chose à laquelle le message est transmis) à partir des signaux.
- L'adoption d'un tel modèle pour comprendre la communication verbale repose sur deux postulats discutables : les langues humaines sont des codes ; les codes associent des pensées à des sons.

B Vers de nouveaux modèles

- Les conceptions actuelles de la communication sont fortement influencées par la pragmatique et la philosophie du langage : J.L. Austin (*Quand dire c'est faire*, 1962), J.H. Searle (*Les actes de langage*, 1969), D. Sperber et D. Wilson (*La pertinence; communication et cognition*, 1986). Il s'agit de rendre compte de la manière dont les interlocuteurs se comprennent et peuvent converser.
- La compréhension ne se réduit pas au simple décodage d'un signal ou à la maîtrise d'un code. C'est un processus inférentiel ; elle nécessite le partage d'expériences, de connaissances, de routines conversationnelles, comme l'illustrent les échanges suivants : Jacques : *les volets de M. Dupont sont fermés* ; Pierre : *Téléphonons-lui* ; Jacques : *Tu as raison.* Les locuteurs ne se comprennent que parce qu'ils connaissent les habitudes de M. Dupont. De la fermeture de ses volets, ils soupçonnent quelque chose d'inhabituel dont ils vont chercher la confirmation par téléphone (l'habitude n'est plus d'aller chez autrui sans s'annoncer !).
- Les caractéristiques essentielles de la communication humaine sont : la non-linéarité (existence de rétroactions), la synchronisation interactionnelle (les interactants s'ajustent l'un à l'autre : débit verbal, hauteur des voix, niveau de langage, mimiques), la multicanalité (canaux voco-acoustique, visuelle, olfactive, tactile, thermique), la plurifonctionnalité des systèmes de communication.

2 Les fonctions de la communication

A Du point de vue interlocutoire

- Communiquer, ce n'est pas seulement transmettre une information sur l'état du monde (**fonction référentielle**), c'est aussi informer l'interlocuteur sur ses sentiments, ses émotions, en bref, sur le rapport que le locuteur entretient avec les objets de son discours (**fonctions expressive, esthétique, émotive**).
- Beaucoup de nos communications servent à conserver le contact (**fonction phatique**) : *vous me suivez ...on en reparlera la prochaine fois*, ou à informer sur le contexte de l'échange (**fonction métacommunicative**) : ne pas répondre directement à une question personnelle peut signifier que le lieu ne s'y prête pas.
- La communication a également une **fonction dialectique** (argumentation, persuasion).

B Communication et développement du langage chez l'enfant

- Plusieurs aspects contribuent à l'acquisition du langage de l'enfant :
  - **Attention conjointe:** c'est la capacité d'établir un centre d'attention commun (une corrélation a été établie entre score de langage et score d'attention conjointe mère-enfant).
  - **Structure dialogique:** Bruner (1978) a mis en évidence des schémas d'interaction spécifiques qui structurent les échanges rendant possible l'interprétation (schéma d'échanges à propos de la lecture de livre : attirer l'attention du partenaire ; demande de dénomination ; si l'enfant répond, la mère donne un feed-back positif ou négatif ; si l'enfant ne répond pas elle nomme l'image en question).
  - **Tendance interprétative de l'adulte:** la mère traite le comportement de l'enfant comme s'il était signifiant (dès l'âge d'un an, elle traite les productions verbales de l'enfant comme si elles étaient des approximations des mots de la langue). Les enfants des mères qui font des **expansions** (reformulations grammaticalement correctes des énoncés de l'enfant) et des **extensions** (ajouts de nouveaux éléments de signification) ont une acquisition plus précoce de la langue.
  - **Tendance imitative de la part de l'enfant:** un chercheur a établi (Snow, 1987) une corrélation entre la tendance de l'enfant à reprendre les énoncé de l'adulte (vers quatorze mois) et la richesse du vocabulaire (de quatorze à vingt mois).

Les études sur la communication humaine sont en pleine expansion, en relation avec le rôle attribué aux interactions sociales dans le développement des compétences (cf. fiche 12, Vygotski).

Pour aller plus loin

Bernicot, J., Caron-Pargue, J. et Trognon, A. (1997), *Conversation, interaction et fonctionnement cognitif.* Presses Universitaires de Nancy (la contribution de E. Veneziano).

Cosnier, J. et Brossard, A. (Eds) (1984), *Textes de base en psychologie. La communication non verbale.* Neuchâtel : Delachaux et Niestlé.

FICHE 24 LES ÉMOTIONS

Difficiles à décrire, de durées très variables, susceptibles d'entraver ou au contraire de dynamiser le fonctionnement psychologique, les émotions sont étudiées selon plusieurs perspectives. Les questionnements actuels se positionnent souvent en référence au dualisme « pensées vs sentiments » attribué à Descartes. Les approches contemporaines tendent à dépasser un tel dualisme et mettent en évidence la multiplicité des éléments qui composent l'émotion.

1 Expression des émotions et expérience émotionnelle : deux grands domaines d'investigations

A L'expression des émotions est-elle universelle ?

- Darwin a été un des premiers à défendre la thèse selon laquelle les émotions sont innées, héréditaires et universelles. L'universalité concerne à la fois l'expression (activation musculaire du visage) mais aussi la perception, c'est-à-dire l'interprétation des mimiques faciales.
- Une autre thèse fondée sur l'idée d'un modelage culturel s'oppose à celle de l'universalité. Le développement des expressions émotionnelles dépendrait fortement des apprentissages et de l'éducation.
- Les comparaisons interculturelles révèlent que les expressions émotionnelles sont interprétées de la même manière dans différentes cultures, ce qui conforte la thèse de l'universalité. Néanmoins, il est aussi bien établi que l'identification d'une émotion dépend beaucoup du contexte dans lequel elle apparaît et que la culture influence les règles d'expression des émotions.

B L'expérience émotionnelle

- Une des caractéristiques importantes de l'émotion est d'associer à la fois des sensations physiques (modification du rythme cardiaque, du tonus musculaire, sudation, etc.), des représentations mentales et des réponses motrices spécifiques (qui vont de la crispation des muscles du visage à la fuite ou l'attaque face à une situation menaçante, ou du sourire au fait de « sauter de joie » dans une situation agréable). L'importance accordée à chacun de ces aspects et les hypothèses sur leur place dans le déroulement de l'émotion varient selon les théories.
- La théorie « périphérique » élaborée à la fin du XIXe situe l'origine de l'émotion dans la perception de modifications corporelles. Selon cette théorie, des réponses corporelles spécifiques correspondent à chaque émotion (par exemple le tremblement signifie la peur) et la suppression des sensations corporelles aboutirait à la suppression de toute émotion.
- En revanche, selon la théorie dite « centrale » proposée au début du XXe, l'émotion dépend de l'activation du système nerveux central voire de l'attribution par l'individu d'une cause aux sensations corporelles.

- Plus récemment, depuis les années 60, les théories dites « multicomponentielles » conçoivent l'émotion comme l'articulation de plusieurs composants non seulement physiologiques ou expressifs comme les théories précédentes mais également cognitifs (évaluation de la situation par l'individu), sociaux (communication et/ou comparaison à autrui) et des réponses motrices. Ces dernières peuvent être des comportements manifestes (rire, fuite, etc.). Ces réponses motrices sont qualifiées de « préparation à l'action » lorsqu'elles constituent des amorces de comportement (dont l'individu n'est pas nécessairement conscient). Ces théories décrivent l'émotion comme une séquence au cours de laquelle ces différents processus interviennent successivement et en interrelation.

2 Émotion, communication et développement

A La fonction sociale des émotions

- La survenue d'une émotion peut être liée à un événement particulièrement intense, plaisant (par exemple, contempler un coucher de soleil...) ou déplaisant (par exemple, croiser un animal réputé dangereux au cours d'une promenade). Cependant, les émotions s'inscrivent très souvent dans un contexte social. En effet, « autrui » est un puissant déclencheur d'émotions (amour, joie, colère, honte) ainsi qu'un puissant régulateur de l'expression et du contrôle de l'émotion (règles sociales et culturelles d'expression). Les émotions contribuent aussi énormément à la communication et fournissent des informations importantes sur les intentions des interlocuteurs ou sur l'évaluation d'une situation.

B La fonction développementale des émotions

- L'idée selon laquelle les émotions contribueraient au développement psychologique a notamment comme assise la théorie de Wallon qui leur accorde un rôle essentiel, en particulier du fait de leur caractère contagieux. Dès le tout début de la vie, les émotions ont pour origine l'activité tonique des muscles (sensations de bien-être ou d'inconfort du bébé). L'émotion permet le développement de la vie mentale car l'enfant accède par son intermédiaire à la conscience des événements. L'entourage médiatise cet accès à la conscience à la fois par ses sollicitations à forte tonalité émotionnelle et ses réponses aux émotions de l'enfant.

Définition

Multicomponentiel: composé de plusieurs éléments.

Pour aller plus loin

Christophe, V. (1998), *Les émotions*. Presses Universitaires du Septentrion.

De Bonis, M. (1996), *Connaître les émotions humaines*. Mardaga.

B. Rimé, K., Scherer (Eds), *Les émotions*, 2e édition. Delachaux et Niestlé, (1989 ; 1993).

FICHE 25 LES ACTIVITÉS MENTALES

Les activités mentales (ou intellectuelles) concernent une partie des activités cognitives : elles se situent au-delà du traitement des informations d'origine sensorielle (voir, entendre, toucher...); elles précèdent ou accompagnent les conduites (évaluer, prendre une décision...); elles peuvent aussi rester internes (mémoriser, comprendre un texte, apprécier une partition, se faire une opinion...). Dans la vie quotidienne, au travail ou à l'école, les activités mentales sont dirigées par des objectifs : elles sont finalisées. Quatre activités de ce type sont présentées dans cette fiche.

1 Comprendre un texte

A Les différents types de textes

- Deux types de textes sont surtout étudiés : **les textes à visée pragmatique** (mode d'emploi, recette, réglementation...) et **les textes à visée épistémique** (textes techniques, scientifiques...). Dans le premier cas, l'activité de compréhension est orientée par l'activité à entreprendre (régler ou utiliser un appareil, construire un objet, préparer un plat...) – la réussite de l'action est alors un critère de compréhension; dans le second cas, elle est dirigée par l'intention du lecteur de se construire une représentation (du domaine, du phénomène...) – les critères de compréhension sont, dans ce cas, indirects : utiliser le texte pour résoudre des problèmes, faire un résumé, dégager les idées essentielles, en discuter avec quelqu'un, etc.

B Les représentations mentales

- La compréhension repose sur la construction de représentations mentales. Les représentations sont à distinguer des connaissances et des croyances : « ce sont des constructions circonstancielles faites dans un contexte particulier et à des fins spécifiques » (Richard, 1990).
- La construction de représentations mentales à partir d'un texte suppose non seulement une maîtrise de la langue (lexicale et syntaxique), mais aussi des connaissances textuelles (organisationnelles, genre de texte, macrostructure), pragmatiques (en relation avec le domaine de savoir et savoir-faire) et conceptuelles. Si on considère que lire c'est comprendre, on saisira alors pourquoi apprendre à lire prend autant de temps (*cf.* fiche 51).

2 Évaluer

A Les modèles de référence

- Évaluer consiste à supputer une valeur ou un état, par rapport à un idéal ou à une norme. L'évaluation se confond bien souvent avec le jugement puisqu'elle se fait toujours par rapport à un système de valeurs. Pour évaluer la qualité d'un vin, la performance d'un élève, la qualité esthétique d'un tableau, le confort de vie à l'hôpital, la fonctionnalité d'une machine, etc., il est en effet nécessaire de disposer d'une référence. Elle peut être personnelle et, dans ce cas, elle est implicite : il s'agit alors d'une **évaluation subjective** ; la référence peut être instituée et, dans ce cas, elle est explicite (elle résulte de négociations diverses, de coutumes, etc.) : on considère alors que l'évaluation est **objective**. L'établissement de normes permet de disposer de références communes (critères de qualité des produits et des services, référentiels de compétence, par exemple).

- La diversité des systèmes de valeurs et de normes expliquent, en grande partie, les différences de jugement : par exemple, le confort d'un service hospitalier peut être jugé très positivement par certains et très négativement par d'autres. Modifier un jugement revient à changer de système de référence.
- Lorsque l'évaluation a prétention à être objective, il est légitime de s'attendre à ce qu'elle soit indépendante des évaluateurs (enseignants, juges, experts, etc.), puisque le modèle de référence est supposé être le même. De fait, de nombreux travaux (notamment en **docimologie** – étude scientifique de la notation aux examens) attestent de la grande variabilité des jugements portés (exprimés par des notes dans l'évaluation scolaire). La détermination des facteurs qui affectent le processus d'évaluation est un moyen de la rendre plus fiable.

B Les biais

- **Effet d'assimilation et recherche de la consonance cognitive:** l'évaluateur est influencé par les informations dont il dispose : par exemple, un professeur aura tendance à surestimer la note attribuée à un élève réputé « bon élève » et à la sous-estimer si l'élève est réputé « mauvais élève ». Très généralement, les évaluateurs ont tendance à rester cohérent avec leurs représentations (du sujet, de l'objet ou de la situation évaluée). Ceci explique que la fidélité intrajuge (variation intra-individuelle) est souvent supérieure à la fidélité interjuges (variation interindividuelle), à contexte constant.
- **Effet de contraste:** il est dû à la temporalité du processus d'évaluation : les évaluations antérieures affectent l'évaluation. Une même copie est surévaluée lorsqu'elle vient après une copie « faible » et sous-évaluée lorsqu'elle vient après une « bonne » copie.
- Dans le cas où il n'y a pas de normes explicites (évaluation subjective), aux facteurs précédents s'ajoutent des facteurs d'attitude et de personnalité (ceux-ci peuvent également intervenir dans l'évaluation objective).

3 Raisonner

A Les différents types de raisonnement

- Le terme « raisonnement » est utilisé à la fois pour désigner l'activité intellectuelle et le produit de cette activité. La classification des raisonnements est fondée sur la diversité des activités intellectuelles qu'ils impliquent.
- **Les raisonnements canoniques** s'appuient sur des règles établies notamment par les logiciens : la connaissance de ces règles et leur application conduit à un raisonnement sûr. **Les raisonnements déductif** et **inductif** sont de ce type :
  - **Le raisonnement déductif** procède à partir de prémisses (propositions tenues pour vraies) pour en tirer de nouvelles propositions ayant également valeur de vérité : *toutes les fleurs du jardin sont blanches, toutes les fleurs blanches sont belles (prémisses), toutes les fleurs du jardin sont belles (conclusion).* Il s'agit

là d'un **syllogisme catégoriel**. Les **syllogismes conditionnels** font appel à des propositions conditionnelles : *s'il y a des fleurs blanches dans un jardin, alors il est beau* (relation conditionnelle : si P alors Q). De cette relation on peut déduire la valeur de vérité de relations nouvelles : *il est faux de dire que s'il y a des fleurs rouges dans un jardin, il est laid.* La validité des conclusions s'exprime par des « tables de vérité » qui envisagent tous les cas possibles (P et non P, Q et non Q).

- **Le raisonnement inductif** procède d'une série de propositions contingentes (des faits) pour en tirer une relation générale. L'induction expérimentale en est le prototype.

- Bien que les raisonnements canoniques soient très étudiés, de fait, la plupart des raisonnements sont d'une autre nature : ce sont des raisonnements incertains qui s'appuient surtout sur l'expérience acquise (raisonnement du commissaire qui enquête sur un crime, du médecin qui procède à un diagnostic, du technicien qui cherche à comprendre l'origine d'une panne). Le raisonnement procède de cas connus mis en relation analogique avec le cas nouveau traité. Comme les inférences ne peuvent être tenues pour certaines, la qualité du raisonnement tient aux contrôles effectués, notamment sur la légitimité de l'analogie effectuée. La diversité des cas rencontrés, leur catégorisation, la capacité à les relier, à en discuter avec d'autres, rendent compte de l'efficience du raisonnement, plus que les compétences logiques.

B Les biais de raisonnement

- Ils ont surtout été décrits pour les raisonnements syllogistiques car il s'est avéré que les individus raisonnent rarement selon les canons de la logique : biais de confirmation (tendance à ne retenir que les informations qui vont dans le sens de l'hypothèse), biais de représentativité (tendance à retenir les informations les plus probables), tendance à confondre la relation conditionnelle avec la relation d'équivalence (le *si alors* assimilé au *si et seulement si),* etc.

- Les études sur les raisonnements en contexte de travail mettent surtout l'accent sur les conditions de la fiabilité des raisonnements et sur l'adaptation des raisonnements aux transformations des situations. En effet, les opérateurs ont souvent affaire à des systèmes non déterministes pour lesquels des événements imprévisibles peuvent surgir. Il existe également des contraintes d'ordre temporel : le système évolue indépendamment de l'opérateur (raisonnement médical, tactique militaire ou industriel, etc.). Des biais peuvent intervenir aussi bien dans la prise d'information (sélectivité dirigée par des idées *a priori*) que dans leur traitement (biais de confirmation). S'y ajoutent des limitations d'ordre attentionnel (*cf.* fiche 26).

4 Résoudre des problèmes

A La représentation du problème

- Résoudre un problème, c'est avant tout construire une **représentation de la situation**. Cette représentation doit être « calculable », au sens où elle permet de faire des déductions.

- La représentation de la situation est fonction du but à atteindre et des moyens connus pour y parvenir. C'est pourquoi la **représentation du but** détermine en grande partie la représentation de la situation. La représentation du problème comprend ainsi une représentation du but et une représentation de la situation qui sont très intriquées.

- Les caractéristiques des situations ont une incidence sur la manière de les représenter (situations fermées ou ouvertes, statiques ou évolutives).

B La planification et l'heuristique de résolution

- Elle concerne l'organisation des étapes de la résolution. Elle peut s'appuyer sur les données du problème (dans ce cas, on dit qu'elle est « dirigée par les données » : **planification ascendante**) ou bien sur la représentation de la situation : les étapes en sont déduites (« dirigée par les représentations » : **planification descendante**).
- De fait, il existe un va-et-vient constant entre ces deux types de planification. Il est rare, en effet, de pouvoir déduire une procédure de la représentation d'une situation (à moins de l'avoir déjà rencontrée et, dans ce cas, ce n'est plus un problème). **Les heuristiques de résolution** désignent tout un ensemble de procédures (de nature non déductive) permettant d'avancer dans la résolution. Une heuristique de résolution très employée (et efficace) consiste à tenter des actions dans le but de transformer la situation et à analyser après-coup la relation entre ce qui a été fait et l'état actuel de la situation.

La résolution de problème nécessite de nombreuses activités mentales : la gestion mentale de ces activités implique des processus de contrôle de « haut niveau ».

Pour aller plus loin

Richard, J.-F. (1990), *Les activités mentales*. Paris : Colin.

Weil-Barais, A. (1999), *L'homme cognitif*. Paris : PUF, 5e édition (chapitres 12, 13 et 14).

FICHE 26 L'ATTENTION

Le concept d'attention est utilisé pour expliquer la variabilité des conduites dans des conditions similaires. Issu du vocabulaire courant, il ne désigne pas un mécanisme identifié de l'activité psychique mais rend compte de tout un ensemble de faits ; ne seront évoquées ici que la limitation des capacités de traitement, l'interférence entre tâches et la sélectivité des informations. Les modèles de l'attention tentent de rendre compte de ces phénomènes.

1 L'ÉTUDE EXPÉRIMENTALE DE L'ATTENTION

A La limitation des capacités de traitement

- **L'«ampan perceptif»** est mesuré par le nombre d'objets appréhendables simultanément. Dans des épreuves d'estimation absolue de stimulus ne variant que sur une seule dimension (intensité, durée, hauteur tonale, position, etc.), la capacité d'appréhension est limitée : elle est voisine du « nombre magique 7 plus ou moins 2 » (Miller, 1956), nombre déjà proposé par Aristote.
- Cette capacité limitée peut être augmentée en réorganisant le matériel présenté et en le codant avec des unités de plus grande taille (regroupement de points en figures, de lettres en mots, de sons en mélodie, etc.). De ce fait, les capacités de traitement sont liées aux possibilités d'organisation des stimuli et, par conséquent, aux autres ressources cognitives des sujets (les concepts et connaissances notamment).

B L'interférence entre tâches

- **L'effet stroop,** du nom de son inventeur (Stroop, 1935), est une mesure expérimentale de l'interférence entre traitements. Trois tâches sont proposées : lire des mots écrits en caractères colorés (par exemple, le mot jaune est écrit en caractères rouges), nommer la couleur de taches colorées, désigner la couleur des caractères de mots désignant des couleurs (par exemple, répondre « rouge » pour le mot « vert » écrit en caractères rouges). Dans ce dernier cas, les temps de réponses sont allongés et les sujets présentent des manifestations de trouble. La dimension sémantique du mot interfère avec sa caractéristique visuelle. Des caractéristiques non pertinentes (eu égard à une tâche donnée) peuvent provoquer des baisses de performance. Le contrôle de ce phénomène par les sujets est difficile dans certaines situations, ce qui laisse supposer qu'il est inaccessible à la conscience.

C L'attention partagée

- Quand on demande au sujet de faire une tâche (lire un texte par exemple en vue de le retenir) et qu'en même temps on lui impose une tâche secondaire (souligner les mots au pluriel par exemple), la première tâche est moins bien réussie que si le sujet n'avait qu'à faire une seule tâche. La baisse de performance est reliée à la complexité de la tâche secondaire.

- Cependant les sujets sont capables de sélectionner l'information : munis d'un casque, chaque oreille recevant un message différent (écoute dichotique), ils sont capables de répéter un des textes, en ignorant l'autre, à condition cependant que les textes soient lus par une personne différente.

2 Les modèles interprétatifs

A Le modèle du filtre sélectif

- Proposé par Broadbent (1957), il postule que les stimuli issus de l'environnement sont pris en charge par des canaux distincts et alimentent la mémoire à court terme. Cette mémoire est suivie d'un filtre qui sélectionne les informations en provenance de ces canaux. L'attention est représentée par l'activité sélective du filtre qui protège le système cognitif d'une surcharge. Ce modèle rend compte d'une classe de phénomènes comme celui de l'attention partagée (*cf.* ci-dessus).

B La théorie de l'activation

- Proposé par Linsdley (1951), elle prend appui sur des données électrophysiologiques : de manière générale, l'activité cérébrale est accrue lorsque l'organisme est stimulé. Cette activation est assimilée à une énergie non spécifique, plus ou moins abondante, qui va déterminer la quantité de traitements que le système peut faire. Cette théorie rend compte de la fluctuation de l'attention, en relation avec le niveau d'éveil du système nerveux central (rythmes circadiens, effet de substances médicamenteuses sur l'attention).

Un aspect majeur de l'attention est la sélectivité : celle-ci peut être réalisée soit par des mécanismes automatisés très rapides, soit par des mécanismes contrôlés plus lents. C'est pourquoi l'attention peut être spontanée et involontaire ou, tout au contraire, active et volontaire. Les processus contrôlés auraient une capacité limitée, ce qui n'est pas le cas des autres. Ainsi les réactions d'orientation vers des stimuli nouveaux ou biologiquement signifiants sont-elles insensibles à la « surcharge cognitive ». Ceci permet au système cognitif d'être sans cesse en alerte et de pouvoir réagir aux situations qui le menacent.

Pour aller plus loin

Boujon, C., Quaireau, C. (1997), *Attention et réussite scolaire*. Paris : Dunod.

Coquery, J.-M. (1994), « Processus attentionnels », *in* M. Richelle, J. Requin et M. Robert, *Traité de psychologie expérimentale*, tome 1 pp. 219-281. Paris : PUF.

Camus, J.-F. (1996), *La psychologie cognitive de l'attention*. Paris : Armand Colin.

FICHE 27 LA PSYCHOMOTRICITÉ

La psychomotricité concerne l'ensemble des comportements moteurs envisagés en fonction de leur liaison avec le psychisme. Cette notion a correspondu à la période des descriptions de la pathologie neurologique du début du siècle. Elle s'appuie sur des concepts forts tels que le schéma corporel et le tonus et est associée à des pratiques éducatives et thérapeutiques.

1 Les concepts psychomoteurs : une nouvelle approche du corps humain

A Le schéma corporel

- La notion de **schéma corporel** est née de l'interrogation de diverses disciplines, en particulier de la neurologie, de la psychiatrie et de la psychologie, concernant les perceptions du corps, l'intégration du corps comme modèle. D'autres expressions (sensiblement équivalentes mais intervenant dans des contextes théoriques différents) sont utilisées : **image du corps**, **schéma postural**, **somato-psyché**.
- Dans son acception la plus commune, le schéma corporel correspond à une représentation plus ou moins consciente du corps, en action ou immobile, de sa position dans l'espace ainsi que de la posture des différents segments corporels. Elle résulte essentiellement de l'intégration des informations sensorielles multiples à la fois extéroceptives (visuelles, tactiles et auditives) et proprioceptives (cénesthésiques et kinesthésiques). Le terme de schéma corporel, de par le modèle dualiste somato-psychique auquel il appartient, a connu quelques problèmes dès ses origines, en se situant à la fois du côté du sensible et du côté de la conscience.

B Du tonus musculaire au mouvement

- Le **tonus** est une notion fondamentale dans l'approche psychomotrice. C'est un phénomène central, à l'origine de tous les mouvements et participant à toutes les fonctions motrices telles que l'équilibre, la dissociation, la coordination... Il est le véhicule de l'expression des émotions, de la communication « non-verbale », du langage corporel, et il est un critère de définition de la personnalité variant selon l'inhibition ou encore l'extraversion qui la caractérisent. Concrètement, le tonus se caractérise par un état de tension résiduelle des muscles du corps au repos, qui se traduit par la résistance plus ou moins importante qu'oppose le muscle lorsqu'on l'étire.
- La fonction tonique conditionne principalement la disponibilité de l'appareil moteur, sa capacité à répondre. Elle contribue aux mécanismes de l'équilibration et à leur maintien. S'il n'y a pas de mouvement sans tonus, il n'y en a pas non plus sans **posture**. Elle se traduit par une mise en place des différentes pièces du squelette les unes par rapport aux autres. Enfin, le but du mouvement, le **geste**, sert à exprimer un mouvement ou à manipuler un objet, visible ou pas, proche ou lointain.

2 La rééducation psychomotrice

A La technique rééducative

- La rééducation psychomotrice vise, par diverses activités corporelles, à une meilleure structuration du schéma corporel et des repères spatio-temporels. Les exercices de restructuration du schéma corporel visent à réactiver le développement même de cette structure, fondamentale tant au point de vue **gnosique** (schèmes formels et intellectuels) que **praxique** (schèmes de réalisations motrices). Ils suivent donc les étapes de l'évolution de l'enfant en prenant en compte les expériences déjà vécues et l'avancée de la maturation. Ces exercices sont : l'investigation du corps propre, la reconnaissance du corps, et l'intégration du schéma corporel.
- La **structuration spatio-temporelle** est le critère le plus strict de l'adaptation à notre monde d'objets, aux règles de vie (heures de repos, de nourriture...). La désadaptation spatio-temporelle s'accompagne d'une perturbation du comportement moteur. Tout comme le schéma corporel, la restructuration spatio-temporelle nécessite un travail progressif par étapes. Les différents niveaux de rééducation sont : l'acquisition des repères spatiaux, la projection dans l'espace (orientation), la structuration temporelle et la prise de conscience des rythmes.

B La relaxation

- La relaxation est une technique de soutien très importante en rééducation psychomotrice, prenant en charge l'autre face de la motricité : le **tonus de fond** ou de repos. Elle est particulièrement adaptée aux troubles d'inadaptation scolaire, du schéma corporel ou de la latéralité, permettant à travers la reconnaissance du corps la prise de conscience de ses différentes parties et de leur solidarité.
- Le principe de base de la relaxation est, à l'aide de techniques bien définies, de produire un état de détente musculaire plus ou moins volontaire, cherchant à réduire la tension, l'anxiété, le déséquilibre émotionnel, en agissant tout spécifiquement sur les rythmes toniques et végétatifs et sur leur éducation.

Le psychomotricien est un spécialiste qui assure les examens cliniques des troubles psychomoteurs et la rééducation des troubles. Il a une formation spécifique distincte de la formation des psychologues.

Définitions

Schème: dans la théorie piagétienne, totalité organisée qui se construit par tâtonnement et par assimilation d'éléments nouveaux à un schème antérieur, et qui se conserve en fonctionnant par simple répétition suivie de généralisation.

Latéralité: préférence, dans l'utilisation des récepteurs ou des effecteurs, de l'une des moitiés, droite ou gauche, du corps.

Pour en savoir plus

Coste, J.-C. (1994), *La psychomotricité*, 5e édition. Paris : PUF.

FICHE 28 APPRENTISSAGE ET DÉVELOPPEMENT

Ces deux notions rendent compte d'une fonction essentielle du vivant : les conduites des individus changent, leurs compétences se transforment. La distinction entre apprentissage et développement renvoie à des courants de pensée souvent en opposition ; elle tend maintenant à être dépassée.

1 Des conceptions différentes

A Les théories du développement

- Les théories du développement visent à rendre compte de l'évolution des conduites de la naissance à la mort. Les termes **développement** et **involution** désignent deux mouvements : la progression des conduites et leur régression. Ces évolutions (ascendantes et descendantes) sont supposées être sous la dépendance de processus généraux qui génèrent des séquences ordonnées de « stades » ou de « phases ». Les systèmes concernés (la motricité, la mémoire, l'attention, les connaissances, le langage, les structures logiques, etc.) ainsi que les processus supposés être à l'œuvre caractérisent les théories du développement.
- Les théories du développement concernent généralement la petite enfance, l'enfance et l'adolescence, périodes qui correspondent à des transformations biologiques importantes (c'est le cas de la théorie du développement par stades conçue par Piaget). Ce n'est que dans une période récente qu'on en est venu à considérer que les processus de développement concernaient aussi les adultes, ce qui a donné lieu à l'émergence d'une nouvelle spécialité : la « *life span developmental psychology* » des Anglo-Saxons.

B Les théories de l'apprentissage

- La temporalité de l'apprentissage est généralement plus courte que celle du développement puisqu'on conçoit généralement l'apprentissage en termes **d'objectifs** (les comportements visés – le parcours dans un labyrinthe, par exemple) **et de critères** (les caractéristiques de ces comportements – trois parcours sans erreur, par exemple).
- Les théories de l'apprentissage tentent de rendre compte des processus par lesquels les individus deviennent capables de faire quelque chose alors qu'ils ne le faisaient pas au préalable ou de le faire de manière plus efficace (plus rapidement, en faisant moins d'erreurs, etc.) : la création d'associations entre stimulus et réponses chez les béhavioristes, des représentations et structures mentales chez les cognitivistes.
- Les premières théories avaient la prétention d'être générales : les processus avancés concernaient aussi bien les apprentissages moteurs que verbaux, les animaux ou les hommes, les enfants ou les adultes. Actuellement, un tel projet paraît peu réaliste eu égard à la diversité des registres (comportementaux et symboliques) impliqués.

2 Questions vives

A Continuité et discontinuité

- Les transformations sont-elles progressives, sous-tendues par des processus cumulatifs (augmentation des associations, du vocabulaire...) ou bien correspondent-elles à des modifications du système lui-même ? On s'attend, dans le premier cas, à des progrès continus évalués sur des dimensions identiques (temps de latence, durée d'exécution, nombre d'erreurs...) ; dans le second cas, à des modifications des modes de fonctionnement repérables à l'aide d'épreuves spécifiques.
- Ainsi, selon les instruments d'investigation utilisés, l'accent est mis sur la continuité ou sur la discontinuité. Cependant, quand il s'agit de compétences et de connaissances complexes, la discontinuité semble être la règle, à cause des changements cognitifs importants que requière leur maîtrise (par exemple, le comptage par pointage avec un doigt, puis en utilisant les opérateurs arithmétiques).

B Diversité des cheminements

- Les théories du développement tendent à fournir une chronologie d'étapes ou de stades qui laisserait entendre qu'il n'y a qu'une seule voie de développement. En quelque sorte, il y aurait des caractéristiques communes à l'homme qui feraient qu'ils se développent tous de la même manière.
- S'il est vrai qu'il existe des chronologies d'acquisition assez stables qui ont été retrouvées dans différentes cultures (la chronologie des conservations, par exemple), il s'avère également que les cheminements individuels, les habilités et connaissances valorisées par les cultures ainsi que les environnements d'apprentissage sont très divers.

C Importance du langage et des concepts

- L'accès au langage (oral et écrit) transforme profondément les modes de fonctionnement cognitif. Grâce au langage, l'action peut être pensée, réfléchie, formalisée et devenir ainsi un objet de connaissance. L'individu peut se dégager de l'action, la programmer, la différer, la déléguer à d'autres, etc.
- Le développement des compétences est étroitement relié aux possibilités de conceptualisation. Les situations sont interprétées, représentées, à partir des concepts dont disposent les individus. Objets culturels par excellence, les concepts sont transmis aux enfants et adolescents par le milieu social et notamment l'école.

En mettant l'accent sur l'importance de l'apprentissage des concepts scientifiques pour le développement de l'enfant, Vygotski a contribué à dépasser deux conceptions réductrices : celle des béhavioristes pour lesquels le développement s'explique par des processus d'apprentissage, celle de Piaget selon laquelle les apprentissages sont dépendants des stades de développement. Pour Vygotski, l'apprentissage est le « moteur » du développement.

Pour aller plus loin

Danis, A., Déret, D., Jamet, F. *et al.* (1998), *Enfants, adolescents: approches psychologiques*. Rosny : Bréal/Lexifac (*cf.* fiches 8, 9, 43, 57).

FICHE 29 IDENTITÉ ET IDENTITÉ(S) SOCIALE(S)

L'identité se construit par rapport à des références sociales (groupes d'appartenance, rôles, statuts sociaux). La psychologie sociale définit l'identité sociale comme le point d'articulation du psychologique et du social chez l'individu.

1 Différentes conceptions

A Perspectives psychanalytique et sociologique

- S'inspirant des théories psychanalytiques, Erikson définit l'identité, localisée dans le **Surmoi**, comme le lieu où sont intériorisées les normes sociales. L'identité est le résultat de la **socialisation** et a pour fonction l'intégration sociale de l'individu. Le bien-être de l'individu dépend de sa capacité à accepter les valeurs qui lui sont proposées.
- Dans le champ de la sociologie, on distingue deux approches. La première d'ordre **dialectique** conçoit l'identité comme une adaptation à la société : l'individu reconnaît la place qui lui est assignée sans pour autant la choisir. La seconde, dite **fonctionnaliste**, pose l'identité comme le reflet individuel des valeurs d'une société : il existe un certain nombre d'identités-types consensuelles que les individus peuvent choisir d'adopter pour jouer leur rôle.

B Conception psychosociale

- Elle met en avant l'interaction permanente entre, d'une part, les caractéristiques individuelles et psychologiques (**le Soi**) et, d'autre part, les composantes sociales.
- Pour Mead, la constitution du Soi découle du jeu social grâce auquel l'individu confronte ses dimensions égocentrique (**le Moi**) et subjective (**le Je**) : la **conscience de soi** se forme dans la relation à autrui.
- Miller quant à lui distingue **identité publique** (normes du groupe) et **identité de choix** (représentations propres de l'individu). L'identité correspond ainsi aux rôles assumés dans un système particulier et renvoie au statut social.
- D'autres conçoivent l'identité sociale comme une structure cognitive composée d'un ensemble de représentations de soi et d'autrui (Zavalloni). Cette structure servirait de base à toute activité cognitive (mémorisation, résolution de problèmes, etc.). Les défaillances d'une telle structure provoqueraient des troubles du fonctionnement cognitif que l'on trouve souvent chez les personnes en grande souffrance sociale (jeunes « en galère », SDF, chômeurs de longue durée, etc.) : perte de repères spatio-temporels, difficultés attentionnelles, difficultés à se projeter dans l'avenir, etc.
- Fischer résume ces différentes perspectives en définissant l'identité comme « les différentes modalités du sentiment et de la représentation de soi qui découlent des formes d'interaction soi/autrui, dans un contexte social donné, et qui déterminent qui nous sommes ».

2 Fonctions de l'identité sociale

A Versant personnel

- **L'estime de soi** est une composante importante de l'identité : elle est le reflet de la place et des rôles que s'attribue l'individu dans les interactions sociales. Un certain nombre de facteurs rendent compte de l'estime de soi, tels que l'ambition, la réputation ou la croyance dans la capacité à contrôler les événements.
- **La présentation de soi** permet au sujet d'affirmer sa valeur sociale : en faisant jouer sa différence par rapport à autrui, en se mettant en scène afin d'établir des rapports satisfaisants (sources de renforcements identitaires positifs), en se rendant parfois insaisissable, hors des rapports de pouvoir.

B Versant social

- L'identité permet d'affirmer une **appartenance sociale** nécessaire pour que l'individu puisse être référé socialement à des statuts et rôles spécifiques. L'appartenance sociale renvoie aussi bien à la culture de naissance qu'aux groupes formels ou informels choisis par l'individu ou encore à l'appartenance sexuelle (importante dans le rapport entre projet personnel et réalisation sociale).
- L'identité sociale n'est pas figée, elle se modifie, parfois radicalement, tout au long de l'existence. Sa construction est déterminée par la nature de l'implication sociale de l'individu : plus les choix et les engagements sont motivés, plus l'individu est capable d'affirmer son identité propre.

L'inscription sociale, dès lors qu'elle est référencée à des objectifs de développement personnel, est porteuse d'une forte valorisation de l'identité.

Définitions

Soi: structure associant les informations auxquelles un individu peut accéder concernant sa propre personne et les processus intra- et interindividuels impliqués dans la gestion cognitive, affective et sociale de ces informations.

Surmoi: instance du psychisme qui représente « la voix de la conscience » et la culpabilité inconsciente.

Pour aller plus loin

Fischer, G.N. (1987), *Les concepts fondamentaux de la psychologie sociale.* Paris : Dunod.

FICHE 30

GROUPES ET LEADERSHIP ; LES PHÉNOMÈNES D'EMPRISE

Dans le champ de la psychologie sociale, le groupe est abordé comme une entité essentielle accompagnant l'individu tout au long de son développement. Il permet l'élaboration de l'identité par la confrontation à l'autre, dans sa ressemblance et sa différence. Les notions de leadership et de système d'emprise permettent de comprendre les enjeux positifs et négatifs de la (dé)construction identitaire par le groupe.

1 FONCTIONS D'INTÉGRATION ET DE DIFFÉRENCIATION

A L'intégration

- L'enfant est un « animal social » (Wallon) se définissant par sa dépendance originelle aux adultes de son espèce. La fonction première et permanente du groupe (familial et social) est de permettre la socialisation par l'apprentissage des rôles et des régulations interpersonnelles et sociales. Ce processus s'enracine à l'interface du social et du biologique : l'individu s'intègre au groupe tout autant qu'il intègre le groupe à ses propres schèmes.
- Le groupe de référence permet la comparaison : l'individu s'auto-évalue par rapport aux opinions et attitudes mises en avant par le groupe. Le groupe de référence remplit également une fonction normative par laquelle l'individu adhère aux modèles et valeurs défendus par le groupe. Il souligne le besoin d'appartenance : en s'intégrant dans le groupe, l'individu élabore son Soi.

B La différenciation

- Pour affirmer son identité propre et obtenir une place singulière dans le groupe, l'individu doit pouvoir s'affirmer dans sa spécificité. Les stratégies permettant d'éviter la **déindividuation** sont nombreuses. On retiendra essentiellement la dépréciation de la ressemblance liant le sujet à d'autres personnes du groupe et l'accession au statut de modèle de référence à l'intérieur du groupe.
- La différenciation s'effectue également par rapport aux autres groupes : phénomène de **catégorisation sociale**. Il a deux fonctions : l'une cognitive par laquelle l'individu structure l'environnement et les faits sociaux ; l'autre identitaire puisque l'individu se définit positivement par rapport à son appartenance groupale. Un grand nombre de stéréotypes est ainsi projeté sur les groupes de non-appartenance.

2 LEADERSHIP ET EMPRISE

A Le leadership

- Sa fonction est de rendre le groupe viable et efficace (réalisation des objectifs) ainsi que d'en assurer la cohésion au cours du temps (intérêt, motivation, relations entre les membres). Le leader parvient à structurer son action selon deux aspects indissociables, l'un opératoire (efficacité), l'autre affectivo-émotionnel (fondements du groupe).
- Le leadership renvoie à la question du **pouvoir** bien que ces deux notions ne soient pas nécessairement liées. Le pouvoir peut correspondre à un attribut personnel (les qualités intrinsèques d'un individu), une fonction (atteinte des objectifs fixés par le groupe), une relation (recherche de satisfaction maximum par tous les protagonistes), un système (régulation et contrôle social).

B Les phénomènes d'emprise

- Ils s'inscrivent dans la catégorie du pouvoir-système et se caractérisent par l'effet d'impuissance vécue par ceux qui les subissent. Leur impact sur les individus est multiple : psychologique, physiologique, économique, institutionnel, etc.
- Ils peuvent aussi bien s'appliquer aux institutions nationales qu'aux entreprises multinationales ou, plus dangereusement, aux sectes. Une composante récurrente est constituée par la dépersonnalisation du système de pouvoir, lequel s'appréhende alors comme un système de règles fondant implicitement la légitimité du groupe. Concernant les sectes, la capacité à remettre le système en cause est d'autant plus atténuée qu'on observe généralement un phénomène de dépendance : les individus attendent du leader la pleine satisfaction de leurs besoins.

La prise en compte des groupes et des dynamiques s'y référant permet une meilleure compréhension de l'inscription sociopersonnelle des individus.

Définition

Leadership : processus et fonctions mis en jeu dans la conduite d'un groupe s'étant fixé des objectifs. Il n'implique pas forcément la détention d'un pouvoir de commandement.

Pour aller plus loin

Aebischer, V. et Oberlé, D. (1990), *Le groupe en psychologie sociale*. Paris : Dunod.

FICHE 31 LES CONFLITS

Le terme « conflit » est utilisé en psychologie dans des sens différents. Il réfère d'une part à des conflits internes (intrapsychiques) et d'autre part aux confrontations interpersonnelles (interpsychiques). Les conflits déclenchent la mise en route de processus adaptatifs qui, dans certains cas, peuvent se traduire par des conduites perturbées.

1 Du point de vue de la psychanalyse

A Définition

- Le conflit est une notion centrale dans l'étiologie de la maladie mentale, en particulier celle des névroses (*cf.* fiches 74,75,76). Il marque l'opposition d'exigences internes contradictoires. Il peut être **manifeste** (entre un désir et une exigence morale, par exemple) ou **latent** et s'exprimer alors sous forme de symptôme.

B Le conflit et la sexualité

- Au niveau topique (*cf.* fiche 8) : le conflit s'organise entre les différentes instances de l'appareil psychique, c'est-à-dire entre l'inconscient qui fonctionne sur le mode du **principe de plaisir** (le « je veux tout, tout de suite ») et le **principe de réalité** qui oblige au détour, à l'attente, à penser.
- Au niveau économico-dynamique : le conflit se situe entre les pulsions sexuelles et les pulsions d'auto-conservation, les premières ne tenant pas compte de la conservation de la vie. Freud a toujours insisté sur la liaison intrinsèque existant entre la sexualité et le conflit (*cf.* fiche 32). A partir de 1920, Freud conceptualise un nouveau dualisme pulsionnel, celui des pulsions de vie et de mort rassemblant les oppositions précédentes.

C Le conflit œdipien

- Le conflit nucléaire est le complexe d'Œdipe, constitutif de la structure du sujet. Il comprend deux formes existant à des degrés divers : la forme dite positive où l'enfant a des désirs amoureux envers le parent du sexe opposé et hostiles envers le parent rival de même sexe ; la forme négative se présente à l'inverse : l'enfant a des désirs amoureux pour le parent du même sexe et hostiles pour l'autre.
- L'Œdipe n'est pas réductible à une situation réelle ; il tire son efficacité de ce qu'il fait intervenir le père comme instance interdictrice : prohibition de l'inceste et du meurtre, barrant à l'enfant l'accès à la satisfaction (introduction du principe de réalité) et, de ce fait, il conflictualise le système. L'Œdipe ne prend véritablement forme qu'à ce moment en constituant le jeu des désirs et des interdits dont les représentations seront refoulées et pourront réapparaître sous forme symptomatique.

2 Du point de vue cognitif

A Le conflit dans la théorie piagétienne

- Il résulte de la difficulté pour le sujet à intégrer des données aux schèmes disponibles. Ceci provoque un déséquilibre des structures cognitives pouvant se traduire par des perturbations au plan fonctionnel, apparaissant parfois comme des régressions. Le dépassement du conflit se fait par la construction de nouveaux schèmes assimilateurs.
- Le conflit est source de progrès cognitif dans la mesure où la théorie postule que le système psychique tend naturellement à rechercher un état d'équilibre.

B La dissonance cognitive

- Utilisée par L. Festinger en 1957, cette expression désigne l'état de tension créé par la contradiction entre différentes cognitions (croyances, opinions, attitudes, etc.).
- La théorie de la dissonance postule : (1) un besoin de consonance, (2) pour résoudre la tension, l'individu peut modifier ses cognitions ou son comportement (simuler l'accord, se désengager de l'échange, par exemple). Elle a notamment été utilisée pour rendre compte des changements d'opinions et d'attitude.

C Le conflit sociocognitif

- Il a été initialement mis en avant par des chercheurs critiquant la conception endogène du développement de Piaget (A.N. Perret-Clermont 1979, W. Doise et G. Mugny, 1981). Lors de résolution collective de problèmes, les sujets peuvent ne pas partager les mêmes conceptions, procédures, normes, etc. La confrontation sur ces points est source de progrès dans la mesure où elle favorise la prise de conscience et où il y a recherche d'un consensus.
- Le conflit sociocognitif est associé au travail coopératif ; toutefois ces formes de travail ne suffisent pas à provoquer des conflits. Dans certains cas, l'existence de tels conflits a un effet perturbateur dans la mesure où les sujets passent plus de temps à régler des conflits de groupe qu'à chercher à résoudre un problème cognitif. Sans volonté d'accord intersubjectif, le conflit peut jouer un rôle négatif.

Quels que soient les cadres théoriques, les conflits apparaissent comme constitutifs du psychisme. La souffrance résultant de la violence de certains conflits peut être apaisée en apprenant à les gérer, à faire avec.

Pour aller plus loin

Doise, W. et Mugny, G. (1997), *Psychologie sociale et développement cognitif.* Paris : A. Colin

Freud, S. (1908), *Cinq leçons sur la Psychanalyse.* Paris : Payot.

FICHE 32 LA SEXUALITÉ

La sexualité fait l'objet de trois approches principales : une approche positiviste (physiologie et psychologie expérimentale) qui la considère comme une fonction vitale comparable à la faim ou au sommeil (Kinsey, Masters et Johnson) ; une approche philosophique et littéraire qui découvre en elle une signification fondamentale de l'existence (Bataille, Marcuse) ; une approche psychanalytique qui seule est considérée ici.

1 Définition

- La psychanalyse accorde une place centrale à la sexualité. La sexualité désigne des activités et des états de plaisir qui dépendent non seulement de la génitalité mais aussi de toute une série d'activités et de plaisirs qui existent dès la toute petite enfance. En cela, le plaisir sexuel n'est pas réductible à un besoin physiologique mais est une des composantes de l'amour.
- La sexualité est un phénomène complexe qui évolue, se modifie avec les différents âges de la vie. Il comprend des investissements du corps propre, du corps de l'autre, de certaines représentations et des questions au sujet de la vie sexuelle. Il organise les modalités de la vie relationnelle (ou relation d'objet).

2 Pulsion et développement sexuel

A Les pulsions sexuelles

- Freud théorise la sexualité à partir du concept central de pulsion. **L'origine** de la pulsion est l'excitation d'une zone corporelle, **son but** est la satisfaction qui doit résoudre cette excitation **à l'aide de différents objets**. La libido est **l'énergie** de la pulsion. Le plaisir qui est découvert, lors de la satisfaction, dans la rencontre avec l'objet, constitue au niveau corporel ce que Freud appelle les **zones érogènes**. La recherche du plaisir amoureux est déterminée par des représentations d'objets susceptibles de satisfaire la pulsion, ces représentations structurant ainsi toute une part de l'activité fantasmatique. C'est ainsi que Freud affirme l'existence très étroite entre le corps et l'esprit.

B La sexualité infantile

- En ce qui concerne la sexualité infantile, Freud a décrit plusieurs stades :
  Au stade oral domine la satisfaction des besoins oro-digestifs et les plaisirs de la bouche, d'être rempli. Les fixations de la libido à ce stade orientent les relations amoureuses vers le registre donner-recevoir.
  Le stade anal se caractérise par les intérêts portés à l'évacuation ou à la rétention anale. Cette zone corporelle devient en effet une fonction active au moment de l'apprentissage du contrôle sphinctérien. La relation d'objet liée aux fixations anales s'organise sur le mode de l'activité-passivité, domination-soumission.

Au stade phallique-génital, l'enfant reconnaît la différence des sexes mais l'organise autour du phallus, le garçon l'ayant et la fille en manquant. **La sexualité génitale** apparaît comme ce qui englobe les pulsions partielles orales, anales et les subordonne à l'acte génital. En ce sens, Freud affirme que l'organisation génitale est une « disposition perverse polymorphe ».

3 Troubles de la sexualité

A Les conflits

- La sexualité est conflictuelle car les tendances inconscientes poussent vers des désirs incestueux concernant les parents (désirs œdipiens), désirs qui sont eux-mêmes marqués par l'interdit de l'inceste. C'est ce conflit qui marque les névroses (*cf.* fiches 74, 75, 76).

B Les perversions

- Si la disposition perverse appartient à la constitution même de la sexualité, la perversion apparaît comme la persistance ou la réapparition d'une composante partielle de la sexualité (*cf.* fiche 81).

C Les dysfonctionnements sexuels

- On définit **le dysfonctionnement sexuel** comme une diminution ou une absence d'une partie ou de la totalité de la réponse sexuelle en présence de la stimulation appropriée. Ces dysfonctionnements sont liés soit à une pathologie somatique ou à l'action de médicaments, soit à des troubles psychopathologiques. Chez l'homme et chez la femme, **les troubles de l'intérêt sexuel** sont liés en particulier à la dépression et conduisent à une baisse de la libido.
- Chez l'homme, **les troubles de l'érection** ont une étiologie psychique dans 70 à 80 % des cas. Ces troubles sont en général d'origine névrotique (*cf.* fiches 74, 75, 76) ou sont favorisés par des facteurs événementiels : échec social, conflits conjugaux, etc. L'échec de l'érection peut déclencher la peur de voir ce phénomène se reproduire, surtout s'il a donné lieu à des réactions négatives du partenaire. **L'éjaculation précoce** est associée le plus souvent à de l'anxiété.
- Chez la femme, **la dysparonie** (douleur qui survient au moment des rapports sexuels) est souvent interprétée comme liée à des tendances masochistes ; **le vaginisme** est essentiellement lié à l'anxiété phobique de la pénétration ; **la frigidité** partielle ou complète, permanente ou occasionnelle, est fonction des pratiques sexuelles du partenaire, mais aussi liée aux troubles névrotiques.

Définition

Fixations: la fixation désigne un mode d'inscription de certains contenus représentationnels liés à des éprouvés de plaisir qui persistent, auxquels le sujet reste attaché de façon plus ou moins consciente et sur lesquels il a tendance à revenir.

Pour en savoir plus

Freud, S. (1905), *Trois essais sur la théorie sexuelle*. Paris : Gallimard, 1987.

FICHE 33

PSYCHOLOGIE CRIMINELLE

La violence et ses dérives ont toujours été une préoccupation dans nos sociétés. L'étude des pathologies mentales participe à cette réflexion car celles-ci peuvent donner lieu à des dérèglements du comportement. Ce que l'on nomme délit et crime sont des activités en marge de la loi, et sont punies en tant que telles. Mais tout acte « fou » n'est pas un acte « de fou », et les expertises sont là pour éclairer les instances judiciaires sur la personnalité du prévenu.

1 Genèse de l'acte asocial

A La violence et son dérèglement

- « Violence » signifie étymologiquement force vitale. Il existe une « violence fondamentale » (Bergeret) présente dès la naissance. Elle consiste à adopter, pour un sujet se sentant menacé, une attitude de protection, mais sans désir particulier de nuire. Il s'agit d'une réponse automatique de défense (un instinct au sens des éthologistes) contre l'angoisse de destruction. Les violences agies, dont il est question ici, trouvent leur origine lorsque la violence naturelle n'a pas trouvé un cadre psychique suffisamment contenant, lors du développement psycho-affectif du sujet. C'est le cas de la psychopathie.
- La psychopathie se caractérise par une inadaptation du sujet à la vie en société. Elle s'exprime sous la forme de passage à l'acte, qui relèvent autant de la justice que de la psychopathologie. Les psychopathes ont une « histoire pleine d'histoires » (Ey), avec une enfance perturbée, sans limites apparentes, et des troubles de l'adolescence marqués (toxicomanie, conduites déviantes…). Leur vie affective est perturbée, marquée par l'impulsivité et l'instabilité qui excluent tout compromis (immédiateté, violence, absence de culpabilité, répétition). Ceci apparaît de manière précoce tout comme les comportements délictueux.

B La délinquance juvénile

- Plus de 100 000 mineurs par an sont mis en cause dans des affaires pénales pour environ 40 000 condamnations. On parle de « délinquance symptôme » lorsqu'il n'y a pas d'infraction pénale, mais que le comportement apparaît comme antisocial. L'optique de socialisation et d'éducation prévaut (protection judiciaire de la jeunesse, aide sociale à l'enfance…), avec une différence entre mineurs de moins de treize ans (non poursuivis) ou de plus de treize ans (poursuites exceptionnelles, ordonnance du 2 février 1945).
- Plus l'âge d'apparition est bas et plus la criminalité tend à devenir importante. Il y a réactivation après la période de latence (autour de treize ans) : c'est la délinquance distinctive ou délinquance de précarité. Les actes asociaux concernent majoritairement les hommes, et les atteintes de biens. Les causes invoquées sont une identité difficile à trouver à l'adolescence (généralement définie par défaut comme un « entre deux » accompagné de profonds remaniements psychiques) et

les difficultés de socialisation (sentiment d'exclusion qui favorise les « bandes », sentiment d'injustice avec une image de la société manichéenne, répercutée sur l'école).

2 Prises en charge et expertises

A Perspectives de traitement

- La criminalité est multifactorielle, à l'image du développement de l'individu. Celui-ci est acteur de sa pathologie, et peut l'être de sa guérison. Le suivi psychothérapeutique apparaît donc comme indispensable et se traduit actuellement par une prise en charge de plus en plus individualisée (juge d'application des peines, agent de probation...).
- Concernant spécifiquement la psychopathie, la prise en charge thérapeutique est difficile, car cette pathologie s'accompagne de traits pervers marqués. La prévention constitue un objectif général de nos sociétés face à la criminalité (accompagner l'enfance, prévenir la récidive), avec des résultats cependant aléatoires. L'efficacité de la voie répressive est interrogée.

B Expertises pénales

- La naissance de l'examen psychologique date de 1950. Il est actuellement réalisé en application de l'article 81 du code de procédure pénale. Les demandeurs sont principalement les juges d'instruction, qui confient des missions d'investigation au psychologue. De façon générale, il s'agit de décrire les aspects psychologiques expliquant le passage à l'acte d'un inculpé. Il peut s'agir également d'une expertise concernant la victime (cas d'abus sexuels par exemple) ou d'un témoignage.
- Les termes de la mission sont variables. Le psychologue reste cependant maître de ses outils (tests d'efficience ou de personnalité, entretiens...) et investit autant les déficits que les potentialités (conseils de prise en charge). Il rend un rapport d'expertise mais, dans le cadre d'une procédure criminelle, il est rarement appelé à rendre son expertise devant la cour d'assises. Il est soumis au secret professionnel, et ne doit se tenir qu'aux éléments demandés par la mission qui lui est confiée.
- L'expertise civile procède des mêmes règles mais concerne une autre population (cas de divorce, par exemple).

Définition

Agent de probation: auxiliaire de justice chargé du suivi et de la réinsertion d'un condamné libéré sur parole.

Pour aller plus loin

Bergeret, J. (1984), *La violence fondamentale.* Paris : Dunod.
Debray, Q. (1984), *Le Psychopathe*. Paris : PUF/Nodules.
Duflot, C. (1988), *Le psychologue expert en justice.* Paris : PUF.

FICHE 34 SCHÉMA ET IMAGE DU CORPS

Définie par P. Shilder en 1923, la différence entre schéma corporel et image corporelle est fondamentale en psychologie. Le premier renvoie à un processus à la fois conscient, préconscient et inconscient, la seconde à un processus purement inconscient.

1 Le schéma corporel

A Définition

- Il s'agit d'une représentation du corps (mobile ou immobile) dans l'espace, ainsi que des différents segments corporels qui le composent. Le schéma corporel se forme à partir des informations sensorielles extéroceptives (visuelles, tactiles, auditives) et proprioceptives (cénesthésiques et kinesthésiques).
- Le schéma corporel se construit progressivement depuis la naissance. Selon Wallon, la construction du schéma corporel et celle de la perception de l'autre suivent un même mode de développement. À six ans, on peut considérer que le schéma corporel est à peu près constitué. Ce qui explique que c'est dès cet âge que l'on peut observer des dysfonctionnements dans le schéma corporel, comme celui dit du « membre fantôme ».

B Le membre fantôme

- Il désigne, chez un amputé, la perception d'un substitut imaginaire à la partie du corps qui lui a été ôtée. Ceci met en évidence la réalité d'une connaissance du corps qui perdure malgré une altération effective de celui-ci. Ce membre est capable, par exemple, de mouvements automatiques (le sujet se lève sur la jambe amputée et tombe) ou encore de mouvements réflexes (si on frappe à l'endroit du membre fantôme, le sujet ressent une angoisse voire l'impression de retrait global de ce membre). Concernant l'amputation, il peut s'agir aussi bien d'un bras que d'une section de mamelon ou d'une énucléation de l'œil.
- Ainsi défini, le membre fantôme peut se comprendre psychologiquement comme une expérience subjective du corps propre qu'une mutilation ne saurait modifier. L'intégrité du monde corporel telle que le sujet en a l'expérience ne peut donc être réduite à une simple donnée neurologique. On ne perçoit pas son schéma corporel comme un ensemble de parties, de membres, mais comme un « tout » unifié indépendamment des modifications dont le corps est l'objet.

2 L'image du corps

A L'apport psychanalytique

- Tout ce qui relève du corps ne peut être dissocié d'une configuration objective neutre (l'anatomie) et d'une configuration fonctionnelle (la physiologie). Pour autant, le corps est investi et expérimenté depuis l'enfance par l'activité fantasmatique de chacun. L'image du corps résulte de l'histoire du sujet, c'est la synthèse vivante des expériences émotionnelles personnelles. Croisée avec le schéma corporel, l'image du corps, exprimée par des mots, permet d'entrer en communication avec autrui. L'approche psychanalytique (notamment freudienne) cherche davantage à déchiffrer et à restituer les fantasmes corporels qu'à construire une explication du corps opposant schéma et image corporelle.

- Le stade du miroir, décrit par Lacan, est une construction théorique qui rend compte pour partie de la construction de l'image du corps. Il renvoie, en effet, à la première ébauche du moi (narcissisme primaire) et aux identifications secondaires. Il s'agit d'un carrefour structural où l'enfant, porté par sa mère, reconnaît son image dans la surface réfléchissante. Cet enfant s'identifie à cette image qui le forme, mais doit aussi gagner sa place par rapport à l'autre, maintenant perçu comme différent de lui. L'image du corps, nourrie par l'inconscient, se construit par un tel processus.

B Les mesures et les méthodes d'investigation

- De nombreuses pathologies sont accompagnées de troubles de l'image corporelle : négation de celle-ci dans la mélancolie, sentiment d'étrangeté dans les intoxications, destruction ou dépersonnalisation dans la schizophrénie, etc. Ceci met l'accent sur la nécessité de pouvoir évaluer ces troubles, par une mesure quantitative de ceux-ci.
- Ainsi, le Rorschach (*cf.* fiche 88) peut être complété par les scores « enveloppe » et « pénétration » de Fisher et Cleveland, ou lu à l'aide de la grille de représentation de soi (Rausch *et al.*). Dans un registre plus psychométrique, on trouve le BDQ (*body distortion questionnaire*), autoquestionnaire proposé généralement pour les pathologies lourdes comme les psychoses. Le *body prominence* étudie l'attention que porte un sujet à son corps par opposition aux objets du monde extérieur. Le *body focus questionnaire* (BFQ) permet de voir comment l'individu distribue son attention sur les différentes parties de son corps. Citons enfin l'échelle ABC (*articulation of the body concept*) de Witkin qui étudie les problèmes de différenciation psychologique et d'image du corps à partir d'une tâche de dessin d'un personnage puis d'un personnage de sexe opposé.

Définitions

Cénesthésie: sensations internes non spécifiques.

Kinesthésie: sensations du mouvement (muscles et oreille interne).

Psychométrie: mesure d'aptitudes, de traits de personnalité à l'aide de tests (*cf.* fiche 87).

Pour aller plus loin

Dolto, F. (1984), *L'image inconsciente du corps.* Paris : Essais Points.

Guillerault, G. (1996), *Les deux corps du Moi.* Paris : Gallimard.

Thibierge, S. (1999), *Pathologie de l'image du corps.* Paris : PUF.

FICHE 35 STRESS ET SANTÉ

Le notion de stress réfère tantôt à diverses perturbations subjectives, comportementales ou physiologiques, tantôt aux éléments de nature psychologique (choc émotionnel, menace, agression) ou physique (excès de stimulations sensorielles, bruit, lumière...) qui en sont à l'origine. Aussi est-il souvent préférable de distinguer les effets produits (réponses de stress) de ce qui en est à l'origine (facteurs de stress).

1 Approches du stress

A Historique

- C'est en 1936 que H. Selye (de l'université de Prague et travaillant à Montréal) a décrit, chez le rat, des atteintes somatiques (hypertrophie des surrénales, ulcérations gastriques, atrophie des ganglions lymphatiques, etc.) provoquées par des facteurs d'agression (ou « stresseurs ») très variés.
- En 1946, Selye évoque le « syndrome général d'adaptation » (*Général Adaptation Syndrom*). Celui-ci est caractérisé par des réponses biologiques se déroulant chronologiquement selon trois étapes : une phase d'alarme dans laquelle l'organisme mobilise ses forces, suivie par une période de résistance, qui, si elle se poursuit, peut conduire à la troisième étape, l'épuisement des capacités de lutte. Pour Selye, la vie n'est rien d'autre qu'un processus d'adaptation aux conditions changeantes de notre environnement. La maladie, le vieillissement prématuré résultent d'une adaptation inadéquate ou excessive.

B Approche cognitive

- Dans cette optique, on considère que l'homme ne subit pas passivement ce qui l'entoure mais y joue au contraire un rôle actif. C'est ainsi que l'appréhension subjective de la réalité, la signification qu'elle revêt pour l'individu en fonction du contexte, de sa motivation, de ses croyances, de son expérience passée, apparaissent déterminantes. L'environnement social, culturel, voire le climat affectif, apportent une dimension très personnelle, unique en quelque sorte, sur la façon dont chacun perçoit et subit les agressions diverses dont il est l'objet.

C Principaux stresseurs

- Les situations plaisantes (*«eustress»*) comme déplaisantes (*«distress»*) sont susceptibles d'induire une réponse de stress.
- Il existe plusieurs classifications, selon que l'on prend en compte la nature, la gravité, ou la temporalité du stress. On distinguera ainsi les **stress extrêmes** (événements catastrophiques, situations d'exception-prison, sous-marin, station polaire, voyage dans l'espace), les **stress de la vie** que l'on peut diviser en personnels (deuil, maladie, divorce) et situationnels (difficultés quotidiennes) et les **stress environnementaux** (bruit, vibrations, température, odeurs, pollution, espace personnel) qui sont associés à des facteurs parfois très perturbants.

2 Effets du stress

A Effets physiologiques

- **Les agents stressants** étant extrêmement variés (type, durée, intensité), il existe de multiples réponses au stress, pouvant agir de manière spécifique sur un seul système (cardio-vasculaire, par exemple) ou sur l'ensemble des systèmes.
- **Les principales manifestations physiologiques déclenchées par le stress:** (1) réponses endocrinologiques (augmentation des sécrétions hormonales – adrénaline, corticostéroïdes, etc.) ; (2) augmentation de la pression artérielle, du rythme cardiaque, du rythme respiratoire, de la conductibilité de la peau, de la tension musculaire ; (3) diminution des défenses immunitaires (plus grande sensibilité aux infections virales, par exemple). Le stress intervient ainsi dans les pathologies cardio-vasculaires, de l'appareil digestif, de l'appareil respiratoire, de la peau, etc. Son rôle dans le déclenchement des cancers semble également plausible.

B Effets psychologiques

- Ils sont de différentes natures : **comportementaux** (diminution du regard de face), **posturaux** (attitude défensive), **verbaux** (troubles de l'élocution), **intellectuels** (diminution de l'efficience cognitive), **émotionnels** (augmentation de la nervosité, de l'irritabilité, de l'anxiété), **psychosociaux** (diminution du comportement prosocial – aide à autrui –, et augmentation du comportement antisocial – augmentation de l'agressivité).
- Aux effets immédiats précités s'ajoutent des effets à long terme, apparaissant parfois longtemps après l'exposition au stress. Les posteffets constituent le coût de l'adaptation de la situation stressante.

3 *Coping*

- La capacité de faire face à une situation stressante et de la maîtriser correspond à un processus actif d'adaptation, appelé *«coping»*. Cette réponse dépend du vécu de l'individu, de l'autoappréciation de ses propres capacités et de ses motivations. Il peut s'agir d'une réponse directe (suppression de la source de stress) ou palliative (négation, réduction du stress, possibilité de contrôle, prise de médicaments anxiolytiques, antidépresseurs).
- Le **style de *coping*** définit la manière préférentielle qu'a chaque individu de faire face aux situations stressantes.

Les études sur le stress ont contribué à introduire l'idée de dispositions individuelles propices ou non au développement des maladies. Le stress au travail constitue à l'heure actuelle une des préoccupations majeures au sein de la communauté européenne. L'évaluation et la réduction du stress ainsi que la mise au point de techniques permettant aux individus d'acquérir des stratégies de coping adaptées sont des enjeux importants.

Pour aller plus loin

Moch, A. (1989), *Les stress de l'environnement*. Vincennes : PUV.

Moch, A., Maramotti, I. (1995), « Les ambiances de la ville : du stress au confort », *in Pratiques Psychologiques*, n° 2, 17-24. Paris : PUF/L'Esprit du temps.

FICHE 36 LES NUISANCES SONORES

Le terme nuisance *a été utilisé pour la première fois au* XIX*e siècle, dans son sens actuel, désignant à la fois une cause (agent polluant, bruit, odeur) et un effet (pollution, gêne). Elle peut se définir comme : « un élément de la vie urbaine ou de l'industrie qui provoque de l'inconfort, de la gêne, du danger ». La nuisance se présente, alors, comme une limitation du bien-être, la présence imaginaire ou réelle d'un risque, l'expérience vécue d'un inconfort associé à une composante environnementale physiquement identifiable. Elle se définit en relation à un sujet percevant et réagissant à l'environnement. La gêne auditive est « une sensation perceptive et affective exprimée par les personnes qui entendent du bruit ».*

1 Le bruit

A Définition

- Le bruit est un ensemble de sons produit par une ou plusieurs sources qui provoquent des vibrations de l'air et se propagent en faisant vibrer la membrane du tympan de l'oreille. Il n'y a donc pas de différences fondamentales entre un son et un bruit. On appelle *bruit* un son jugé désagréable pour le récepteur. Il est caractérisé par son niveau sonore qui se mesure sur une échelle logarithmique dont l'unité est le décibel. L'oreille perçoit les niveaux sonores qui s'étendent entre le seuil de l'audition [0 dB(A)] et le **seuil de la douleur** [120 dB(A)]. À titre d'exemples, une conversation peut atteindre 60 dB(A), un bébé qui pleure 85 dB(A), l'intérieur d'un train ou d'une voiture 90 dB(A), un marteau pneumatique 100 dB(A), un concert de rock 120 à 140 dB(A), un missile à 50 mètres 160 dB(A).
- Les décibels ne s'additionnent pas de façon arithmétique. Ainsi, l'augmentation de 3 dB(A) correspond un doublement de l'énergie sonore.

B Les facteurs influençant la gêne

- La gêne sonore dépend de l'énergie acoustique émise par la source et de la capacité de l'oreille à percevoir les sons mais aussi d'une multitude de facteurs n'ayant pas de rapport direct avec les bruits émis.
- Ainsi les caractéristiques socio-économiques, le sexe, l'âge, le niveau de revenu, le type d'habitat ou encore le statut d'occupation du logement (locataire, propriétaire) participent à une évaluation spécifique du phénomène sonore. De plus, le contexte (le lieu, l'heure), les représentations du bruit véhiculées par le groupe d'appartenance, l'activité en cours (lecture, écoute de la télévision, sommeil) ou encore les attentes à l'égard de l'environnement jouent également un rôle déterminant dans la gêne exprimée. Enfin, le fait de pouvoir contrôler ou non le stimulus sonore (par la fermeture des fenêtres, le changement de pièce...) influe sur les doléances exprimées.

2 Les effets du bruit

A Les effets physiologiques

- L'environnement sonore urbain peut atteindre des niveaux sonores traumatisants pour l'oreille à plus ou moins long terme, entraînant une fatigue auditive, des difficultés à comprendre un message verbal (effet de masque) et parfois même une surdité.
- La douleur apparaît à partir de 120 dB(A) tandis que la fatigue auditive ou la surdité passagère s'installe bien au-dessous de ce seuil. À partir de 85dB(A), la surdité progressive s'installe. Lorsque la durée d'exposition au bruit est importante, les risques de surdité augmentent.
- Face au développement des musiques amplifiées, les jeunes sont victimes précocement de troubles auditifs : 11 % des moins de dix-sept ans ont déjà une perte supérieure ou égale à 20 dB. Ainsi les chercheurs craignent pour les générations futures une surdité au niveau de l'ensemble de la société qu'ils nomment **socio-acousie**.
- Des études sur l'exposition au bruit des femmes enceintes ont montré que le système cardio-vasculaire d'un fœtus souffre au-delà de 76 dB : les échanges physiologiques avec le bébé sont perturbés, entraînant une diminution du poids de l'enfant à la naissance et une prématurité accrue.
- L'exposition au bruit peut provoquer des effets indirects sur l'ensemble de l'organisme, en particulier sur la vision (rétrécissement du champ vision...), le système nerveux central, le système nerveux sympathique, sur le plan endocrinien et les appareils cardio-vasculaire, respiratoire et digestif.

B Les effets du bruit sur les performances et les comportements

- La pollution sonore est susceptible de perturber les relations sociales (diminution de l'aide à autrui dans un contexte bruyant), les performances (augmentation des erreurs lors de la réalisation de tâches complexes, difficulté de mémorisation) ou l'attention (difficulté d'apprentissage de la lecture chez les enfants en zone bruyante).
- Certaines personnes sont plus réceptives au bruit (traits de personnalité, santé mentale, mode de vie, etc.).

Par ses effets néfastes sur la santé, le sommeil, les performances et la communication, le bruit est considéré comme un facteur de stress ; son coût social est considérable. L'évaluation faite par l'individu du stimulus sonore et surtout la signification accordée à celui-ci influencent l'expression de la gêne et la manière d'y faire face.

Pour aller plus loin

Moch, A. (1985), *La sourde oreille: grandir dans le bruit.* Toulouse : Privat.

Rozec, V. (1999), « L'environnement sonore urbain », *Villes en Parallèles*, n° 28-29 « Ville et environnement. Approche psychosociologique ».

FICHE 37

LES ODEURS

Parmi les stimuli que l'homme perçoit, les stimuli odorants sont sans doute les plus chargés de significations affectives, émotionnelles et sociales. Ce qui est perçu, par les uns, comme « non odorant » ou « odeur agréable », peut être, par d'autres, complètement déconsidéré, voire même être un signe de malpropreté, de menace pour la santé, marque d'une inscription sociale dévalorisée, etc. Les odeurs sont, dans certains cas, considérées comme de véritables pollutions environnementales (odeur de porcherie, d'usine, odeur du métro, etc.). Les odeurs peuvent apaiser et tout au contraire agresser. Elles sont alors sources de stress.

1 L'ODORAT

A Définition

- L'odorat est l'un des sens par lequel l'homme entre en relation permanente avec son environnement. En effet, il fonctionne constamment alors que les autres sens (vision, toucher...) connaissent des temps de repos. L'olfaction est le plus complexe de nos systèmes sensoriels. Elle est l'une des modalités de la chimioréceptivité externe.
- Bien que l'homme, comparé aux autres mammifères, se distingue par la faiblesse de son odorat, ce dernier demeure le plus aigu de tous nos sens. En effet, quelques molécules suffisent pour stimuler une cellule olfactive. Une extrême sensibilité et un extrême pouvoir discriminateur caractérisent ce système sensoriel.
- Une substance odorante peut se définir comme un composé chimique volatil capable de stimuler le système olfactif. Une odeur est une interprétation d'un signal donné par la chimioréception spécifique du système olfactif.

B La sensation olfactive

- La sensation olfactive se caractérise simultanément par trois modalités : qualitative, intensive et hédonique.
- **La qualité** d'une odeur est relative à sa composition chimique. Elle s'apprécie par la finesse de l'olfaction, c'est-à-dire la capacité à nommer une odeur et à la différencier (exemple : une odeur de rose).
- **L'intensité** d'une odeur est fonction de la concentration de substances odorantes dans l'air. Elle fait appel à la notion de seuil. On distingue, en effet, deux types de seuil : le **seuil de détection** et le **seuil de discrimination.**
- **La tonalité hédonique** ou **affective** du processus olfactif est à la base de nos réactions positives, neutres ou négatives à l'égard des odeurs. Il n'y pas d'explication du caractère agréable ou désagréable au niveau des récepteurs olfactifs. Ils sont, en effet, totalement neutres ; c'est le centre intégrateur du cerveau qui va fournir les impressions hédoniques associées. Le caractère hédonique d'une odeur varie pour un même individu en fonction d'un ensemble de paramètres sociologiques, psy-

chologiques et contextuels. La culture est l'élément le plus pertinent pour expliquer nos réactions affectives aux odeurs, qui sont apprises dès le plus jeune âge.

- La reconnaissance de la mère par le nouveau-né se fait d'abord par son système olfactif avant son système visuel. Dès la naissance, le bébé est capable de détecter des odeurs extrêmement variées.

C L'olfactométrie

- Il n'existe pas encore d'unités de mesure d'odeurs. Bien qu'il existe un seuil absolu de détection pour chaque substance odorante, celui-ci varie d'une substance à l'autre. Le système olfactif reste « l'appareil » le plus sensible pour mesurer la qualité et la quantité d'une substance odorante. L'olfactométrie utilise donc le nez humain pour mesurer, d'une part, la concentration d'une atmosphère odorante au seuil de détection et, d'autre part, l'intensité odorante d'une atmosphère à analyser comparée aux différentes intensités d'une gamme d'odeurs de référence.

2 La gêne olfactive

- Ce n'est pas l'odeur en tant que telle, (c'est-à-dire en tant que réalité chimique) qui est évaluée mais plutôt l'objet (humain ou matériel) odorant. L'odeur est imprégnée de la signification du support dont elle émane. L'individu donnerait une évaluation positive ou négative selon que l'odeur est associée à des « objets » ayant une représentation du même ordre.
- Les odeurs « taboues » attirent et répulsent. C'est pourquoi le ressenti olfactif demeure difficile à saisir et ne peut pas être appréhendé uniquement à partir de critères physico-chimiques.
- La gêne olfactive en milieu urbain s'apparente le plus souvent aux problèmes de la pollution de l'air. Les travaux sur la pollution de l'air et sa perception ont montré que les individus la définissent selon des critères visuels et olfactifs, comme le degré d'opacité, la couleur, la mauvaise odeur. La mauvaise odeur constitue l'élément qui ressort le plus fréquemment dans l'attitude des personnes vis-à-vis de la pollution de l'air. Or, l'on sait qu'il existe de nombreux polluants dans l'air qui sont inodores et pourtant extrêmement toxiques, et à l'inverse que certaines odeurs, qualifiées de nauséabondes, ne représentent aucun danger pour la santé de ceux qui y sont exposés.

La gêne olfactive comme la gêne auditive n'est pas une simple réaction mécanique à un stimulus environnemental, elle met en jeu des processus cognitifs et affectifs influençant les représentations de l'environnement. Selon le contexte spatio-temporel, elle prend des formes multiples et résulte d'expériences individuelles et collectives variées.

Définition

La chimioréceptivité externe: ensemble des fonctions qui permettent à un être vivant de communiquer avec son environnement, par captage de signaux chimiques.

Pour aller plus loin

Moch, A., Bonnefoy, B. (1997), « Odeurs et environnement urbain : le métro parisien », *Psychologie Française*, tome 42-2, pp. 175-182.

PARTIE II

LES DIFFÉRENTS ÂGES DE LA VIE

FICHE 38 LA GROSSESSE

Parallèlement aux modifications corporelles de la femme enceinte, la période de la grossesse revêt un caractère exceptionnel pour les futurs parents : elle apparaît en effet comme une véritable expérience psychique où se profilent leur histoire ainsi que pour une part la vie future de l'enfant attendu.

1 La période de la grossesse

A Des concepts de base

- Les premières études portant sur la psychologie des femmes enceintes datent de la fin des années 50. Dès cette époque, de nombreux auteurs comme H. Deutsch (1949), G.L. Bibring (1959) ou J. Kestenberg (1976) ont largement décrit cette période prénatale comme une véritable crise entraînant des modifications notables du fonctionnement psychique. Cette crise va bouleverser la représentation que les mères ont d'elles-mêmes, de leur conjoint, et leur donne aussi accès à la maternité.
- À la même époque, D. Winnicott (1956) a également observé, chez des femmes récemment accouchées, un état particulier qu'il nomme « préoccupation maternelle primaire ». Pour cet auteur, ces femmes présentent une « hypersensibilité » qui leur permet de s'adapter aux tout premiers besoins de l'enfant. L'étude des relations entre la mère et son enfant dans les premiers jours après la naissance a par la suite renforcé l'intérêt pour le psychisme des femmes enceintes. D. Stern (1995) insiste aussi sur l'état particulier de la mère pendant et après la grossesse, état qu'il nomme **«constellation maternelle»**.

B Une expérience psychologique spécifique

- Plus récemment, M. Bydlowski (1998) a décrit l'état spécifique de la grossesse en terme de **«transparence psychique»**. Pour elle, les femmes enceintes (et plus particulièrement au septième mois de grossesse) présentent une plus grande facilité à parler de leurs fantasmes et de certains souvenirs enfouis.
- Depuis une dizaine d'années, le vécu du père pendant la grossesse (D. Cupa, 1997) est davantage pris en compte. La **couvade**, un des phénomènes particulièrement étudiés, chez l'homme, apparaît sous forme de troubles passagers comme par exemple la prise de poids, les maux de tête ou le mal de dents. Elle est interprétée comme la transposition somatique d'un certain désir de maternité.

2 Devenir parents

A La parentalité

- Dès la grossesse, les futurs parents se préparent psychiquement à accueillir leur enfant. On appelle ce processus « parentalité » (ou maternalité et paternalité). Ce terme désigne l'ensemble des représentations, des émotions et des comportements qui se rapportent à l'enfant que les parents imaginent ou au fœtus, perçu par l'intermédiaire des échographies et de ses mouvements dans le ventre maternel.

- Avec le développement de ce processus de parentalisation, le passé des parents et ce qu'il comporte d'événements, de souvenirs, de pensées est amené à prendre une nouvelle importance. Si la grossesse permet l'avènement de la parentalité et la réalisation du désir d'enfant, le soubassement de ce processus et de ce désir trouve ses racines dans l'enfance des futurs parents. Quelques études tendent, de plus, à montrer que la capacité de prendre soin d'un enfant peut s'appuyer en partie sur ce que les parents ont reçu et vécu pendant leur enfance (P. Fonagy *et al.*, 1996).

B La filiation

- Parmi les remaniements psychiques propres à la grossesse et avec l'arrivée prochaine de l'enfant, la question de la place de chacun des parents dans sa généalogie va se poser. Devenir parent, surtout pour la première fois, c'est en effet aussi inscrire son enfant dans sa filiation, c'est-à-dire lui donner une place dans sa généalogie. C'est aussi pouvoir se référer à des modèles parentaux afin de faire sienne sa nouvelle place de parent. Les études portant sur le psychisme des futures mères ont ainsi pu montrer à quel point les images maternelles (qu'il s'agisse de leur propre mère ou d'une autre mère) prenaient une importance considérable pour la femme enceinte.
- L'inscription de l'enfant dans la filiation parentale a enfin amené les auteurs à s'intéresser à la question de la transmission psychique faite à l'enfant par ses parents et à parler ainsi de **mandat intergénérationnel** (S. Lebovici, 1997). Ce concept conduit à postuler que des représentations, des émotions, peuvent se transmettre à travers les générations.

Bien plus qu'une simple attente, la grossesse est pour la femme mais aussi pour l'homme un moment de transition important au cours duquel se construit leur identité parentale. Dès cette période, des difficultés peuvent alors survenir. Mieux connaître la grossesse ouvre ainsi la porte à la prévention précoce des troubles interactifs mère-père-bébé.

Pour en savoir plus

Bydlowski, M. (1998), *La dette de vie*. Paris : PUF/Le fil rouge.

Cupa, D., Lebovici, S. (1997), *En famille, à l'hôpital. Le nourrisson et son environnement*. Grenoble : La pensée sauvage.

Fonagy, P., *et al.* (1996), « Fantômes dans la chambre d'enfants : Étude de la répercussion des représentations mentales des parents sur la sécurité de l'attachement », *Psychiatrie de l'enfant*, 63-83.

FICHE 39

DÉSIRS ET REPRÉSENTATIONS AU COURS DE LA GROSSESSE

L'intérêt pour les désirs et les représentations parentales pendant la grossesse s'est développé parallèlement à celui portant sur les interactions précoces, dans la mesure où ces représentations sont susceptibles d'influencer, après la naissance, les relations triadiques père-mère-bébé. Pour cela, les représentations prénatales des futurs parents font intégralement partie de la période périnatale au cours de laquelle s'organisent les prémices de la cellule familiale.

1 Désirs et maternité

A Le désir d'enfant

- L'avancée des techniques en matière de procréation, de grossesse et d'obstétrique des trente dernières années a contribué à la modification profonde de l'attitude des couples à l'égard de la sexualité, de la reproduction et, par conséquent, du désir d'enfant. Si désirer un enfant apparaît davantage aujourd'hui comme une démarche consciente et volontaire, le désir d'enfant reste infiltré de significations inconscientes.
- Pour la femme, le désir d'enfant renvoie au désir de maternité et au désir de grossesse. Le désir de grossesse est le désir d'éprouver le sentiment d'être « grosse », pleine, d'obtenir quelque chose d'un partenaire. Il peut apparaître aussi comme un désir de la femme de vérifier son bon fonctionnement biologique. Le désir de maternité est le désir d'être mère, d'avoir un enfant du père. Pour l'homme, le désir d'enfant se situe davantage autour du désir de poursuivre une lignée et de s'y inscrire à son tour comme père. Pour les psychanalystes, découlent de ces désirs les différents types de représentations que les parents élaborent consciemment et inconsciemment au sujet de leur bébé.

B L'origine infantile du désir d'enfant

- Si le désir d'enfant ne se réalise effectivement qu'avec la maturité génitale, il se manifeste dès les premières années de la vie. Pour les psychanalystes, le désir d'enfant trouve ses origines dans l'enfance, notamment à la période œdipienne en souhaitant avoir un enfant du père, de la mère. Par ailleurs, ce désir d'enfant nécessite une reconnaissance de la fonction maternelle et paternelle.

2 Grossesse et représentations parentales

A Grossesse et représentations

- Des représentations se développent pendant la grossesse autour de l'enfant et de la parentalité. Les parents prennent en effet le risque de préinvestir ce bébé encore invisible en créant tout au long de la grossesse une « représentation anticipatrice » de l'enfant (D. Cupa, 1992). Ils peuvent l'imaginer brun aux yeux verts, plutôt sportif… ou encore se projeter en relation avec lui.

- Pour la future mère qui ne ressent pas encore les caractéristiques somatiques de la grossesse, le premier trimestre est décrit comme une période de blanc d'enfant (M. Soulé, 1983) ou de blanc de fantasme (Revault d'Allones, 1991). Le deuxième trimestre s'inaugure par les premiers mouvements du bébé. Cette période est celle de la première échographie. La mère prend davantage conscience de sa grossesse et de la croissance du fœtus, les représentations de l'enfant s'élaborent et s'enrichissent progressivement au sein du couple. À la fin du troisième trimestre, ces représentations cèdent face à l'appréhension de l'accouchement, les parents se préparent à la rencontre avec le bébé réel. Chez le père qui lui ne porte pas l'enfant, le blanc d'enfant semble se prolonger davantage. À partir de ses représentations de l'enfant et du partage du vécu de la grossesse avec la mère, le père peut mettre en place un véritable processus d'adoption de son enfant.

B Représentation de l'enfant

- L'enfant qui s'inscrit bien avant sa naissance dans l'imaginaire parental est désigné dans le champ psychanalytique par les termes de **«bébé imaginé»**. Le bébé imaginé est à distinguer de l'**enfant réel** directement perceptible par les parents. Autrement dit, quand, par exemple, la mère sent son bébé bouger en elle ou quand le père portera après sa naissance l'enfant dans ses bras, ils perçoivent ou voient l'enfant réel, mais ils ont aussi en tête leur bébé imaginé, le bébé des désirs et des fantasmes.
- Pour les ethnopsychiatres de l'enfant, les représentations du bébé et de la maternité dépendent du groupe d'appartenance culturelle des futurs parents. Selon les cultures, les représentations ontologiques concernant la nature, l'identité de l'enfant et les liens avec sa famille que les parents imaginent vont différer. Elles constituent avec les actes qu'elles sous-tendent le **«berceau culturel» du bébé** (M.R. Moro, 1998).

L'importance des représentations parentales dans le développement de l'enfant a conduit à mettre en place des procédures d'évaluation de ces représentations au cours de la grossesse, notamment dans le cadre des approches thérapeutiques des troubles interactifs parents-enfants. L'objectif étant l'optimisation du soin psychique et de la prévention précoce.

Pour en savoir plus

Stoléru, S., *et al.* (1985), « De l'enfant fantasmatique de la grossesse à l'interaction mère-nourrisson », *Psychiatrie de l'enfant*, XXVIII, 2, 441-484.

Revault d'Allones, C. (1991), *Être, faire, avoir un enfant*. Paris : Petite Bibliothèque Payot.

FICHE 40 LE FŒTUS

Un bébé a-t-il déjà une vie psychique in utero *? Malgré les affirmations passionnelles de certains, nos connaissances dans ce domaine restent limitées. Cependant, ces dernières années, l'existence d'une sensorialité fœtale a pu être mise en évidence ainsi que l'importance des interactions fœto-maternelles.*

1 La vie prénatale

A De l'embryon au fœtus

- La vie prénatale se compose de deux périodes :
  - La période embryonnaire qui va de la conception au 80e jour où l'on parle d'embryon. À huit semaines de vie on considère que les organes (l'organogenèse) et les différentes parties du corps (la morphogenèse) sont déjà mises en place.
  - Du 80e jour jusqu'à la naissance, on parle véritablement de fœtus. Au cours de la période fœtale, les différents organes sensoriels entrent progressivement en fonction en établissant une connexion avec le système nerveux. Dès le 4e mois, les sensibilités cutanée, proprioceptive, vestibulaire, gustative, olfactive, auditive et visuelle vont commencer à fonctionner au fur et à mesure de leur ordre d'achèvement et de la progression de la myélinisation.

B Le milieu utérin

- Dans le milieu utérin, le fœtus reçoit nombre d'informations sensorielles. L'environnement acoustique du fœtus humain comprend, par exemple, des bruits de fond plus ou moins graves d'origines vasculaires et intestinales émanant du corps maternel, ainsi que des bruits venant de l'extérieur, plus faiblement perçus, comme la voix paternelle.
- Bien que le liquide amniotique amortisse les déplacements brusques de la mère, le fœtus a l'occasion de rentrer en contact avec les parois de l'utérus. Plus tard, quand la maturation neuromusculaire et centrale le permet, le fœtus peut susciter à son tour ce type de contacts.
- Le liquide amniotique dont le fœtus déglutit une grande quantité chaque jour vient lui-même stimuler ses récepteurs gustatifs.

2 La sensorialité fœtale

A Les réactivités fœtales

- Lorsque ses organes sensoriels se développent, le fœtus humain reçoit *in utero* des informations auxquelles il peut réagir :

- L'observation des réactions comportementales des fœtus ont permis d'établir qu'ils pouvaient entendre dès le 6e mois de grossesse. L'audition joue indiscutablement un rôle essentiel puisque c'est grâce à elle que des relations entre le fœtus et l'extérieur peuvent se mettre en place.
- La vision ou l'odorat semblent tenir, dans l'univers amniotique, un rôle moins grand.
- En ce qui concerne le tact, le fœtus perçoit des sensations au niveau même des parois abdominales et utérines, mais aussi à travers ces parois. Des mères ont pu remarquer qu'au 7e mois le fœtus réagit en donnant des coups de pieds quand elles posent un poids lourd (comme un livre) sur leur ventre. On a pu aussi observer des fœtus suçant leur pouce.
- Le goût est aussi un canal sensoriel important pour le fœtus : il tète davantage quand le liquide amniotique a été parfumé et il peut « s'amuser » à ingurgiter et régurgiter du liquide plusieurs fois.

- Cependant, est-ce que de telles stimulations pourraient laisser des traces dans l'expérience du sujet ? Des travaux récents montrent que des nouveau-nés n'ayant que quelques heures vont préférer la voix de la mère, à laquelle ils ont été familiarisés *in utero*, à d'autres voix. Ils font varier leur vitesse de succion afin d'obtenir préférentiellement l'enregistrement de la voix maternelle. Leur compétence auditive inclut la discrimination, la rythmicité, l'intonation, les variations de fréquence et les phonèmes. Il semblerait que tout cela ait pu être mémorisé, même appris avant la naissance.

B Les interactions fœto-maternelles

- Les relations organiques entre le fœtus et la mère sont extrêmement étroites : le fœtus est branché en dérivation sur la circulation sanguine de la mère, et il existe des interactions intermédiaires humorales et neurovégétatives. On a également porté une très grande attention à l'influence potentielle de l'émotion maternelle sur le fœtus. Il semblerait que l'on ait pu mettre en relation des facteurs psychologiques maternels et certains faits comme la stérilité, l'avortement spontané ou la prématurité de l'enfant.
- Par ailleurs, la vie imaginaire et fantasmatique des parents pendant la grossesse représente une base essentielle des relations ultérieures qu'ils auront avec l'enfant ; cet imaginaire parental venant moduler les interactions précoces père-mère-bébé (*cf.* fiche 39).

Actuellement, l'image d'un bébé hypercompétent que nous renvoient les scientifiques est peut-être à nuancer puisque les découvertes, bien qu'importantes, ne se font que dans des conditions très particulières de recherche et ne peuvent être encore généralisées. Cependant, le fœtus arrive au monde avec des capacités qui sembleraient avoir pour fonction de favoriser ses contacts avec le monde extérieur.

Pour en savoir plus

Herbinet, E. (1985), « Compétence néo-natale dans l'interaction fœtale et relations fœto-maternelles », *Neuropsychologie de l'enfant et de l'adolescent*, 33, 2-3, 103-105.

Soulé, M. et coll. (1992), *Introduction à la psychiatrie fœtale*. ESF.

Soulé, M. et coll. (1999), *Écoute voir… l'échographie de la grossesse. Les enjeux de la relation*. Érès.

FICHE 41 GROSSESSE ET TECHNIQUES MÉDICALES

Les vingt-cinq dernières années ont vu apparaître un nombre considérable de techniques médicales visant à améliorer et à maîtriser davantage la mise en route et le déroulement des grossesses. Ces avancées scientifiques ne vont pas cependant sans poser certains problèmes éthiques et sans soulever la question de leur impact sur le vécu des futurs parents puis sur les enfants. C'est en ce sens surtout que ces techniques intéressent les psychologues actuellement.

1 De la contraception à la conception

A Vers une contraception mieux maîtrisée

- Depuis 1964, la commercialisation de la pilule a rapidement permis aux femmes d'accéder à une maîtrise de la contraception. Parmi ses conséquences, on retient surtout la dissociation entre la sexualité et la reproduction, ainsi que la possibilité pour les couples de davantage planifier les naissances. Ces progrès participent alors d'une évolution considérable de la condition féminine.
- En 1974, une technique révolutionnaire d'IVG par aspiration et sans anesthésie générale est utilisée jusqu'au 3e mois de gestation ; à celle-ci s'ajoute l'interruption thérapeutique de grossesse pratiquée, sur décision médicale, jusqu'aux derniers mois. Les pratiques d'avortement ont pris aujourd'hui une place importante même si elles sont l'objet de controverses.

B La médicalisation de la grossesse

- À la maîtrise de la contraception ne répond pas celle de la conception. Les nouvelles pratiques de *procréation médicalement assistée* (PMA) progressent depuis les années 70. Sont apparues l'insémination artificielle avec donneur de sperme (IAD), la FIVETE (fécondation *in vitro* avec transfert embryonnaire), le don d'ovocyte, le prêt d'utérus, etc. En faisant renaître l'espoir de procréation chez des couples stériles, ces techniques posent en de nouveaux termes la question du sens de la stérilité et de ses conséquences.
- Il est encore difficile de définir l'impact psychique de ces avancées techniques et de la médicalisation de la grossesse qu'elles impliquent. Pour M. Bydlowski (1989), ces techniques « ont en commun la mise à l'écart du coït parental dans l'acte fécondant et la réalisation de ce qui n'est qu'un fantasme : la procréation virginale », parfois dans un contexte d'évitement de la sexualité génitale. Pour l'avortement, un des risques peut être aussi que certaines femmes mettent en place une contraception par avortements successifs.
- Du côté de l'enfant, quelles représentations de la sexualité et quel apprentissage psychique de la procréation les bébés nés de PMA vont-ils développer ? Qu'en est-il alors du secret des origines, de la filiation, de la honte, de la culpabilité liée à la stérilité ? Autant de questions encore en suspens.

2 Le suivi médical : de la grossesse à l'accouchement

A Les échographies

- La première utilisation de la technique échographique dans le domaine obstétrical remonte à 1964. En 1972, le premier diagnostic d'anomalie fœtale est réalisé. Depuis 1980, le suivi médical de la grossesse comprend trois échographies : à 3, 5 et 8 mois. Différents types d'attente à l'égard de l'échographie sont repérables chez les parents : recherche d'une garantie de normalité, de la connaissance du sexe de l'enfant, et de la rencontre visuelle avec le fœtus.
- Si dans un premier temps, l'hypothèse de l'échographie comme interruption volontaire de fantasme a été émise par M. Soulé, les études actuelles soulignent surtout l'importance de la parole de l'échographiste sur le vécu des parents. Pour S. Missonnier, la rencontre avec l'image échographique a un pouvoir d'induction imaginaire, fantasmatique, mythique et narcissique sur la psyché des acteurs en présence, elle est potentiellement un organisateur psychique de la parentalité.

B L'accouchement

- Les progrès de l'obstétrique tendent enfin à modifier les représentations et les affects des futures mères au sujet de l'accouchement. En cas de prématurité, la viabilité du fœtus à partir de 6 mois et demi de grossesse, conduit les futures mères à moins craindre pour la vie de l'enfant à partir de cette date. L'utilisation de la péridurale permet aussi d'envisager l'accouchement avec moins d'appréhension quant à la douleur physique.
- Le type d'accouchement lui-même (voie basse ou césarienne) est susceptible d'influencer l'état psychologique des mères en ce qui concerne, par exemple, leur estime de soi quant à leur possibilité de prendre soin de leur bébé. De manière générale, l'accouchement évoque de nombreux fantasmes et tout particulièrement des fantasmes archaïques (D. Cupa, 1996).

Si l'impact à long terme de ces techniques innovantes est encore mal connu, il fait actuellement l'objet d'études en nombre croissant qui tendent à souligner l'importance d'une intégration psychique chez les parents des nouvelles réalités de la conception et de la grossesse pour son bon déroulement.

Pour en savoir plus

Mazet, P., Lebovici, S. (1998), *Psychiatrie périnatale.* Paris : PUF.

Courvoisier, A. (1985), « Échographie obstétricale et fantasmes », *Neuropsychologie de l'enfant et de l'adolescent*, 33, 103-106.

FICHE 42 LA NAISSANCE

L'accouchement désigne le phénomène corporel à l'origine de la naissance du bébé. Il est aussi pour les parents le moment spécifique qui marque l'achèvement de la grossesse, la fin d'une attente et la rencontre avec l'enfant. Depuis une trentaine d'années, le versant technique de l'accouchement a connu une profonde évolution (l'analgésie péridurale, etc.) et le vécu de la femme, et plus récemment celui de l'homme, avec l'entrée du père en salle de travail, font l'objet d'un intérêt grandissant.

1 Autour de l'accouchement

A L'accouchement dans l'histoire

- Mettre un enfant au monde a toujours été l'occasion de nombreux rites et habitudes quelles que soient les sociétés. Il est remarquable que depuis l'Égypte ancienne le lieu de l'accouchement soit spécifique et se tienne à distance des autres lieux de la vie quotidienne. Pour les anthropologues, ce lieu a pour objectif d'éviter le contact avec un sang impur. Pour les psychanalystes, rationaliser ce comportement permet de préserver un caractère désexualisé à l'enfantement.
- L'accouchement était jusqu'à récemment une histoire de femmes. Une ou deux femmes, qui parallèlement tenaient une place affective auprès d'elle (par exemple une grand-mère maternelle), assistaient en effet l'accouchée pendant le travail. Le métier de sage-femme fut institutionnalisé assez tardivement (fin du XVIIe siècle) et fut par ailleurs à l'origine de nombreuses représentations allant de la femme secourable à la sorcière, à la faiseuse d'anges. Ce n'est que récemment que le père et plus généralement l'homme (médecin), exclu pendant longtemps du lieu de l'accouchement, a pris une place dans cet événement. Même s'il a maintenant accès à la salle de travail, les femmes et notamment la propre mère de l'accouchée tiennent encore une place importante voire primordiale auprès d'elle (D.N. Stern, 1995).

B Psychisme et accouchement

- La jeune mère est, avec son nourrisson, d'une grande vulnérabilité au terme de l'accouchement. Pour D. Cupa (1996), la « scène réelle et fantasmée » de l'accouchement est d'une grande densité : elle renvoie aux questions de la vie et de la mort, aux avoirs et aux pertes (la mère perd un enfant porté neuf mois en elle), « à des scènes de l'univers psychique, tout particulièrement la scène primitive ». De son point de vue, le père est lui confronté à une scène d'accouchement dans toute sa réalité et sa violence, puis, comme la mère, à l'enfant réel.
- Au cours de l'accouchement, peuvent aussi se répéter nombres d'événements où se mêlent passé et présent des parents. Il arrive qu'un enfant naisse à la date d'anniversaire d'un proche décédé ou bien à la propre date d'anniversaire de la mère elle-même. Pour M. Bydlowski (1998), il arrive que des femmes programment inconsciemment, et parfois de manière répétitive, la naissance de leurs enfants à des dates significatives pour elles.

2 Naissance et *post-partum*

A Les premières interactions

- Le passage de la vie prénatale à la vie extra-utérine est violent pour l'enfant même si les bébés à terme le franchissent en majorité sans difficulté. Ils sont confrontés d'un coup à un milieu changeant (milieu gazeux, température variable, etc.) dans lequel ils doivent acquérir une autonomie (respiratoire, par exemple). Pour cela, certains auteurs tels que O. Rank ou S. Freud, ont émis l'hypothèse de l'existence d'un traumatisme de la naissance car le bébé ne dispose pas encore de mécanisme de défense adéquat pour faire face à cette nouvelle situation.
- La mère et le père découvrent brusquement leur bébé : son sexe, son apparence physique, la couleur de ses yeux, etc. Pour la première fois, ils en ont une image réelle, ils vont pouvoir le toucher, le sentir. Nombre de mères parlent de l'importance du moment où elles sentent leur bébé posé sur leur ventre ou de celui où elles l'allaitent pour la première fois. Du côté du père, on parlera davantage du moment où le cordon est coupé, où ils l'ont pris dans leurs bras.

B Les troubles possibles du *post-partum*

- Il arrive que certaines femmes vivent péniblement les premiers jours après l'accouchement : elles se sentent tristes, pleurent ; leur humeur est très labile, elles ont des insomnies. Ces troubles émotionnels transitoires fréquents et bénins que l'on nomme le **post-partum blues** sont aussi connus sous le terme de « blues du troisième jour », de « baby blues ». Ils sont assez fréquents puisqu'ils apparaissent chez au moins 50 % des femmes.
- À côté de ces manifestations souvent déroutantes mais bénignes, il en existe des plus sévères qui peuvent faire craindre le début d'une psychose puerpérale (dont le tableau clinique est proche de la bouffée délirante aiguë), ou d'une dépression du *post-partum* (syndrome dépressif majeur).

Si des aménagements techniques et psychiques ont vu le jour, on soulignera l'importance de l'accouchement socialement et psychologiquement, quelles que soient l'époque et les cultures. Il reste un acte corporel qui ne se dépare cependant pas d'une dimension qui nous transcende en raison de sa conséquence directe : donner la vie.

Pour en savoir plus

Champ psychosomatique (1996), « Scènes d'accouchement », n° 8. Nous renvoyons ici les lecteurs à tous les articles de ce numéro de la revue qui porte sur l'accouchement.

Guedeney A., *et al.* (1993), « Le post-partum blues : une revue critique de la littérature », *Psychiatrie de l'enfant*, XXXVI, 1, 329-354.

FICHE 43 LA PLACE DU PÈRE

Jusqu'aux années 70, l'accent était rarement mis sur la relation directe entre le père et son bébé et sur son rôle au cours du premier développement de l'enfant. Ce n'est que depuis les deux dernières décennies que les recherches centrées sur les pères et les interactions père-nourrisson se sont multipliées. Conséquence sur la fonction symbolique du père en milieu occidental : elle semble s'exercer de façon plus souple, en collaboration avec les autres adultes autour de l'enfant.

1 Devenir père aujourd'hui

A Du « père traditionnel » au « nouveau père »

- Le XXe siècle a vu l'avènement de la cellule familiale et la mouvance des places maternelle et paternelle (travail des femmes, liberté juridique croissante, triomphe des nouvelles techniques biologiques concernant la procréation). Ces bouleversements ont élaboré un contexte nouveau : ébranlement des stéréotypes touchant le rôle respectif de chacun des deux parents vis-à-vis des soins à apporter au nourrisson, et nécessité pour le jeune père de participer aux soins du bébé. Simultanément, un développement de l'attrait pour le tout-petit (*le bébé est une personne*, Martino, 1984) a amené l'homme à investir le nourrisson. Ainsi sont « nés » les « nouveaux pères ».
- La paternité contemporaine s'inscrit dans un nouveau champ culturel se caractérisant par : (1) la possibilité de construire un équilibre de la relation à l'enfant qui intègre une dimension affective plutôt qu'un souci d'autorité ; (2) la déstabilisation de l'identité masculine et la recherche d'un renforcement de cette identité dans la consolidation du duo père-enfant ; (3) la volonté de dépasser les ambivalences des rapports hommes-femmes (question de l'égalité et de la spécificité). Ceci se traduit par une participation plus large des pères à la grossesse des femmes, à la naissance, au maternage du bébé (paternage). Le « nouveau père » est plus souvent qu'auparavant présent auprès de la mère et du tout-petit ; il partage et exprime ses sentiments. Il s'agit d'une paternité de « proximité ».

B La paternalisation

- Devenir père est un travail que l'homme a à accomplir pendant la grossesse de sa compagne et les premiers mois de la vie du bébé. Tout comme la femme qui devient mère, il vit un véritable remaniement psychique à travers ses pensées, fantasmes, souvenirs, angoisses (reviviscence de la problématique œdipienne, remaniement identificatoire). Ce cheminement est fonction de son organisation psychique, elle-même tributaire de son histoire personnelle, en particulier du rapport qu'il entretient avec ses propres images parentales. Les moyens à la disposition des hommes pour élaborer ce remaniement psychique ont changé.
- Pendant la période de gestation, de plus en plus nombreux sont ceux qui accompagnent leur compagne dans les différentes démarches médicales ou paramédicales (échographies, examens médicaux, sophrologie, préparations variées à l'accouchement, groupes de parole de pères). Certains s'engagent concrètement dans l'accompagnement de l'enfant à naître par la voix et le toucher (haptonomie).

Les pères assistent de nos jours (sauf complication majeure) à la naissance de leur enfant. Ce moment d'intense émotion partagée peut parfois comporter une dimension traumatisante : en accédant à la maternité, la femme possède un pouvoir que l'homme n'aura jamais. Ce moment réactualise chez l'homme les angoisses spécifiques aux stades prégénitaux qui sont des angoisses de castration narcissique (Freud, 1925). Mis soudain devant la puissance maternelle faisant tout à coup de sa compagne une femme phallique, toute puissante, pourvue d'un pénis-enfant, l'homme peut ressentir cet instant empreint d'une grande violence.

Tous les auteurs (Mouras, 82 ; Le Camus, 95) s'accordent aujourd'hui pour insister sur le fait que l'action du père se différencie de celle de la mère : le père serait plus stimulant dans les jeux avec le tout-petit, lui offrant un clavier d'expériences psychomotrices différent de celui de la mère. De nombreuses recherches (Mouras, 82 ; Le Camus et Labrell, 97 ; Cyrulnik, 89) décrivent les interactions précoces pères-bébés, et leurs effets éventuels sur le développement du jeune enfant. C'est aussi dans la sphère interactive père-bébé, riche d'affects, que s'établissent des liens.

2 La place du père selon la psychanalyse

- Selon Freud, le complexe d'Œdipe (ensemble organisé des désirs amoureux et hostiles que l'enfant éprouve à l'égard de ses parents, Laplanche et Pontalis, 1997) est l'ensemble des transformations qui font passer l'enfant d'une relation primordiale avec la mère à une relation privilégiée avec son père.
- Pour Lacan, c'est le rapport de la mère à la parole du père qui est l'élément permettant à l'enfant de ne pas être assujetti à la parole maternelle. C'est donc « la parole de la mère qui désigne la place du père ». Il s'agit, non pas de la place comme géniteur, mais comme ordre symbolique. C'est ce qui l'amène à parler du « nom du père » qui identifie la personne en tant qu'**ordre de la loi**, clé de voûte de tout l'édifice symbolique.
- S. Lebovici, dans son œuvre fondamentale, accorde au père du tout-petit une place de plus en plus centrale : à partir de la dyade mère-enfant, il va peu à peu se centrer sur la triade pour dégager la triadification et le concept de **nid triadique**.
- La contrepartie de cette évolution semble être une certaine **faille de l'autorité du père**, observée de manière fréquente au moment de l'adolescence de l'enfant. Les professionnels s'accordent, pour la plupart, à remarquer une « absence symbolique croissante de la loi du père », de l'autorité paternelle. Ils notent avec quelque inquiétude les conséquences induites par ce manque dans la construction de l'identité de certains adolescents et jeunes adultes qui, à l'heure actuelle, ne parviennent que difficilement à s'identifier à la loi.

La question reste posée de savoir si l'évolution de la figure paternelle au cours des dernières décennies a instauré ou non une nouvelle « place » symbolique pour le père.

Pour aller plus loin

Arenes, P. (1997), *Y a-t-il encore un père à la maison?* Paris : Fleurus.

Badinter, E. (1981), « Des causes de l'évolution du modèle paternel », *in Le groupe familial*, n° 92, p. 18-23.

Delaisi de Parceval, G. (1981), *La part du père*. Paris : Seuil.

Freud, S. (1924), *Totem et tabou*. Paris : Payot.

Hurstel, F. (1997), *La déchirure paternelle*. Paris : PUF.

Lacan, J. (1966), *Écrits*. Paris : Le Seuil.

FICHE 44

LES INTERACTIONS PRÉCOCES

Dès ses premiers jours, le bébé interagit avec le monde qui l'entoure : mère, père, fratrie. Il y a quarante ans, Winnicott (1960) disait déjà : « cette chose qu'on appelle un nourrisson n'existe pas ». Il entendait par là que, « chaque fois qu'il y a un nourrisson, on trouve des soins maternels ». À sa naissance, l'enfant réel bouscule les représentations parentales et participe aux modalités interactives qui se mettent en place entre lui et ses parents. Ces interactions précoces induisent en partie le développement psychologique du bébé.

1 Définitions et concepts

- Les interactions précoces peuvent être définies comme « un ensemble de phénomènes dynamiques qui se déroulent dans le temps » entre le nourrisson et ses différents partenaires (M. Lamour, S. Lebovici, 1991). Cette notion a progressivement conduit à prendre en compte non seulement l'attitude du (des) partenaire(s) du nourrisson mais aussi les effets exercés en retour par le bébé sur ses parents et la manière dont il influence l'interaction ainsi que les soins qu'il reçoit d'eux.
- Les interactions parents-nourrisson sont décrites suivant trois niveaux : comportemental, affectif et fantasmatique. Au niveau comportemental, les interactions s'organisent selon différents types d'échanges : corporel, visuel et vocal. Les interactions affectives désignent « l'influence réciproque de la vie émotionnelle du bébé et de celle de ses partenaires » (M. Lamour, S. Lebovici, 1991). Enfin, les interactions fantasmatiques décrivent l'influence réciproque de la vie psychique du bébé et de son partenaire aussi bien au niveau imaginaire conscient qu'inconscient. Déjà pendant la grossesse, des interactions fantasmatiques peuvent naître (*cf.* fiches 39, 40, 42).
- À partir de l'observation d'un jeune enfant qui faisait disparaître puis réapparaître une bobine attachée à un fil, Freud interprète que cet enfant met ainsi en scène de manière répétitive l'absence et le retour de sa mère et souligne le rôle actif de l'enfant face à un événement pénible et la possibilité pour lui de le maîtriser en se le représentant.
  Depuis cette observation princeps, l'évaluation des interactions précoces repose principalement sur l'observation directe (selon, par exemple, la méthode d'E. Bick), le plus souvent à visée thérapeutique, ainsi que sur l'observation armée qui recourt principalement à des échelles d'évaluation (NBAS de T. Brazelton, la RAF de Bobigny…).

2 De la dyade à la triade

A Les interactions triadiques

- Les études sur les interactions précoces, d'abord centrées sur la dyade mère-bébé, se sont ensuite orientées vers les spécificités des échanges père-bébé (*cf.* fiche 43). Les pères s'engagent, par exemple, plus que les mères dans des interactions physiques et stimulantes (lancer l'enfant en l'air...). Les nourrissons peuvent ainsi différencier leur père et leur mère et se comporter différemment avec l'un et l'autre. Plus récemment, la triade mère-père-nourrisson, ou triade familiale, a été prise en compte dans une perspective systémique. E. Fivaz-Depeursinge (1994) montre comment un bébé en interaction avec ses parents est capable d'interagir avec eux et comment se développe son autonomie au sein du système triadique. Pour les psychanalystes qui se situent au niveau intrapsychique, la triangulation est constituée par l'introduction, par la mère, du père comme tiers représentant la loi qui concerne les désirs œdipiens.

- Pour l'enfant qui naît dans une culture donnée, l'enculturation passe par une initiation précoce. Dès ses premiers jours, la transmission des logiques culturelles est en œuvre. Elle se fait principalement par le corps, les soins donnés au bébé, le langage, le mode d'être relationnel que la mère et le groupe établissent avec lui, en d'autres termes par les interactions qui véhiculent une grille de lecture du monde, des manières de faire et de penser.

B La construction des liens

- Depuis J. Bowlby, on parle de « modèles opérants » chez le nourrisson. Les figures d'attachement (tels que la mère ou le père par exemple) en sont les éléments clefs. En effet, dans la répétition des interactions, l'enfant va progressivement construire des représentations mentales de lui-même en relation avec les autres.
- L'enfant se sentira sécurisé ou non en fonction de la qualité et de la stabilité de la représentation interne des relations établies avec le parent. Les *patterns* d'attachement se transmettent d'une génération à l'autre.

Au cours de la grossesse puis au sein des interactions précoces, les parents et leur bébé vont se découvrir, s'apprivoiser et s'ajuster. Il arrive aussi que certains parents et leur bébé soient en difficulté. De nos jours, des interventions psychothérapeutiques variées sont proposées : consultations thérapeutiques, guidance développementale, visites ou thérapies à domicile.

Pour aller plus loin

Lamour, M., Lebovici, S. (1991), « Les interactions du nourrisson avec ses partenaires », *Psychiatrie de l'enfant*, XXXIV, 1, 171-275.

Winnicott, D. W. (1960), « La théorie de la relation parent-nourrisson ». *De la pédiatrie à la psychanalyse*. Paris : Payot, 1969.

FICHE 45 LES GROSSESSES « PROBLÉMATIQUES »

Reflet de son organisation [biologique et psychique] personnelle, la situation psychologique de chaque femme enceinte est spécifique. En ce sens, toute grossesse peut être qualifiée de « problématique » dans la mesure où elle provoque un bouleversement et une restructuration de l'identité. Nous n'abordons ici qu'un contexte, celui des grossesses « marginales » d'un point de vue biologique – c'est-à-dire en deçà de la banalité – entraînant des répercussions psychologiques particulières pour la mère et l'entourage familial.

1 Les problèmes liés à la stérilité et à son traitement médical

A Les progrès des techniques médicales d'accompagnement de la grossesse (*cf.* fiche 41)

- Ils ont contribué à amener un certain nombre de femmes, auparavant exclues de la maternité, à tenter l'expérience : femmes atteintes de stérilité recevant un traitement médical (FIV, stimulation ovarienne, etc.) ou d'un âge déjà avancé désirant cependant devenir mères.
- Ces situations présentent un contexte psychologique particulier : le parcours de stérilité, avant d'aboutir à une grossesse, est souvent très éprouvant, au plan narcissique, pour chacun des deux conjoints. Aux contraintes médicales s'ajoute la pression psychologique : l'intrusion d'un « tiers » intervenant dans la procréation et donc dans la vie sexuelle du couple (spermogramme, dosages hormonaux, etc.) brise son intimité et vient infantiliser l'acte de procréation, en l'assistant par une sorte de « guidance ».

B Deux issues extrêmes méritent d'être soulignées

- Dans le cas de l'échec final de l'aide médicale à la procréation, l'espoir des deux partenaires, après avoir été soumis à l'épreuve d'une obsessionnalisation liée aux étapes successives du protocole médical, se termine en un renoncement, une « castration » du fantasme d'être parent biologique, d'où la réouverture de la brèche narcissique de chacun des deux membres du couple qui ont alors à accomplir un travail de deuil « de l'enfant qu'ils ont dans la tête ». Ce travail passe parfois par la décision d'une adoption. Il se peut alors – la situation est même relativement fréquente – que cette décision, venant combler le couple dans son désir d'enfant, débloque le fonctionnement du corps et qu'une grossesse survienne : dans la plupart des cas, l'impact psychologique est structurant et mutatif, car l'enfant adopté a « fait venir l'autre », et les parents lui en sont reconnaissants.
- L'autre situation extrême est celle de l'apparition, après traitement hormonal, d'une grossesse multiple engageant deux ou trois (quelquefois plus) embryons menés à terme. Une telle grossesse est en général mieux acceptée psychologiquement lorsqu'elle vient combler le vide d'une stérilité prolongée, que lorsqu'elle survient spontanément. Cependant, la naissance, souvent prématurée (*cf.* cette même fiche, § 2), engage alors les parents, vis-à-vis de leurs nouveau-nés « inachevés », dans des sentiments ambivalents souvent non dénués de vive culpabilité. C'est ce que soulignent L. Kreisler et M. Soulé (1995).

Dans le cas de nécessité de « réduction embryonnaire » (suppression d'embryons pour que les autres puissent se développer), un accompagnement psychologique peut se révéler nécessaire pour aider la future mère à dépasser cette étape angoissante. Par ailleurs, élever trois (ou plus) enfants de même âge peut se révéler une tâche difficile au plan psychologique (ambivalence des sentiments : ne pas se sentir assez disponible pour chacun des enfants, et, en même temps ou alternativement, éprouver du ressentiment vis-à-vis des enfants « dévorants » vécus alors comme persécuteurs). Là encore, une aide psychologique est parfois bienvenue.

2 Les grossesses « à risque » biologique et psychologique

A Le problème de la prématurité

- Les MAP (menaces d'accouchement prématuré) demanderaient à elles seules un long développement. Dans cette perspective, les causes des contractions, avant terme, suffisamment importantes pour représenter une MAP et dont l'origine ne peut être expliquée au plan biologique, retiennent particulièrement l'attention des chercheurs depuis quelques années. Nous renvoyons ici à toute l'ambivalence concernant le désir d'enfant (*cf.* fiches 38, 39).
- La naissance prématurée d'un enfant constitue une situation quasi expérimentale imposée à la mère (Kreisler L., Soulé M., 1995). Celle-ci vit les effets d'un traumatisme psychique grave : la grossesse a été amputée, écourtée, et l'a laissée dans un sentiment d'incomplétude. Touchée dans ses aptitudes à répondre aux besoins d'un bébé aux caractéristiques particulières, elle risque de se sentir démunie, voire meurtrie.

B Le suivi des anomalies fœtales

- La naissance d'un enfant porteur d'une malformation ou d'un handicap constitue pour les parents un traumatisme d'une violence inouïe (*cf.* fiche 66) : effondrement de l'enfant imaginaire parfait et envahissement par le handicap, avec gommage du bébé dans sa spécificité de sujet.
- Néanmoins, le DPN (diagnostic prénatal) permet de mieux en mieux de cerner certaines anomalies du fœtus. Leur annonce, tout en entraînant un traumatisme psychique dans le couple et la famille, permet aux parents de se ménager un temps de réflexion. Le DPN permet, dans certains cas, un abord thérapeutique tout en générant un risque de perturbation du vécu psychologique de la grossesse. Lorsqu'il n'existe pas de thérapeutiques ou qu'elles sont impossibles à appliquer, les implications psychologiques directes qui en découlent doivent être reconnues afin que le couple puisse être accompagné au mieux dans ce parcours (élaboration par rapport à l'interruption de la grossesse, à l'anomalie, à la curabilité ou au deuil).

Les répercussions psychologiques de telles naissances sont hautement spécifiques à chaque situation. Il en va de même des grossesses à contexte familial particulier : chez l'adolescente, en milieu carcéral, dans un cadre familial marginal. Ces situations font appel à des champs théoriques spécifiques ne pouvant être abordés ici.

Pour aller plus loin

Lebovici, S., Diatkine, R., Soulé, M. (1995), *Nouveau traité de psychiatrie de l'enfant et de l'adolescent*. Tome III, chap. 107, 108, 109, 114, 115. Tome IV, chap. 155, 156, 157, 162.

FICHE 46 LE DEUIL DANS LA PÉRIODE PÉRINATALE

Perdre un enfant peu après sa naissance, concevoir un nouvel enfant pour essayer d'atténuer la douleur d'une perte récente, perdre son enfant avant même d'avoir pu le « mettre au monde », toutes ces situations ont en commun le caractère traumatique qu'elles infligent aux parents et à la famille, s'ils ne peuvent trouver les ressources pour élaborer le sentiment de perte en travail de deuil. Mais ce travail sera différent s'il s'agit de la perte d'un être connu et aimé vivant, ou d'un enfant mort in utero, *gardant sa part d'enfant imaginaire et de mystère. Ce sont ces différences que nous soulignons ici.*

1 Perdre un enfant qui a vécu

A La mort d'un nouveau-né ou d'un nourrisson

- Elle constitue pour les parents un traumatisme d'une grande violence. Toute naissance amène le père et la mère du bébé à faire le deuil de « l'enfant imaginaire de la grossesse », c'est-à-dire de celui « qu'on a dans la tête » pour faire une place au bébé qui se présente dans la réalité de la naissance, avec ses caractéristiques personnelles, pas toujours en accord avec les attentes des parents. C'est ce que les psychanalystes appellent le travail d'adoption mutuelle parents/enfant, qui peut être plus ou moins laborieux suivant les circonstances. Or, la mort du bébé dans la période qui suit sa naissance va bouleverser profondément, par sa violence, le travail de restructuration psychique que les parents viennent d'accomplir.
- Il faut cependant remarquer que le douloureux travail de deuil que les parents et la famille ont à mener varie selon les circonstances, en particulier les causes et le mode de décès du bébé. Une mort brutale, brusque (mort subite du nourrisson, accident néonatal non prévisible, etc.) sera d'autant plus difficile à élaborer (sidération, révolte) que les parents n'y auront aucunement été préparés. En revanche, lorsque le bébé est fragilisé, ressenti vulnérable par les parents (pathologie néonatale reconnue), la douleur, tout aussi dense, comportera néanmoins une part moindre de révolte (résignation), comme si l'inconscient des parents s'y était quelque peu préparé. Dans de nombreux cas, il est nécessaire que les parents, et éventuellement les membres de l'entourage, soient accompagnés et restaurés psychiquement, de manière à ce qu'ils puissent reconnaître un sentiment de culpabilité parfois paralysant, et ensuite élaborer les différentes étapes du travail de deuil, pour finalement être prêts à nouer de nouveaux liens.

B L'« enfant de remplacement »

- Il peut arriver qu'une des « solutions » au sentiment de perte inacceptable d'un bébé soit la conception [trop] rapide d'un nouvel enfant. Les professionnels (médecins, gynécologues) sont maintenant très éclairés sur cette attitude bien connue des psychanalystes sous le terme d'« enfant de remplacement ».
- Il peut s'agir, dans un tel cas, d'une extrême difficulté, voire une impossibilité à élaborer le deuil de l'enfant mort. Le bébé à venir n'a pas sa place en tant que sujet propre, et devient l'équivalent symbolique de « l'autre » – que dire des familles qui donnent le même prénom. Pour cette raison, il est conseillé au couple d'attendre une certaine période avant la conception d'un nouvel enfant, afin que le travail de deuil ait pu se mettre en place, et qu'un autre sens puisse être donné à la venue de ce nouveau bébé.

2 Perdre un enfant *in utero*

La situation est très différente, selon le caractère volontaire ou non de l'interruption de grossesse.

A Le cas de l'enfant « mort-né » à terme, ou non, notamment par accident néonatal

- Cette situation est particulièrement éprouvante. Si le fœtus est à terme, ou presque, les sentiments de culpabilité peuvent présenter une acuité particulière (ne pas avoir reconnu la souffrance du bébé et ne pas l'avoir fait naître « à temps »). Dans tous les cas va se poser le problème du statut de cet enfant : lui reconnaître une existence administrative (état civil), lui organiser des funérailles, peut aider les parents à se sentir « parents de cet enfant-là ». Par ailleurs, les hôpitaux hésitent de moins en moins, à l'heure actuelle, à montrer le corps de l'enfant – même difficile à regarder – aux parents : le but est qu'ils puissent « faire sa connaissance », même mort.
- Les psychanalystes remarquent le pouvoir structurant de toutes ces marques de [re]connaissance de l'existence de l'enfant pour le psychisme des parents, de la mère en particulier. La difficulté consiste alors à faire le deuil de quelqu'un que l'on n'a pas eu le temps d'« objectiver ». La perte d'un jumeau à la naissance constitue une situation particulièrement difficile pour toute la famille, y compris le survivant.

B Le cas de l'interruption de grossesse

- Les circonstances spécifiques à chaque situation sont déterminantes. Mais, qu'il s'agisse d'une IVG, d'une « réduction embryonnaire » lors d'une grossesse multiple, ou d'une interruption de grossesse à titre thérapeutique, la dimension commune à toutes ces situations reste le fantasme de « castration » : quelque chose dans le corps de la femme aurait pu advenir et a été interrompu – inter-rompu.
- C'est un travail autour de ce sentiment – ou de son refoulement – que la femme a intérêt à accomplir pour que cet épisode devienne pour elle structurant et mutatif en prenant un sens.

« L'essentiel est d'en parler » : toute mort d'un enfant en période périnatale demande un « travail de deuil » qui permet à l'entourage de ne pas rester fixé à la cristallisation de la douleur de la perte. Dans les différentes situations décrites ci-dessus, l'accompagnement psychologique constitue une aide précieuse et souvent nécessaire pour favoriser la relance de la créativité.

Pour aller plus loin

Bydlowski, M. et Candilis, D. (1998), *Psychopathologie périnatale, Monographies de psychopathologie*. Paris : PUF.

Gauthier, Y., Lebovici, S., Mazet, P. et Visier, J.P. (Eds) (1993), *Tragédies à l'aube de la vie. Répercussions sur les familles*. Paris : Bayard Editions – INSERM – CTNERHI, Collection Païdos Recherche.

Mazet, P. et Lebovici, S. (1996), *La mort subite du nourrisson: un deuil impossible?* Paris : PUF. En particulier la contribution de N. Guedj : « Découverte et accueil à l'hôpital de l'enfant mort et de sa famille ».

Revault d'Allonnes, C. (1991), *Être, faire, avoir un enfant*. Paris : Plon.

Tamian-Kunégel, I. (1997), « L'avortement et le lien maternel » *Chronique Sociale*. Lyon.

FICHE 47 LA GENÈSE DU LIEN À AUTRUI

À l'heure actuelle, la théorie de l'attachement apparaît comme un point de jonction possible entre les acquis de la psychanalyse et les données d'un certain nombre de travaux anglo-saxons récents concernant la genèse du lien à autrui.

1 L'ATTACHEMENT DU BÉBÉ À AUTRUI : BESOIN PRIMAIRE OU SECONDAIRE?

A La genèse des relations objectales selon la psychanalyse

- À la suite de Freud, de nombreux psychanalystes se sont attachés à établir de quelle manière les relations affectives entre le bébé et l'objet de son investissement pulsionnel évoluent, et comment cette évolution peut nous aider à appréhender la structuration progressive du psychisme humain.
- Malgré des points de divergence liés aux concepts propres à chaque auteur, tous s'accordent sur le processus d'individuation croissante de l'enfant au cours de la première année de sa vie (*cf.* § 2). Pour Freud et ses successeurs, l'attachement du bébé à sa mère est consécutif à la situation de nourrissage, à la satisfaction alimentaire : il est donc secondaire ; la pulsion libidinale s'appuie, s'étaie sur la fonction vitale d'alimentation (besoin primaire), puis s'en distingue progressivement.

B Bowlby ou la théorie de l'attachement comme besoin social primaire

- S'appuyant sur les recherches de Spitz (*cf.* fiche n° 50), Bowlby adopte une position tout autre : il affirme que le besoin d'attachement du bébé à sa mère relève d'un besoin inné de contact social, ce besoin étant un besoin primaire au même titre que les autres. Cette théorie s'est développée de manière parallèle à un fort courant éthologique, mettant en relief le besoin de sécurité, d'attachement, de contact physique de jeunes animaux qui serait inné, comme chez le petit d'homme. Son assouvissement est, par ailleurs, une condition indispensable aux développements physique et psychique harmonieux.
- Les divergences entre ces théories semblent maintenant dépassées : l'explosion des travaux expérimentaux concernant les compétences du tout-petit a montré la précocité du bébé humain dans ses possibilités d'interaction avec les membres de son entourage. Le mérite des théoriciens de l'attachement aura été d'attirer l'attention sur ces compétences précoces. D'autre part, de nombreux psychanalystes reconnaissent maintenant le caractère précurseur des idées de M. Klein qui prête au tout-petit une vie mentale riche et complexe, idées largement confirmées par la clinique des patients psychotiques enfants et adultes. Enfin s'est développé, à partir des années 60, le « courant interactionniste » dont se réclament des chercheurs d'horizons différents, psychiatres, pédiatres, psychanalystes, chercheurs d'obédiences développementaliste et expérimentale. S'intéressant aux interactions précoces parents-bébés dans les premiers moments de la vie, ils ont contribué à changer la manière de considérer les bébés (et même les fœtus !) qui, nous le savons aujourd'hui, possèdent infiniment plus de capacités d'interagir avec le monde extérieur, dès les premiers moments de la vie, qu'on ne le croyait auparavant.

2 Conceptions actuelles : construction du « *self* » et de l'objet d'investissement au cours de la première année de la vie

A Le premier semestre de la vie : la mère, « moi auxiliaire » du bébé

- De la condition particulière du bébé humain à la naissance (immaturité et dépendance absolue de l'entourage) résulte la nécessité absolue pour lui d'une continuité relationnelle avec un personnage maternant. C'est la capacité de la mère à soutenir physiquement et psychiquement son bébé (la fonction de « *holding* » selon Winnicott) qui va lui permettre d'acquérir petit à petit le « sentiment continu d'exister », de construire son « *self* ». C'est la base du sentiment de sécurité et de confiance en soi dans un environnement ressenti comme « bon » (*cf.* fiche n° 48).
La mère répond de manière ajustée à son nourrisson grâce à un état particulier temporaire que Winnicott appelle « préoccupation maternelle primaire ». Ainsi les soins maternels, par leur caractère régulier et cohérent, vont permettre au bébé de mémoriser l'expérience de satisfaction, et de la « revivre » mentalement au moment où la tension désagréable liée au besoin survient : c'est pour lui la première ébauche d'un fonctionnement psychique autonome. Dans les premiers mois de la vie du bébé, la mère « pense pour lui » ; elle anticipe ses besoins et donne du sens à ses comportements. Elle lui sert de « moi auxiliaire ».

B Le deuxième semestre de la vie : construction du « *self* » et de l'objet

- Petit à petit, sous l'influence des progrès de la maturation et de l'expérience, se construit la distinction dedans-dehors, et, à partir de celle-ci, la reconnaissance de soi comme différent d'autrui. Ce moment crucial dans la vie du bébé implique un changement structural de son fonctionnement psychique : l'enfant acquiert maintenant une représentation d'ensemble de lui-même et de la mère comme personne « entière » et distincte de lui, pouvant alternativement être perçue par lui-même comme « bonne » ou « mauvaise ». Dans le même mouvement, il reconnaît en lui des sentiments de haine lorsqu'il est frustré, d'amour lorsqu'il est gratifié. Ainsi naît l'investissement ambivalent de la mère, source d'angoisse pour le bébé. Si les parents « survivent » aux attaques dont le bébé peut craindre fantasmatiquement la portée destructrice, s'ils lui donnent la possibilité de se réconcilier avec eux en acceptant ses marques de tendresse, il va progressivement acquérir la confiance en ses possibilités réparatrices.

L'étape que constitue, au cours du deuxième semestre de la vie du bébé humain, la construction du « self » *et de l'objet d'attachement est cruciale, car de la manière dont elle est abordée et franchie dépendra l'organisation future de la personnalité.*

Pour aller plus loin

Brusset, B. (1998), *Psychanalyse du lien*. Paris : Le Centurion.
Lebovici, S. (1998), *L'arbre de vie*, Erès, À l'aube de la vie.
Smirnoff, V. (1992), *La psychanalyse de l'enfant*. Paris : PUF (6e éd.).
Zazzo, R. (1974), *L'attachement*. Delachaux et Niestlé.

FICHE 48

LA CONSTRUCTION DE LA CAPACITÉ DE SOLITUDE, LA SÉPARATION

C'est dans la qualité de l'accompagnement que se construit l'autonomie. La possibilité pour le petit enfant d'être séparé momentanément des personnes auxquelles il est attaché, sans qu'il éprouve un effondrement psychique, est le témoignage d'une « base de sécurité suffisante ». Les premières expériences de socialisation, notamment l'entrée à l'école maternelle, éprouvent la plasticité des liens établis entre l'enfant et ses objets d'attachement, en particulier la mère ou son substitut.

1 Des « phénomènes transitionnels » à la symbolisation (accès au langage et au jeu)

A L'activité symbolique implique la possibilité de se représenter un objet absent (ou de l'évoquer par le langage)

- L'enfant ne peut y avoir accès que lorsqu'il a acquis une représentation claire de lui-même et de l'objet d'amour privilégié comme différent, séparé de lui, et existant même lorsqu'il ne le perçoit pas directement.
- Mais il faut aussi qu'il puisse supporter l'absence de cet objet d'amour sans que sa continuité narcissique soit mise en cause, sans qu'il se sente « détruit » par cette absence, vécue alors comme une perte.

B Cette activité est facilitée par des phénomènes transitionnels

- Winnicott remarque que, dans ce passage compliqué, la tâche de l'enfant est facilitée lorsqu'il a à sa disposition quelque chose à propos de quoi ne se pose pas la question de savoir si elle fait partie de lui ou si elle appartient au monde extérieur. Il s'agit de « l'objet transitionnel » : couche, morceau de tissu, couverture, ou tout autre objet auquel le petit enfant s'attache particulièrement et dont la présence se révèle indispensable à certains moments (endormissement par exemple). Cet objet est à la fois « une partie presque inséparable de l'enfant », mais aussi « la première possession de quelque chose qui n'est pas [lui] ». Winnicott voit dans l'objet transitionnel une des manifestations de l'aptitude de l'enfant à « créer un objet », c'est-à-dire un début de symbolisation. En effet, par sa double appartenance au monde externe et interne, et investi par l'enfant de significations affectives qui lui sont propres, il va permettre à ce dernier d'élaborer la séparation d'avec sa mère, en la représentant.
- Peu à peu, ces activités transitionnelles seront abandonnées lorsqu'elles perdront leur signification. Elles se poursuivront dans la vie adulte par le plaisir dans la poésie, musique ou toute activité culturelle se situant à mi-chemin entre la réalité interne et le monde extérieur.

2 La « capacité de solitude » renvoie à l'accès au « plaisir d'être seul »

A Cette capacité dépend de l'intériorisation progressive d'une image maternelle suffisamment sécurisante

- La « bonne mère » que l'on garde en soi « autorise sa mise entre parenthèses, sans risque de la perdre, pour jouir de sa solitude » (Winnicott, *La capacité d'être seul*). C'est dans cette « solitude » que se développe le plaisir de jouer, première activité symbolique. Le jeu possède les mêmes caractéristiques que les activités transitionnelles, tout en devenant de plus en plus élaboré. Le fonctionnement mental deviendra une source de plaisir en soi, qui remplacera progressivement la « bonne mère » – ne rendant plus sa présence nécessaire – ainsi que l'objet transitionnel. Leur présence ne sera plus obligatoire parce que l'enfant aura acquis une sécurité interne suffisante.

- Dans cette construction, on remarque de grandes différences entre les enfants. M. Ainsworth, psychologue américaine ayant collaboré avec Bowlby au début de ses recherches, a conçu et exploré une situation expérimentale qu'elle nomme *«strange situation»* (situation étrange, insolite). Cette expérience confronte l'enfant à différentes formes de séparation d'avec la mère. En combinant cette séparation à l'arrivée ou non d'une personne étrangère, notamment, Ainsworth distingue différents groupes de bébés selon le type d'attachement qu'ils présentent (attachement confiant, ou présentant des formes variées d'anxiété). Selon ses conclusions, ce n'est que lorsqu'il dispose d'une figure d'attachement adéquate lui procurant une « base de sécurité » sur laquelle s'appuyer, que le jeune enfant peut alors être disponible pour explorer le monde environnant. Les réactions à la séparation d'avec la mère sont fonction de la qualité d'attachement établie antérieurement.

B Elle permettra au jeune enfant l'expérience de la socialisation

- La manière dont l'enfant, au cours de la troisième année de sa vie, va s'adapter à l'école maternelle sera la manifestation de cette construction. S'adapter suppose d'être devenu capable non seulement d'être longtemps séparé physiquement des parents, mais, surtout, d'investir d'autres personnes (enseignant, camarades), de se plier à une certaine discipline et de prendre plaisir aux activités partagées avec les autres.

- Ceci suppose que l'enfant puisse être séparé psychiquement de ses parents, c'est-à-dire qu'il ait une confiance de base en lui-même suffisante pour savoir qu'il peut faire cesser cette solitude lorsqu'elle devient lourde à supporter, par l'émission de messages compris de l'entourage. Certains enfants, selon le mode de garde antérieur, notamment, éprouvent, lorsqu'ils arrivent à l'école, non pas un vécu de séparation, mais de perte. Il convient alors que l'équipe enseignante puisse les aider à élaborer ce sentiment de séparation, afin que l'école puisse être perçue comme un lieu d'investissement possible agréable, parce qu'intermédiaire. Ce n'est qu'à ce prix que le jeune enfant pourra enfin prendre plaisir aux activités partagées.

Pour aller plus loin

Ainsworth, M.D.S. *et al.* (1978), *Patterns of attachment. A psychological study of strange situation.* Hillsdale, New Jersey, Lawrence Erlbaum Assoc.

Winnicott, D.W. (1958), *De la pédiatrie à la psychanalyse.* Paris : Payot, 1969.

Winnicott, D.W. (1971), *Jeu et réalité. L'espace potentiel* (préface de J.B. Pontalis). Paris : Gallimard Connaissance de l'inconscient, 1975.

FICHE 49

LES COMPÉTENCES PRÉCOCES

S'appuyant sur un équipement de base neurologique et sensoriel performant, le nouveau-né affiche une prédisposition à la recherche de l'échange. Capable de reconnaître très précocement les caractéristiques essentielles de son environnement direct, il parvient dès les premiers mois de vie à comprendre le monde de manière relativement complexe. Si l'image du bébé « pâte à modeler » est ainsi dépassée, il faut cependant éviter l'excès inverse (bébé omnipotent) en gardant à l'esprit la grande dépendance du nouveau-né aux adultes qui l'entourent.

1 Aspects neuro-physiologiques

A Données neurologiques

- Le nouveau-né dispose de réflexes dits archaïques, dont certains ont une valeur adaptative comme les réflexes d'orientation (vers une source sonore), de succion et d'agrippement. Ils favorisent l'échange et la relation tonique avec l'adulte.
- **Tonus** et posture : d'abord d'ordre réflexe (traduisant des états de bien-être et de malaise), l'activité posturale permet de nouvelles possibilités d'échange avec l'entourage. L'acquisition des différentes postures (assis, debout, marche), sous l'effet de la maturation neurologique et des renforcements du milieu, rend l'enfant progressivement autonome.
- Le niveau de vigilance : essentiel pour établir le contact avec l'enfant, l'état de veille attentive est de plus en plus fréquent dès les premières semaines de la vie.

B Données sensorielles

- Fonctionnelles dès la naissance (et même *in utero*), les cinq modalités sensorielles de base (gustation, olfaction, toucher, audition et vision) sont autant d'indicateurs effectifs dans la relation à l'adulte.
- Les données de recherche permettent d'affirmer que le nouveau-né :
  – reconnaît l'odeur de sa mère dès les premiers jours de vie ;
  – réagit différentiellement aux quatre saveurs de base (sucré, acide, amer, salé) ;
  – n'adopte pas la même position selon la personne qui le prend (familière ou non) ;
  – répond mieux aux sons complexes et de haute fréquence (voix humaine) ;
  – est particulièrement attiré par les stimuli complexes, contrastés, mobiles (visage).
- Ces caractéristiques amènent le nouveau-né à rechercher une relation privilégiée avec les adultes de référence.

2 Aspects psychologiques

A Compétences à interagir

- Le nourrisson est capable d'imiter très précocement (dès deux semaines) des modèles dynamiques (ouverture de la bouche, mouvements de doigts). Ceci renvoie à l'idée qu'il se représente des informations kinesthésiques (mouvement) et visuelles dans une forme commune aux deux modalités. Cette capacité à imiter constitue un support actif des premières interactions.

- Le nourrisson est capable d'opérer des transferts d'une modalité à l'autre (tactile à visuelle par exemple). Ce fonctionnement intermodal permet une (re)connaissance du monde très rapide (différence entre les objets et les personnes dès l'âge de cinq semaines), favorise l'accordage affectif dans les échanges mère-enfant et le développement de la conscience de soi.

B Capacités cognitives

- On observe des manifestations précoces (dès quatre-cinq mois) d'unité et de permanence de l'objet : dans des conditions particulières (expérimentales), le nourrisson « montre » qu'il conçoit l'objet comme une entité stable et existant même quand il ne la regarde pas. L'idée d'une appréhension cohérente du monde s'en trouve renforcée, de même que la capacité précoce à différencier le soi du non-soi.
- Le nourrisson âgé d'un à quatre mois est capable d'opérer des catégorisations (sonorités, visages, formes, etc.).

Placé dans des situations bien précises, situations que peut fournir naturellement l'environnement familial (stabilité des repères physiques et comportementaux), l'enfant fait donc preuve très tôt d'une compréhension complexe du monde qui l'entoure.

Définitions

Tonus: état de tension des muscles responsable du mouvement et de la posture.
Accordage affectif: correspondance transmodale entre manifestations de l'adulte et de l'enfant (appariement des états internes des partenaires). *Cf.* aussi fiche 44.

Pour aller plus loin

Baudier, A. et Céleste, B. (1990), *Le développement affectif et social du jeune enfant*. Paris : Nathan Université.
Bideaud, J., Houdé, O. et Pedinielli, J.L. (1993), *L'homme en développement*. Paris : PUF.

Fiche 50 LES TROUBLES DU DÉVELOPPEMENT AU COURS DE LA PREMIÈRE ANNÉE DE LA VIE

1 La pathologie mentale précoce, un champ théorique complexe

A Diversité des modes de classification des troubles

- Les uns sont axés sur les facteurs étiologiques : conséquences mentales des lésions organiques, frustrations précoces sévères (Spitz, 1945), prématurité. D'autres sont fondés sur une structure mentale, comme la psychose (Kanner, 1943) ou encore la pathologie psychosomatique, dont l'originalité a été particulièrement dégagée par Kreisler (1992).
- Devant cette diversité, le premier objectif est d'expliciter les forces de l'expression clinique. On peut ainsi énumérer les catégories suivantes : troubles du développement, troubles à expression motrice et comportementale, troubles à expression somatique, tout en gardant à l'esprit qu'il ne s'agit absolument pas d'un cloisonnement étanche.

B Troubles des principales sphères du développement

- La perspective clinique distingue les troubles globaux (retard, accélération, dysharmonie) et les troubles spécifiques qui touchent de manière élective un des secteurs suivants : motricité, langage, adaptativité.
- D'un point de vue structural, ils sont tantôt isolés de manière apparente, tantôt nichés dans un système interactif ou mental défini (déficitaire, névrotique, dysharmonique, psychotique). D'étiologie plurifactorielle, leur recherche occupe une place importante dans la clinique pédiatrique quotidienne (bilans périodiques de santé, prévention). Les professionnels disposent à ce sujet de documents sans cesse enrichis par les connaissances nouvelles sur l'interaction (Ajuriaguerra J. de, 1974, Brazelton T.B., 1983, Stern D.N. *et al.*, 1983) (*cf.* fiche n° 47).

2 L'apport de la clinique psychosomatique

A La dépression du nourrisson

- Selon Kreisler (1995), la chute dans la dépression est l'une parmi les circonstances les plus fréquentes propres à favoriser la désorganisation somatique. Elle survient tantôt dans une structure psychoaffective fragile, tantôt chez des enfants dont l'équilibre était harmonieux dans une relation satisfaisante, et qui sont soudainement plongés dans la déprivation affective (frustration grave après conditions interactives convenables).

- Entrée dans la connaissance de la psychiatrie par la magistrale description de Spitz (1965), la dépression dite « anaclitique » a été l'occasion d'innombrables travaux qui n'ont cessé de se succéder (Sorlé M., Lauzanne K., Leblanc N. *In* Lebovici, Diatkine, Soulé, 1995).
Les éléments essentiels en sont : atonie thymique, inertie motrice, pauvreté de la communication interactive, vulnérabilité psychosomatique. Selon Kreisler, l'atonie « prive le bébé de ses appétences relationnelles et vitales ». Elle apparaît donc comme un « processus majeur de la désorganisation somatique ». Signalons également le « comportement vide » du jeune enfant, décrit de manière approfondie par Kreisler (1995).

B Les psychoses précoces et les états déficitaires

- La complexité de l'organisation déficitaire a été soulignée par Misès et Garone (Misès, 1990), ainsi que la diversité étiologique (influences psychologiques et psychosociales, facteurs organiques).
- Les difficultés de la classification des psychoses (voir description de l'autisme de Kanner, *in* Kanner L., 1943) amènent Misès (Misès, Retal, 1988) à distinguer : psychoses autistiques, à expression déficitaire, distorsions psychotiques de la personnalité qui recouvrent en partie les psychoses symbiotiques décrites et analysées par M. Mahler. L'approche pluridisciplinaire permet le repérage de plus en plus précoce de la psychose, notamment dans le champ de la pédiatrie où elle est encore souvent méconnue ou banalisée sous la rubrique de l'arriération. L'intérêt est la détection des symptômes avant-coureurs par l'observation d'interactions pathologiques, dès les phases primaires du développement.
Enfin, signalons les « états atypiques du nourrisson » dont l'expression mentale est variée et composite, et qui peuvent être rattachés aux « pathologies limites de l'enfance » décrites par R. Misès (1990).

L'approche clinique de la psychopathologie du nourrisson porte de plus en plus son attention sur l'interaction avec l'entourage, et ses déviances : c'est, selon Kreisler, ce qui accorde à cette pathologie une originalité fondamentale. « Le bébé est une personne », rappelle B. Golse (1998) en citant le titre de la célèbre série de B. Martino. « Ne le [le bébé] morcelons pas, ne le fragmentons pas en une mosaïque de compétences éparses mises en grilles ou en échelles. »

Pour aller plus loin

Golse, B. (1998), *in* Lebovici S., *L'arbre de vie. Éléments de psychopathologie du bébé*, Coll. A l'aube de la vie, Starfilm, Erès.

Kreisler, L. (1985, 2e éd. 1995), « Sémiologie et catégories cliniques en psychiatrie du très jeune enfant. Problèmes de classification et communication interdisciplinaire », *in* Lebovici S., Diatkine R., Soulé M., *Nouveau traité de psychiatrie de l'enfant et de l'adolescent*. Paris : PUF, tome 3, chap. 112, 1953-1970.

Martino, B. (1984), *Le bébé est une personne*, émission télévisée réalisée par B. Martino, G. Lauzun et T. Lainé. 1984, TF1, document VHS.

Spitz, R. (1965), *La première année de la vie de l'enfant: de la naissance à la parole*. Traduction française. Paris : PUF, 1968.

FICHE 51 L'APPRENTISSAGE DE LA LECTURE

Contrairement à la langue orale qui s'acquiert dans des situations spontanées de communication, la lecture s'apprend dans des conditions spécifiques. Elle est liée à la maîtrise de systèmes d'écriture, créations culturelles tardives dans l'histoire de l'humanité. Notre système d'écriture repose en grande partie sur une correspondance grapho-phonétique qui conduit à valoriser la médiation phonologique dans l'accès au lexique. 3 à 6 % des enfants (selon les études) ne réussissent pas à apprendre à lire : la répartition est inégale selon les catégories sociales. Ce sont essentiellement des garçons.

1 Du code au sens

A Les traitements cognitifs

- Du point de vue psychomoteur, lire c'est balayer du regard, de manière systématique, un espace limité structuré (dans notre culture, de bas en haut et de gauche à droite). Ceci est assuré à la fois par des mouvements de la tête (céphalogires) – très importants chez l'apprenti lecteur – et des mouvements des yeux (saccades oculaires). Contrairement à l'intuition qu'on peut en avoir, le lecteur expert regarde tous les mots : les durées de fixation étant évidemment très courtes (de l'ordre de 200 à 250 ms) et adaptées au type de mots et aux finalités de la lecture.
- Les mots constituent les unités premières de sens même si, bien entendu, les aspects syntaxiques et textuels jouent un rôle déterminant dans l'accès au sens d'un texte. Chez le lecteur expert, il existerait deux voies d'accès aux mots : une voie indirecte et une voie directe.
  - **La voie indirecte** (grapho-phonologique) : l'information visuelle (lettres et groupements de lettres) est transformée en information phonologique par application de règles de correspondance entre graphies et phonies. Une fois les phonèmes assemblés, il y a appariement avec un mot de la langue orale connu.
  - **La voie directe** (lexicale) : il y aurait un appariement direct de la configuration écrite à un mot stocké en mémoire à long terme.
- La voie indirecte est plus coûteuse en temps que la directe. L'utilisation de ces deux voies permet de lire les mots à orthographe irrégulière (*femme*) et de comprendre les homographes (*perche* – poisson ou instrument) et les hétérographes (*saint, sein, ceint, seing*). Chez un lecteur expert, le recours à la voie indirecte n'aurait lieu qu'en cas d'échec de la directe.

B Les phases de l'apprentissage

- Un chercheur anglais (U. Frith, 1985) a décrit une succession de phases par lesquelles passerait tout apprenti lecteur : logographique, alphabétique et orthographique.
  - **La phase logographique:** l'enfant utilise tous les indices de reconnaissance du mot (forme, graphie, couleur, contexte, etc.) ; le mot est appris par cœur et peut être reconnu globalement. Cette **lecture devinette** est une lecture dite par « coup de filet » ; elle est conçue comme une tâche de mémorisation visuelle.

– **La phase alphabétique:** l'enfant utilise la médiation phonologique (conversion des graphèmes en phonèmes – voie indirecte). Elle dépend des capacités d'analyse phonologique (segmentation, classification des phonèmes).
– **La phase orthographique:** les mots sont directement analysés en unités orthographiques (voie directe). Entre ces deux phases, se situent des traitements analogiques (utilisation des rimes, par exemple).

- Ces phases pourraient être liées aux méthodes d'enseignement (R. Goigoux) et au type de système d'écriture (alphabétique ou idéographique). C'est la possibilité de recours à différents traitements selon les contraintes (flexibilité) qui semble déterminer une lecture efficace.

C Les déterminants de l'apprentissage

- Ils ont multiples : déterminants liés au fonctionnement du système cognitif (saisie de l'information et décodage, charge en mémoire, automatisation), **rapport à la lecture** (c'est une construction en grande partie culturelle), **métacognition** (sur le texte et l'activité) et **clarté cognitive** (connaissances sur les stratégies et les finalités de la lecture). La multiplicité des facteurs qui entrent en jeu explique les difficultés dans l'établissement d'un diagnostic en cas de difficultés majeures, d'autant plus que l'échec en lecture peut être aussi un symptôme de diverses pathologies.

2 Dyslexie et hyperlexie

- **La dyslexie développementale** est à distinguer des dyslexies acquises (à la suite d'un accident cérébral, par exemple). Selon la définition qu'en donne la Fédération mondiale de neurologie, la dyslexie est un « désordre manifesté par une difficulté dans l'apprentissage de la lecture en dépit d'un enseignement conventionnel, d'une intelligence adéquate et d'une opportunité socioculturelle. Elle dépend de déficits cognitifs fondamentaux qui sont fréquemment d'origine constitutionnelle ». De fait, l'étiologie de la dyslexie est extrêmement complexe, ce qui fait que l'expression « non-lecteur » lui est souvent préférée.
- **L'hyperlexie,** beaucoup plus rare, se caractérise par une lecture à haute voix aisée mais avec des troubles de compréhension. Elle est à distinguer de **l'illettrisme** qui se manifeste par une non-automatisation des processus (de décodage et de compréhension).

La lecture-compréhension est une habileté cognitive qui se forme sur plusieurs années. Les difficultés dans l'apprentissage se propagent aux autres habiletés, ce qui fait qu'on peut être tenté de prendre des déficits pour des causes alors qu'ils n'en sont que des conséquences.

Pour aller plus loin

Golder, C. et Gaonac'h (1998), *Lire et comprendre: psychologie de la lecture.* Paris : Hachette éducation.

FICHE 52 L'ENFANT ET LES MATHÉMATIQUES

Comme l'écriture, les mathématiques s'apprennent, mais bien avant leur apprentissage scolaire, l'enfant développe des compétences en interagissant avec les adultes ou des enfants plus âgés. Le caractère formel des mathématiques et l'usage qui en est fait pour résoudre des problèmes impliquent des activités cognitives particulières. Comme tout objet de connaissances, les mathématiques sont un objet d'investissement socio-affectif.

1 Les compétences premières : les nombres

A Les différents usages des nombres

- L'enfant rencontre les nombres dans différents contextes : **nominal** (numéro de voiture), **ordinal** *(tu es le second, j'habite au 4e étage)*, **cardinal** (*tu as 5 doigts dans ta main*), **mesure** (kilos, litres, centimètes, etc.). *In fine*, il doit comprendre que les opérations ne sont pas les mêmes selon les conceptions du nombre en jeu.
- **Le dénombrement:** les enfants sont, sans doute dès la naissance, sensibles à la numérosité (ils réagissent à des modifications de petites quantités : 3 au lieu de 2) ; c'est le ***subitizing*** ou capacité à appréhender immédiatement une petite quantité. Il est à distinguer du **comptage** qui implique :
  - plusieurs coordinations psychomotrices qui se mettent en place progressivement dans les six premières années de la vie, pour de petites collections (suite verbale stable et ordonnée des mots-nombres ; pointage du doigt et de l'œil des objets à dénombrer) ;
  - la maîtrise de principes : **bijection** (les objets doivent être tous pointés une seule fois, à chaque pointage correspond un mot), **cardinalité** (le dernier mot-nombre prononcé désigne la taille de la collection), **principe d'ordre indifférent** (le cardinal est toujours le même, quel que soit l'ordre du comptage), **principe d'abstraction** (les particularités des objets – taille, forme, couleur – ne sont pas pertinentes pour le dénombrement). La maîtrise du système numérique décimal (comprendre par exemple que *dix-sept* n'est qu'un seul nombre) est nécessaire pour dénombrer de grandes collections : ceci relève d'un apprentissage scolaire.
- **La comparaison de collections:** l'épreuve *princeps* est celle de **conservation des ensembles** de Piaget et Szeminska (1941). On présente à l'enfant une rangée de 6 à 7 jetons ; vers trois-quatre ans les enfants sont capables de reproduire la rangée initiale, en faisant une correspondance terme à terme. Quand on écarte (ou rapproche) les jetons d'une rangée, jusqu'à six-sept ans ils répondent qu'il y en a plus (ou moins). Ils sont en quelque sorte « prisonniers » de la configuration spatiale. La réussite à cette épreuve est supposée dépendre de la **sériation** (capacité à ordonner des objets selon une dimension – sériation de baguettes de différentes tailles) et de la **quantification de l'inclusion de classes** (un bouquet est composé de marguerites et de roses ; y-t-il plus de fleurs ou de marguerites ?). Pour Piaget, le comptage n'est pas une authentique procédure numérique tant qu'elle n'est pas associée aux opérations logiques caractérisant le stade opératoire (sériation, classification).

B Les opérations

- À l'occasion des jeux, les enfants sont très tôt confrontés à des petits problèmes : composer des collections *(j'ai 2 pions dans une main, 4 dans l'autre: combien en ai-je en tout?)*, transformer des collections et s'interroger sur le résultat de la transformation (*j'ai 6 billes, j'en perds 2, combien en ai-je maintenant?*). Gérard Vergnaud a montré que les savoir-faire des enfants correspondaient de fait à des **«théorèmes en acte»** (par exemple, savoir qu'il revient au même d'ajouter 4 à 2 que d'ajouter 2 à 4 est, « en acte », la **commutativité** de l'addition).
- Les apprentissages ultérieurs à l'école s'appuient sur des savoirs acquis dans l'action, même si les enseignants n'y font pas référence explicitement (on apprend toujours avec ce qu'on sait déjà). Ceci explique certains obstacles cognitifs (difficultés à penser un nombre relatif, que le résultat d'une multiplication peut être plus petit que le multiplicande, etc.)

2 Mathématiques et affectivité

- Le succès en mathématiques est un signe quasi initiatique : il apparaît comme le garant d'une brillante carrière. Les mathématiques sont un objet d'investissement important, spécialement à l'adolescence : un surinvestissement dans des **activités formelles** et des **systèmes normatifs** peut être un moyen de se protéger de pulsions inacceptables ; le déni de l'objet (*les maths ne servent à rien, elles sont dangereuses car ont permis de construire la bombe atomique*) est une façon de ne pas vouloir assumer des prises de risque (on n'apprend pas sans changer et s'exposer à l'instabilité).
- Le rapport aux mathématiques est rarement neutre et il est assez aisé de repérer les individus pour lesquels il est positif (attrait, amour, plaisir, « bon objet ») et négatif (peur, crainte, haine, « mauvais objet »). Cependant, ce rapport est toujours conflictuel puisque tout sujet établit avec les mathématiques une certaine **relation d'objet** dépendant de l'organisation de la personnalité (investissements fantasmatiques, mécanismes de défense privilégiés – évitement, refoulement, projection, etc.). « Dans la mesure où les mathématiques sont un code, elles sont une introduction dans l'ordre symbolique. En ceci, elles sont toujours l'expression du sur-moi » (Nimier, page 231).

Chez les enfants présentant des difficultés en mathématiques, il y a présence simultanée de difficulté instrumentale et de trouble affectif. Il est vain de chercher à déterminer lequel est cause de l'autre et de vouloir traiter l'un sans l'autre.

Pour aller plus loin

Nimier, J. (1988), *Les modes de relation aux mathématiques.* Paris : Méridiens Klincksieck.

Vergnaud, G. (1981), *L'enfant, la mathématique et la réalité.* Berne : Peter Lang.

FICHE 53 L'ÉCHEC SCOLAIRE

Ce phénomène touche une fraction importante de la population scolaire, à tous les niveaux. Son estimation varie largement selon les auteurs et les pays puisqu'il est impossible de décrire l'échec indépendamment d'un système complexe de normes et d'attentes individuelles et collectives. Les modèles explicatifs sont variés, l'approche psychologique se distinguant des approches sociologiques par une centration sur l'individu et les relations interpersonnelles.

1 UNE RÉALITÉ DIFFICILE À DÉCRIRE

A Les critères institutionnels

- Les critères privilégiés par le système éducatif sont la maîtrise des compétences exigées aux différentes étapes de la scolarité et la réussite aux examens, le nombre d'années nécessaire au parcours d'un cycle (un écart de plus de deux ans par rapport à la norme dans l'enseignement primaire est signe d'échec), l'orientation à la fin d'un cycle (en France, l'orientation dans une filière technique courte est un indicateur d'échec).
- Dans les pays où la fréquentation de l'école est obligatoire, on utilise de plus en plus des épreuves d'évaluation standardisées plus objectives que celles conçues par les professeurs. Des normes strictes permettent de situer les performances des élèves et de procéder à des comparaisons variées (entre établissements selon des critères bien définis – taille, modalités de fonctionnement –, entre catégories sociales, entre garçons et filles, etc.).

B Quelques faits

- La réussite scolaire est corrélée positivement avec le niveau intellectuel (estimé par le QI).
- L'échec touche inégalement les enfants selon les catégories sociales : les meilleurs résultats aux tests d'évaluation de la DEP en CE2 et à l'entrée en sixième sont le fait des enfants d'enseignants et en particulier des instituteurs ; les moins bonnes performances sont le fait des enfants d'inactifs (chômeurs) et d'ouvriers.
- De 1985 à 1995, le nombre d'élèves sortant du système éducatif français sans formation tend à diminuer (de moitié environ) : l'échec diminue.
- Contrairement à des idées assez répandues, les caractéristiques des classes (hétérogènes ou homogènes, effectifs des classes, ancienneté du professeur, mixité, etc.) ont peu d'influence sur les performances scolaires. Par contre, à condition égale, l'effet maître est manifeste sans qu'il soit possible actuellement de le spécifier.
- Les garçons sont plus souvent en échec que les filles (trois fois plus) ; ceci est à relier avec le fait qu'ils sont plus nombreux que les filles à avoir des difficultés en lecture (les enfants « non lecteurs » sont très majoritairement des garçons).
- À niveau socio-économique égal, les enfants issus de l'immigration réussissent mieux que les autres ; ceci est à mettre en relation avec le plus grand investissement des familles à l'égard de l'école, perçue comme un moyen de promotion sociale.

2 Les modèles explicatifs

A Les modèles sociologiques

- Dans les années 60 et 70, P. Bourdieu et J.-C. Passeron ont avancé la thèse de la « reproduction » : le système scolaire étant conçu par les classes dirigeantes, ce sont les enfants issus de ces classes qui y réussissent le mieux. Ne bénéficient de l'école que les enfants qui assimilent les normes et les valeurs véhiculées par l'école. L'idéologie des « dons » ne servirait qu'à expliquer sur des bases naturalistes les inégalités de réussite.
- La thèse du handicap socioculturel postule que les enfants des classes défavorisées sont l'objet de privations ou de déficits culturels (notamment dans la maîtrise de la langue) qui expliqueraient leurs faibles performances scolaires et leur incapacité à gérer un projet de formation. Cette thèse accompagne généralement des politiques de dépistage des carences à des fins de remédiation (prises en charge individuelle, mesures sociales d'accompagnement des familles, etc.).
- Ces thèses s'appuient sur des données statistiques ; elles ne permettent pas d'expliquer les cas atypiques (réussite d'enfants de classes populaires et échec d'enfants de familles « favorisées »). Des études récentes (conduites par B. Charlot, E. Bautier et J.Y. Rochex dans des ZEP) mettent en évidence l'importance du sens attribué à l'école et au savoir ainsi qu'à la réussite elle-même. Face à leur famille et à leur groupe social de référence, tous les enfants et les adolescents ne peuvent assumer la réussite scolaire !

B Les modèles psychologiques

- Plusieurs cadres théoriques contribuent à éclairer les mécanismes qui, au plan individuel, vont contribuer à l'échec.
- Les approches cognitives conduisent à être attentif aux processus de traitement de l'information qu'impliquent les apprentissages scolaires. On a pu mettre ainsi en évidence des différences importantes entre « mauvais » et « bons » lecteurs. Il existe de nombreuses épreuves spécifiques visant à effectuer des diagnostics différenciés des processus cognitifs « défaillants ».
- La théorie de l'attribution a permis de mettre en évidence que les élèves en échec avaient davantage tendance à avancer des causes externes (le maître, le manque de chance, les parents, etc.) contrairement à ceux qui réussissent, lesquels mobilisent des causes internes (manque de travail, défaut d'organisation personnelle). Ces types d'explication seraient transmis par le milieu familial.
- La psychanalyse met l'accent sur les problèmes relationnels.

La fabrique de l'échec scolaire est complexe et ne peut s'interpréter dans le cadre d'une seule discipline ou théorie.

Définitions

DEP: Direction de l'évaluation et de la prospective (ministère de l'Éducation nationale) actuellement, Direction de la programmation et du développement.

ZEP: Zone d'éducation prioritaire.

Pour aller plus loin

« Le système éducatif », *Cahiers français,* n° 285, avril 1998, La Documentation française.

FICHE 54

PUBERTÉ ET ADOLESCENCE

Les transformations physiques de l'adolescence constituent un passage commun à tous, mais soumis à une forte variabilité interindividuelle. Ceci explique que, pour chaque enfant engagé dans ce processus, l'intrication entre le biologique et le psychique constitue une combinaison qui lui est spécifique.

1 Les changements physiologiques liés à la puberté : implications psychologiques

A Transformations physiques

- **Les modifications hormonales:** les transformations physiques en sont la conséquence. Ces modifications hormonales se produisent en chaîne à partir de l'hypophyse, via la thyroïde, avec production de thyroxine. Le déclenchement de la puberté garde une part d'inexpliqué : en effet, il existe des boucles de rétroaction entre les différentes hormones. L'hypothalamus semble, de manière vraisemblable, impliqué dans le processus. Or, cette structure étant le siège de l'expression du comportement émotionnel, on peut supposer l'effet excitateur possible des stimulations affectives et sociales de l'entourage humain : le déclenchement de la puberté participe donc vraisemblablement de mécanismes psychosociaux plus généraux.
- **Les modifications morphologiques:** la forte poussée staturo-pondérale (pouvant atteindre, à son apogée, une dizaine de centimètres par an) démarre, en moyenne, vers onze-douze ans chez les filles, et environ deux ans plus tard chez les garçons (élargissement du bassin chez les filles, des épaules chez les garçons, accompagné de croissance musculaire). De manière concomitante ou non, une forte poussée des hormones sexuelles accélère le développement des caractères sexuels secondaires (pilosité, apparition des seins, transformation des organes génitaux). La mue de la voix et les premières éjaculations chez le garçon, l'apparition des premières règles chez la fille sont considérées en outre comme indicateurs de la puberté.

B Implications psychologiques

- Ces modifications vont bouleverser l'image corporelle de l'enfant qui devient adolescent. D'où le sentiment d'étrangeté et de gêne, voire de panique, que peuvent éprouver certains jeunes devant leur propre image dans laquelle ils ne se reconnaissent plus. D'autre part, le développement corporel ne se fait pas forcément de façon harmonieuse (rythme quelquefois différent pour les différentes parties du corps). Les dysharmonies passagères sont parfois mal perçues, et peuvent donner lieu à des dysmorphophobies, se greffant notamment sur des distorsions imaginaires, ou grandement amplifiées par rapport au réel. Ceci peut engendrer des perturbations affectives plus ou moins durables (dévalorisation de l'image de soi diffusant à d'autres domaines ; perte de l'estime de soi). Les réactions de l'entourage sont d'importance capitale.

- Les différences interindividuelles sont considérables : elles auront donc un fort impact psychologique, au regard de la comparaison avec le groupe des pairs (du collège en particulier) : selon qu'elles sont précoces, normales, ou tardives, ces modifications vont entraîner des mouvements psychiques particuliers accentués par la pression sociale (un enseignant aura d'autant plus tendance à vouvoyer un(e) élève qu'il(elle) présentera un aspect pubère, par exemple... Une adolescente de dix ou onze ans, seule pubère de sa classe, peut se sentir gênée, lorsqu'elle devra exposer son corps au regard des autres lors de la séance de piscine obligatoire. On peut penser ces effets transitoires, et qu'ils ne laisseront pas de trace la croissance terminée. Les entretiens rétrospectifs avec des jeunes adultes semblent cependant moduler cette supposition.

2 Adolescence et puberté

A Hétérogénéité des deux phénomènes

- La puberté est un phénomène physiologique. Son apparition varie selon l'espace géographique (les cultures) et le temps. Son âge s'est abaissé considérablement depuis le début du siècle, sous l'effet de facteurs qu'on estime variés : progrès de l'hygiène, de l'alimentation, des conditions de vie en général, climat, facteurs sociologiques, environnementaux, etc. Dans le monde occidental, le temps de l'enfance tend donc à se réduire de plus en plus.

- En parallèle, et toujours dans le monde occidental, l'adolescence, phénomène cette fois d'ordre sociologique, tend à se prolonger considérablement. L'allongement des études répond à une double motivation : obtenir un diplôme, donc plus de chances de trouver un emploi, et retarder le plus possible l'entrée sur le marché du travail. Il s'ensuit une dépendance financière et matérielle prolongée des jeunes par rapport aux parents. Certains auteurs parlent d'« interminables adolescences », ou incluent maintenant dans l'adolescence la période de douze... à trente ans.

B Ces facteurs concourent à un phénomène nouveau dans la société occidentale

- On constate l'existence concomitante, parfois sous le même toit, de plusieurs générations « actives » à titres divers : la génération des parents (quelquefois des grands-parents), et « les jeunes ». Il semble que ce soit l'arrivée du premier enfant qui signe maintenant définitivement, chez l'homme encore plus que la femme, le passage à l'âge adulte (responsabilité paternelle, endossement de la loi à son propre compte).

L'adolescence est une période qui n'existe pas dans de nombreuses cultures où les « rites de passage » scandent de manière nette le passage de l'enfance à l'âge adulte.

Pour aller plus loin

Braconnier, A. et Marcelli, D. (1988), *L'adolescence aux mille visages.* Paris : Éd. universitaires/Adolescences.

Gutton, P. (1991), *Le pubertaire.* Paris : PUF.

Kestemberg, E. (1967), *Puberté et adolescence*, VIe congrès international de psychiatrie de l'enfant, *Psychiatrie de l'enfant*, X, 1.

FICHE 55

LE DÉVELOPPEMENT INTELLECTUEL À L'ADOLESCENCE

Dans la conception piagétienne, le développement intellectuel à l'adolescence se caractérise par une transformation du système psychique se traduisant par la possibilité de raisonner sur des entités formelles, alors que dans la phase précédente les opérations de pensée ne pouvaient porter que sur des données concrètes.

1 La pensée hypothético-déductive

A Caractéristiques

- Dès son plus jeune âge, l'enfant est capable de mettre en relation causale deux événements qui se répètent (un bruit et l'apparition d'un stimulus visuel, par exemple). L'induction est issue des données de l'expérience. La pensée formelle procède d'énoncés hypothétiques dont elle tire des déductions (si … alors). La confrontation des données de l'expérience à ces déductions permet de valider ou non les hypothèses avancées.
- L'accès à la pensée hypothético-déductive stimule les conduites d'investigation (recherche de preuves, de relations nouvelles) ; elle est associée à des changements majeurs dans l'expression écrite (poésie, textes argumentatifs, etc.), dans les secteurs d'intérêt (préoccupations morales, politiques, religieuses, etc.) et dans la représentation de soi et des autres. La soudaineté de ces préoccupations est souvent source d'incompréhension, voire de conflits (*cf.* fiche 31).

B Une situation princeps : le pendule

- Un ensemble de pendules sont mis à disposition, variant selon différents paramètres : longueur du fil de suspension, masse de l'objet suspendu, forme, matière, etc. Il s'agit de déterminer les facteurs qui déterminent le rythme d'oscillation du pendule. Les sujets sont soit libres de procéder comme ils le souhaitent (situation de découverte), soit confrontés à des suites de couples de pendule (situation de réception). Dans le premier cas, la découverte de la solution implique à la fois une planification de la recherche d'information et des inférences, alors que, dans le second cas, seules ces dernières sont à la charge du sujet.
- L'accès à la pensée formelle se traduit par la possibilité d'envisager l'ensemble des hypothèses possibles et de faire varier systématiquement les paramètres pour tester le rôle qu'ils jouent : deux pendules identiques diffèrent uniquement par la masse de l'objet suspendu, par exemple.
- Le constat de l'égalité des rythmes d'oscillation conduit à infirmer le rôle de la masse, ce qui va à l'encontre de l'intuition. Dans l'approche piagétienne, la capacité à dissocier l'effet des facteurs constitue un critère d'accès à la pensée formelle.

2 De la logique des classes à la logique des propositions

A Caractéristiques

- La pensée ne raisonne plus sur des objets et des faits, mais sur des propositions (langagières, mathématiques, logiques, etc.). L'avantage des propositions est qu'elles se combinent et que, de ces combinaisons, on peut tirer des propositions nouvelles ; par exemple, *si Jean est plus grand que Pierre et que Pierre est plus grand que Sophie, alors Jean est plus grand que Sophie.*
- La maîtrise de la logique des propositions accroît l'efficience du système de pensée, sans besoin d'avoir recours à l'expérience concrète.

B Une situation princeps : la balance

- Le dispositif utilisé par Inhelder et Piaget (1955) est constitué d'une balance à fléau comportant des trous équidistants et d'une série de poids pouvant être suspendus par des crochets : on demande aux sujets de suspendre des poids de chaque côté de façon à maintenir le fléau en équilibre. Il existe de nombreuses variantes de cette situation (possibilité ou non de manipulation, raisonnement sur le dispositif ou sur des représentations graphiques, etc.). La réussite dépend de la possibilité de combiner de manière **multiplicative** les *poids* et les *distances* des poids par rapport à l'axe du fléau.
- Avant le stade des opérations formelles, il y a centration sur le poids puis sur la distance, les deux étant **combinés additivement** vers dix ans. C'est dans ce genre d'épreuve qu'on observe le plus de difficultés. Dans une étude de A. de Ribaupierre, en 1975, aucun enfant de douze ans ne réussit l'épreuve ; ils ne sont que 10 % à quinze ans. Par contre, la relation multiplicative, à propos des ombres, est découverte par 7 % des sujets à douze ans et par 26 % à quinze ans.

3 La connaissance des concepts formels

- La variabilité des réponses selon les situations explorées est explicable en grande partie par les concepts disponibles : la maîtrise de **concepts formels** (les grandeurs physiques, par exemple) permet de construire des représentations mentales d'une autre nature que les **concepts catégoriels** extraits de données perceptives (forme, type d'usage, etc.).
- C'est au moment de l'adolescence que les concepts formels sont enseignés à l'école : physique, philosophie, économie, etc. Leur maîtrise permet le développement de la pensée formelle. Il y a donc un lien entre acquisition de connaissances et développement de la pensée.

Le passage du « stade des opérations concrètes » au « stade des opérations formelles », conçu par Piaget comme une donnée universelle, est remis en cause par des données attestant qu'une large fraction de la population ne maîtrise pas la pensée formelle (de 2 à 85 % selon les études). Il s'agirait d'un fait d'origine essentiellement culturelle.

Pour aller plus loin

Inhelder, B. et Piaget, J. (1955), *De la logique de l'enfant à la logique de l'adolescent*. Paris : PUF.

Lehalle, H. (1995), *Psychologie des adolescents*. Paris : PUF (chapitres 1 et 5).

FICHE 56

LES REMANIEMENTS PSYCHIQUES À L'ADOLESCENCE

De nombreux spécialistes ont décrit l'adolescence comme une période tumultueuse, voire de crise : recherche d'indépendance, manifestations brusques et changeantes. D'un point de vue psychologique, canalisation du surcroît pulsionnel, travail des deuils de l'enfance, réaménagements défensifs, nouveaux systèmes d'idéalisation et quêtes identificatoires constituent les « tâches de l'adolescence ».

1 Le travail de l'adolescence

A La mise en place de l'organisation sexuelle mature et définitive et les adieux aux « objets infantiles »

- Une préoccupation centrale est tournée vers les transformations du corps et l'utilisation qui en est faite. Ainsi, l'image du corps est bouleversée dans plusieurs domaines : le corps est d'abord le premier représentant des pulsions sexuelles et agressives, plus ou moins inconscientes. Il représente (habillement, coupe de cheveux, maquillage) un moyen d'expression symbolique privilégié de ses conflits et de ses modes relationnels. Il constitue aussi, surtout en début d'adolescence, un « instrument de mesure » et de référence par rapport à l'environnement et aux possibilités de maîtrise de cet environnement (tutoiement ou non par les adultes, par exemple, *cf.* fiche n° 54). Ce bouleversement peut amener des représentations négatives ou positives, qui dépassent de beaucoup les attributs réels, l'image du corps se confondant alors avec celle de la personnalité elle-même.
- D'un point de vue psychologique, les « adieux à l'enfance » constituent une autre tâche fondamentale, que doit résoudre le sujet à cet âge de l'existence. Aux modifications physiologiques (*cf.* fiche n° 54) et pulsionnelles s'ajoute un grand mouvement intrapsychique complémentaire : détachement, désengagement, des modes de relations, des plaisirs et des projets construits, élaborés et vécus au cours de l'enfance. Il s'agit d'une véritable perte des « objets infantiles », perte du refuge maternel ou parental, non voulue mais imposée, parce que ressentie par l'intéressé comme difficile mais nécessaire. Cette tâche est indispensable à la mise en place d'une individuation par rapport aux proches.
- La « réponse » des parents à ce travail est particulièrement délicate : il est bon qu'ils puissent à la fois fournir des preuves qu'ils ne souhaitent pas conserver « en état d'enfance » leur fils ou fille devenu(e) adolescent(e), mais aussi continuer leur rôle de « contenance » ajustée aux nouveaux besoins de leur enfant, de sorte que ce dernier ne se sente ni abandonné(e), ni prisonnier.

B Les moyens psychologiques de se défendre

Pour effectuer ces « tâches », l'adolescent met en place certaines défenses psychologiques : elles lui permettent de contrôler les changements qui pourraient le bouleverser de manière exagérée, voire le déborder, et sont ainsi destinées à l'en protéger.

- Parmi les manifestations défensives vis-à-vis des pulsions sexuelles et agressives, **l'intellectualisation** permet de mieux contrôler les pulsions grâce à la pensée qui détache le sujet de ses affects. **L'ascétisme** utilise le contrôle du corps et des plaisirs que celui-ci peut donner. **La mise en acte** protège de la réflexion, de la prise de conscience d'un conflit et d'une souffrance. **Le clivage** se manifeste par de brusques passages d'un extrême à l'autre (opinion, attitude, etc.).

- Les manifestations défensives vis-à-vis du sentiment de perte du lien avec les « objets infantiles » sont destinées à se protéger des affects consécutifs aux nécessaires ruptures avec le monde de l'enfance : déplacements des objets de la libido (attribution à une autre personne de l'amour destiné aux parents) et/ou renversements des états affectifs, un affect d'angoisse ou dépressif étant renversé en son contraire, par exemple.
- On peut aussi rencontrer un retournement de l'amour à l'égard des parents vers un intérêt, un amour de sa propre personne, ou des attitudes régressives qui font penser à des manifestations de la petite enfance, par exemple laisser aller vestimentaire, corporel.
  Toutes ces défenses ont pour fonction de protéger le sujet contre une désorganisation ou une dysharmonie dans son développement.

2 La construction de l'identité : le changement dans les identifications

A Les nouvelles identifications

- Le remaniement des identifications est consécutif aux « tâches » décrites plus haut, et en constitue les effets. L'enfant s'identifie essentiellement à ses parents et à son environnement proche ; l'adolescent, lui, accède à la pensée formelle (du réel au possible, fiche n° 55) ; en raison même du développement de l'attirance par et vers les autres (en particulier de sexe opposé) et de la nécessité de quitter les liens trop proches qui l'unissent à ses parents, il va « remanier » ses identifications.
- La construction de l'identité du sujet s'appuiera désormais de plus en plus sur des modèles extra-familiaux, tout en intégrant de manière plus profonde et inconsciente une partie identificatoire aux parents, surtout à celui du même sexe.

B L'idéal du moi

- En parallèle, « l'idéal du Moi » (ce que l'on souhaite être), principale composante du processus adolescent, ne s'appuie plus uniquement sur l'idéalisation des parents et de l'enfant par les parents, mais aussi sur l'idéalisation du monde extérieur et l'idéalisation de soi par l'adolescent.
- En d'autres termes, la liaison entre ce que l'on est (le Moi) et ce que l'on souhaite être (l'idéal du Moi) est marquée par le sceau du projet, du devenir personnel. Il y a donc une remise en question des projets et souhaits parentaux.

Le remaniement des identifications constitue un mécanisme psychologique fondamental de l'adolescence. Des difficultés dans ce registre peuvent déboucher sur un trouble de l'identité proprement dite (cf. fiche n° 57).

Pour aller plus loin

Braconnier, A. et Marcelli, D. (1988), *L'adolescence aux mille visages*. Paris : Éditions Universitaires/Adolescences.

Marcelli, D., Braconnier, A. (1983), *Psychopathologie de l'adolescent*. Paris : Masson, 3e éd., 1992, pp. 3-66.

FICHE 57

LES TROUBLES ET LEURS PRISES EN CHARGE SPÉCIFIQUE À L'ADOLESCENCE

L'opposition entre conduite agie et conduite mentalisée prend toute son importance à l'adolescence. À cet âge, l'agir se manifeste, de manière privilégiée, comme mode d'expression des conflits et des angoisses. Les troubles du comportement représentent un des motifs de consultation les plus fréquents en psychiatrie de l'adolescence.

1 Psychopathologie du « passage à l'acte » et des conduites centrées sur le corps

A Les différents modes de passage à l'acte et leur signification

- Ils sont très divers : colère clastique, vol, agression, fugue, suicide, conduite sexuelle, conduite d'addiction. Certains auteurs établissent une corrélation entre le mode du passage à l'acte et le type de personnalité : ils différencient « l'*acting out* » des délinquants, toxicomanes ou psychotiques (passages violents, mais aussi imprévisibles et chaotiques) et celui des sujets névrosés, tout aussi violent mais ni imprévisible, ni chaotique.
  La dépression à l'adolescence retient particulièrement l'attention par son mode d'expression : contrairement à celle de l'adulte, elle se manifeste volontiers sous la forme de passages à l'acte. Le ralentissement moteur, signe de la dépression de l'adulte, est remplacé par l'hyperactivité, alternativement avec des épisodes de grande fatigue, et par des passages à l'acte. La fuite par une hyperactivité sexuelle est assez souvent rencontrée.
  L'agir peut être une stratégie interactive : « sécher les cours », « prendre une cuite » (sous-entendu « avec les autres ») ; cela peut également constituer un mécanisme de défense, en particulier vis-à-vis de la dépersonnalisation ou de la confusion d'identité chez les adolescents prépsychotiques ou psychotiques ; l'agir peut aussi constituer une entrave de la conduite mentalisée (agir pour éviter d'éprouver, de ressentir).
  L'adolescent éprouve souvent une grande violence en lui et autour de lui. Elle peut être dirigée sur l'extérieur (hétéroagression se traduisant le plus souvent par des conduites de délinquance) ou retournée contre soi-même (conduites suicidaires).
- **La tentative de suicide** est une des conduites les plus significatives de l'adolescence. Par la pression sur autrui qu'implique le geste suicidaire et la réponse qu'en attend l'adolescent, il doit être compris comme un geste ultime de maintenir ou de rétablir une relation aux autres. L'abord thérapeutique est délicat. La seule urgence est celle de l'écoute. Pour répondre à cette nécessité, divers services et centres d'adolescents ont été créés, permettant la possibilité d'un entretien clinique immédiat et d'un travail de groupe incluant la famille (thérapies familiales).

B Psychopathologie des conduites centrées sur le corps

- Chez l'adolescent, le besoin de maîtrise est directement lié à celui de garder le contrôle à la fois sur les fantasmes qui peuvent surgir en lui, et sur les sources d'excitation pulsionnelle interne. A. Freud (1946) a décrit le comportement ascétique de l'adolescent qui s'impose des préceptes, créant une hygiène de vie spartiate, se refusant toute satisfaction physique.

- Dans **l'anorexie mentale** de l'adolescente, cet ascétisme devient caricatural. La place de la régression, sa qualité, son degré, sa réversibilité constituent l'un des facteurs primordiaux de l'évaluation du pathologique à cet âge. Cette régression s'exprime de façon privilégiée à travers des conduites centrées sur le corps (perturbations des conduites alimentaires, des conduites d'endormissement) ou par des demandes corporelles directes, en particulier craintes hypocondriaques. Le traitement de l'anorexie mentale est particulièrement délicat : l'isolement et l'hospitalisation continuent à être utilisés dans les formes de gravité moyenne. Au cours de certains traitements, l'adolescent(e) est parfois amené(e) à véritablement « monnayer » les moyens mis à sa disposition pour communiquer avec l'extérieur (amis, parents, famille). Par exemple, le droit de téléphoner à la famille ou d'en recevoir des nouvelles (courrier, visite) peut être lié à la reprise d'un certain poids fixé en collaboration avec l'équipe soignante. Ces prescriptions s'inscrivent toujours dans un projet thérapeutique dont la psychothérapie reste l'élément majeur. Cette relation thérapeutique s'adresse tant aux parents qu'à l'adolescente (peu d'adolescents garçons sont rencontrés parmi les anorexiques, environ 3 % à 20 % selon les auteurs).

- En ce qui concerne **la boulimie**, les traitements relationnels proposés sont variés : thérapie comportementale brève avec travail rééducatif, thérapie de groupe, psychodrame, thérapie d'inspiration psychanalytique. L'hospitalisation reste exceptionnelle et réservée aux formes extrêmes.
  La prescription de psychotropes est parfois proposée, essentiellement sous forme d'antidépresseurs. Dans la plupart des cas, une prise en charge plurifocale est nécessaire.

- La question de **la toxicomanie** est particulièrement posée depuis les deux dernières décennies : on constate, en effet, une augmentation constante de l'utilisation de drogues par des adolescents de plus en plus jeunes. Elle est souvent associée à d'autres conduites addictives (tabac, alcool, psychotropes). Tous les auteurs soulignent la fragilité narcissique du toxicomane. La loi du 31.12.1970 distingue les toxicomanes relevant d'une approche médicale d'une part, d'une approche judiciaire d'autre part. Elle introduit ainsi de nouvelles perspectives thérapeutiques centrées sur l'urgence de l'écoute des jeunes toxicomanes et les aides médicales telles que les cures de substitution (Méthadone) ou les encadrements médicaux à la prise de toxiques.

  Progressivement, sont apparues les nécessités suivantes :
  - équipes de spécialistes issus d'horizons différents ;
  - contact chaleureux nécessaire permettant à l'adolescent toxicomane de se confronter à ses tendances destructrices ;
  - dimension sociologique des conduites addictives donc prise en charge multifocale.

2 Psychoses, états-limites, organisations psychopathologiques

A Difficulté de la distinction diagnostique

- Schizophrénie débutante ou « crises » à l'adolescence ? Ce diagnostic différentiel, devant des attitudes étranges ou des actes excentriques ou inexpliqués, est une question classique pour les psychiatres d'adolescents. Souvent, seuls l'évolution et donc le temps permettront de poser un diagnostic précis : soit les troubles initiaux vont disparaître progressivement au profit d'un dynamisme psychique (ils avaient donc un caractère structurant dans les processus du développement psychique), soit au contraire la perte du contact avec la réalité s'aggrave, et l'angoisse devient désorganisante.
- La distinction diagnostique est de toute importance, lorsque l'on connaît la réversibilité des troubles même très graves à l'adolescence. Le recoupement des champs de la psychose et des pathologies ni névrotiques ni psychotiques (états dits « limites ») est particulièrement important à l'adolescence.

B Les conduites « à risques »

- Elles concernent, par exemple, certains toxicomanes prenant un **risque de mort** par overdose ou par contamination du sida ou toute conduite comportant un risque fatal (dont les tentatives de suicide, bien sûr). Ces conduites comprennent une dimension de « rituel ordalique », sorte de jeu de hasard, qui décidera de l'issue finale. Il y a, comme dans les sociétés traditionnelles, mais de manière non instituée par la culture, une sorte de défi à surmonter. Ces conduites visent à déboucher, après la réussite, sur un renforcement du Moi endurci par l'épreuve.
- Le nombre de **grossesses à l'adolescence** a considérablement augmenté ces vingt dernières années. Il est en progression alarmante dans certaines régions des États-Unis d'Amérique. La maternité des célibataires mineures s'inscrit souvent dans un contexte de difficultés familiales sévères. Même si toute généralisation comporte un aspect abusif et réductionniste, on peut cependant s'interroger sur l'interférence d'une maternité précoce sur le développement harmonieux du processus de l'adolescence, et sur les raisons profondes qui poussent ces toutes jeunes femmes à mener à terme de telles grossesses – parfois tout à fait désirées et volontaires par ailleurs.
- Les conduites observées chez les **psychopathes asociaux** soulignent la dimension individuelle et sociale du trouble : spirale de l'exclusion et de la marginalité progressive. La seule structure sociale acceptée est la bande qui offre une identité de rôle, une protection, une puissance, un statut même. À ces conduites correspond une « faiblesse du Moi » des adolescents psychopathes. Là encore, la prise en charge par des équipes pluridisciplinaires (éducateurs, psychiatres, psychologues, magistrats) s'avère indispensable. Le tissu associatif des quartiers dits « difficiles » joue en particulier un rôle de tout premier ordre.

Comprendre cette période transitoire, l'adolescence, avec ses lignes de force et les symptômes que tout jeune peut présenter, constitue une entreprise très difficile, avec impossibilité d'ordonner tous les faits psychiatriques en un même système. La présentation ci-dessus est donc nécessairement lacunaire.

Pour aller plus loin

Brusset, B. (1998), *Psychopathologie de l'anorexie mentale*. Paris : Dunod/Psychismes.

Jeammet, P. et Birot, E. (1994), *Étude psychopathologique des tentatives de suicide chez l'adolescent et le jeune adulte*. Paris : PUF.

Marcelli, D. et Braconnier, A. (1988), *Psychopathologie de l'adolescent*. Paris : Masson.

Rassial, J.-J. (1996), *Le passage adolescent*. Toulouse : Érès.

Richard, F. (1998), *Les troubles psychiques à l'adolescence*. Paris : Dunod/Les Topos.

FICHE 58 IDENTITÉ SEXUELLE IDENTITÉ SEXUÉE

Identité sexuelle et identité sexuée sont deux notions différentes. La première rend compte d'un processus achevé à l'âge adulte, la seconde d'une reconnaissance par l'enfant de son appartenance sexuelle. Les théories psychanalytique, cognitive-développementale et de l'apprentissage social tentent d'éclairer la construction de l'identité sexuée. On dispose maintenant d'un ensemble de données permettant de mieux appréhender les influences du père et de la mère sur l'inscription sexuée de l'enfant.

1 DÉFINITIONS

A Identité sexuelle

- Introduite par Green (1974, 1987), l'identité sexuelle se définit en trois points : (1) la conviction intime d'être un garçon ou une fille, (2) l'adoption des comportements culturellement attribués aux garçons et aux filles, aux hommes et aux femmes, (3) le choix du partenaire sexuel, homme ou femme.
- Ne pouvant s'achever avant l'adolescence cette construction identitaire ne concerne donc pas l'enfant.

B Identité sexuée

- Notion au croisement du biologique et du social : la reconnaissance du sexe de l'enfant à la naissance, sexe biologique assigné, entraîne de la part de l'entourage des réactions différenciées selon le sexe de l'enfant. Ces réactions s'appuient généralement sur les normes et stéréotypes sociaux de la culture d'appartenance.
- La construction de l'identité sexuée est un processus se nourrissant des désirs et attentes parentales par lequel l'enfant doit faire siennes les caractéristiques attribuées à son sexe.

2 THÉORIES ET DONNÉES DE RECHERCHE

A Modèles théoriques

- **Le modèle psychanalytique** (Freud) : l'enfant acquiert une identité sexuée par la résolution du complexe d'Œdipe (vers cinq-six ans). En renonçant aux sentiments amoureux qu'il éprouve pour le parent de sexe opposé, l'enfant s'identifie au parent de même sexe. Il s'attribue alors les rôles et attitudes de son propre sexe.
- La théorie de **l'apprentissage social** (Mischel) : la constitution de l'identité sexuée se réalise comme tous les apprentissages, par renforcements positifs et négatifs de l'environnement social. L'enfant apprend par imitation (à partir de deux-trois ans) les modèles proposés, opérant des classifications de ce qui est masculin et féminin puis les généralisant à son propre comportement.

- La théorie **cognitive-développementale** (Kohlberg) : la construction de l'identité sexuée est un processus interne. L'enfant apprend seul à se nommer garçon ou fille (deux-trois ans), puis à nommer les autres grâce aux caractéristiques physiques (trois-cinq ans) et enfin établit la constance de genre vers sept ans. Cette théorie s'appuie sur le modèle du développement de l'intelligence proposé par Piaget.

B Pères et mères face à l'enfant

- Les parents semblent se comporter très différemment avec l'enfant selon qu'il est garçon ou fille. Les pères notamment renforcent de manière différente les comportements des enfants : si le garçon est rapidement invité à s'autonomiser et à défendre les valeurs culturellement masculines (force, courage, etc.), un rapport de plus grande dépendance et de moindre autonomie est fréquemment observé avec la fille. De fait, les pères paraissent plus particulièrement attachés au respect des normes sociales de sexe.
- Ces attitudes parentales différenciatrices se mettent essentiellement en place au cours de la deuxième année de l'enfant (celui-ci entrant de plain-pied dans le « monde intersubjectif »). La participation de l'enfant à des interactions de plus en plus soutenues amène rapidement la question de la différentiation sexuelle.
- On parle de **dialogue tonico-émotionnel** entre la mère et son enfant : relations qui durent et se reproduisent dans le temps, basées sur l'accordage émotionnel. On parle de **dialogue phasico-motionnel** pour caractériser la relation du père à son enfant : échanges discontinus et stimulants amenant l'enfant à s'ajuster aux situations nouvelles.

Des travaux récents montrent que l'enfant intègre d'autant mieux son identité sexuée que les parents assurent effectivement ces rôles de manière différenciée.

Définition

Monde intersubjectif: relations interindividuelles et conduites prosociales. L'enfant y accède vers le dernier trimestre de la première année dans la suite logique de son développement cognitif et affectif.

Pour aller plus loin

Le Camus, J. (1999), *Le père éducateur du jeune enfant.* Paris : PUF/Éducation et Formation..

Le Maner-Idrissi, G. (1997), *L'identité sexuée*. Paris : Dunod.

FICHE 59 L'ADOPTION

Considérée fréquemment comme constituant le point de rencontre de plusieurs histoires difficiles, l'adoption est une démarche complexe dans laquelle interviennent des aspects administratif et juridique d'une part, social et psychologique d'autre part. Les déterminants à l'œuvre sont prépondérants, tant du côté de l'histoire des parents (influençant leurs motivations à l'adoption) que de celle de l'enfant (rendant plus ou moins harmonieuse la construction de son identité d'homme ou de femme).

1 Déterminants juridiques et sociaux

A D'un point de vue légal

- Est déclaré adoptable tout enfant en état juridique d'abandon, état reconnu par une institution, un individu, la société ou ses parents d'origine.
- Une fois l'adoption effective (reconnaissance administrative, juridique et légale), parents et enfant sont liés entre eux par les mêmes droits et devoirs que ceux régissant les liens de filiation entre parents et enfants biologiques.

B D'un point de vue social

- L'adoption place un enfant dans une famille en lui donnant son nom, son histoire, sa généalogie. L'enfant acquiert de fait le statut social de ses nouveaux parents et intègre le roman familial pour en être partie intégrante.
- Cependant, l'adoption constitue en soi un paradoxe : elle souligne les difficultés de procréation du couple parental. Elle symbolise même une dislocation du couple plaisir sexuel/reproduction. L'enfant n'est pas le fruit de l'accouplement, encore moins celui du plaisir susceptible de l'accompagner.
- L'évolution du paysage des parents « candidats » à l'adoption permet de nuancer la stigmatisation sociale de l'échec. En effet, ces dernières décennies, les types de « demandeurs » se multiplient : beaucoup de couples stériles encore, mais aussi un grand nombre de familles ayant déjà des enfants et de personnes isolées avec ou sans enfants. Parallèlement, l'adoption à caractère humanitaire devient fréquente.
- Il existe un fantasme social sur les méfaits du suivi institutionnel des enfants adoptés et de leur famille. Des études ont montré que les enfants ayant bénéficié de ce suivi trouvent leur nouvel équilibre bien plus rapidement.

2 Déterminants individuels

A Du côté des parents

- Au même titre qu'elle fournit une famille à un enfant, l'adoption donne un enfant à une famille. Dès lors, les motivations parentales, personnelles et profondément ancrées (désir vrai ou réparation narcissique), participent activement à l'établissement des premiers liens avec l'enfant et à leur évolution dans le temps.

- Bien qu'assurant un grand nombre de rôles (socialisation, éducation, affection), les parents adoptifs ne peuvent prétendre au rôle biologique. Y renoncer clairement en parlant à l'enfant de l'adoption permet de reconnaître l'existence des parents géniteurs qu'on ne tend pas à remplacer.

B Du côté de l'enfant

- Au cours du processus d'adoption, l'enfant quitte un système (la mère biologique, la famille d'accueil), pour être ensuite réintroduit dans un nouveau système (la famille adoptive). L'insertion harmonieuse au sein de la nouvelle famille dépend d'un grand nombre de facteurs (modalités et âge de la première séparation, nature du « séjour intermédiaire », accueil dans le nouvel environnement, etc.).
- Bien que l'adoption constitue dans la plupart des cas un tremplin constructif pour l'enfant (une « symbolique de la renaissance ») un certain nombre d'écueils peuvent néanmoins venir entraver un développement structurant, notamment « l'enfant-réparation » venant panser des blessures narcissiques trop importantes chez les parents (violence dans le vécu de la stérilité, course à la reconnaissance sociale, réécriture de l'histoire familiale, etc.). Quant à l'élan humanitaire, ses limites sont évidentes : l'enfant devient le symbole social de l'altruisme parental.
- La question de l'identité et des origines se posera, généralement au détour de l'adolescence : elle est nécessaire à la construction de l'adulte en devenir.

Les interventions psychologiques au cours du processus d'adoption (suivi de l'enfant, des familles d'accueil où les enfants sont placés dans l'attente d'être légalement adoptables, suivi de la famille adoptive) visent à prévenir les difficultés (relationnelles, identitaires, violence, etc.).

Définition

Adoption: en France, il existe deux types d'adoption : plénière et simple. Ce n'est que dans l'adoption plénière que les adoptants se substituent aux parents naturels, décédés ou non. Elle modifie totalement l'état civil de l'adopté alors que dans l'adoption simple, l'enfant peut rester dans sa famille et conserver son nom de naissance : il s'agit surtout d'une aide morale et financière.

Pour aller plus loin

Paulis, C. (1998), *Adopter un enfant*. Bruxelles : DeBoeck Université.

FICHE 60 SECRETS DE FAMILLE ET ROMAN FAMILIAL

Parler de roman familial renvoie d'abord à la théorie psychanalytique : le roman familial comme construction fantasmatique du jeune enfant en proie à l'angoissante question de son origine. Dans le langage de tous les jours, le roman familial rend plutôt compte de l'histoire familiale : histoires passée (intergénérationnelle) et présente dans leur articulation. Les secrets de famille, souvent relayés par le phénomène de répétition, sont appréhendés comme tremplin ou frein au développement des individus.

1 Roman familial et fantasme

A Le roman familial selon Freud

- Il s'agit d'une activité fantasmatique, élaboration défensive se matérialisant dans les rêveries diurnes, par laquelle l'enfant réécrit son histoire : il s'invente un récit selon lequel ses parents ne sont pas ses vrais parents. Ses parents réels, manifestement obligés de l'abandonner, étaient merveilleux et irremplaçables. Il doit donc s'en faire une raison, tout en gardant ce récit merveilleux à portée de rêve.
- Les fonctions de cette activité fantasmatique normale entre trois et six ans sont multiples : supporter la pression du complexe d'Œdipe, modifier et réorganiser les relations de l'enfant à ses parents, interroger la question de la différence des sexes, se singulariser dans les rapports familiaux et apporter une solution à la rivalité fraternelle.

B Le fantasme

- Dans la conception freudienne, il a un caractère structurel et transindividuel résumant l'universalité du complexe d'Œdipe. Les fantasmes, présents chez chacun d'entre nous, interrogent essentiellement la question de l'identité (qui suis-je ?) sous différentes formes : le désir sexuel, la différence des sexes, l'énigme de la naissance et des origines.
- Le fantasme permet la réalisation psychique (dans l'imaginaire) de désirs inconscients, quelle qu'en soit la nature. Il constitue de fait une décharge parfois nécessaire à un trop-plein de tension pulsionnelle (plaisante ou déplaisante). En ceci, la capacité à fantasmer participe à l'équilibre narcissique du sujet et atténue les risques traumatiques dans le développement psychoaffectif.

2 Secrets de famille et répétition

A Secrets de famille

- Les secrets de famille introduisent la notion de roman familial dans son acception quotidienne : le roman familial comme histoire familiale. Elle est la toile de fond fédérant l'inscription familiale des individus. Elle se réfère aux valeurs intergénérationnelles : la famille intègre dans son fonctionnement les acquis du passé en y adjoignant ses propres repères. La dialectique entre les valeurs héritées et personnelles est constitutive de l'identité familiale.

- Ce que l'on nomme secrets de famille revêt des caractères multiples : fondateur de l'esprit de famille comme la tradition, le blason, les anecdotes singulières ; indicibles et pathologiques comme la maltraitance, la cruauté mentale ou l'inceste. En tout état de cause, ils organisent le développement des relations familiales et la construction des identités.

B Répétition et limites au développement

- La psychanalyse définit la répétition comme un « processus d'origine inconsciente qui conduit un sujet, quoi qu'il lui en coûte à son corps défendant, à se remettre dans des situations identiques ». Elle renvoie à l'inscription profonde chez le sujet d'un « toujours là » modélisant les conduites et attitudes.
- Que le processus s'organise effectivement de cette manière ou sur un mode cognitivo-comportemental (*cf.* fiche 58), il permet de mieux comprendre la tendance à répéter, de génération en génération, les modèles même les plus déstructurants.

La notion de secrets de famille amène à appréhender plus finement certaines difficultés de développement : la prise en compte des histoires familiales permet aux professionnels et thérapeutes de dégager certaines régularités présidant, entre autres, à l'entrée dans la lecture ou la capacité de l'enfant à intégrer les règles sociales.

Définition

Fantasme: scénario inconscient mettant en relation le sujet et un objet de désir.

Pour aller plus loin

Freud, S. (1916), *Introduction à la psychanalyse*. Paris : Payot.

FICHE 61

LES FAMILLES RECOMPOSÉES

La famille recomposée, proposant une multiplication des liens entre les individus, interroge directement la question de la parentalité : primauté du parent biologique ou du parent domestique ? Elle rend compte également d'un processus en permanente construction, dont l'issue n'est jamais assurée.

1 Histoire et position sociale

A Au cours du temps

- Jusqu'au début du XXe siècle, la principale raison des remariages était le veuvage.
- A partir de 1884 (autorisation du divorce), les secondes unions tentent de réparer les imperfections du premier mariage. On parle de « famille remplacée ».
- Depuis les années 70-80, on assiste à un bouleversement : le divorce n'est plus rupture mais permet de conserver les liens. La « famille recomposée » naît, la constellation familiale remplaçant la cellule familiale.

B Données sociales actuelles

- 1,5 million d'enfants vivant dans des familles recomposées (661 000 familles). 1 enfant sur 10 entre zéro et quatre ans, 1 sur 5 entre quinze et dix-huit ans, ne vit plus avec ses deux parents (recensement 1990, France).
- Sans réelle forme de reconnaissance sociale, les liens entre le nouveau conjoint et les beaux-enfants ne sont pas reconnus par la loi (aucun droit ni autorité parentale). Seule l'adoption simple (non plénière) reste envisageable, par laquelle l'enfant ajoute à son nom celui du beau-parent. Le parent biologique conserve droits et devoirs en dehors de l'obligation alimentaire.
- La famille recomposée questionne les normes sociales, introduisant la question de la « parenté élective », et nourrit les débats sociaux autour de la question du « vrai » parent, biologique ou social.

2 Les enjeux

A Assurer la force des liens

- La famille recomposée remet en cause l'histoire passée en tentant d'intégrer les relations nouvelles. À chacun de trouver sa place au sein de la famille dans le respect des individus, de leur histoire propre et de leur identité. La question de la place reconnue et des liens qu'elle définit est prépondérante : elle permet de se référer à un système familial concret et non pas à un agrégat de relations interindividuelles plus ou moins consolidées.

- Beaux-parents et beaux-enfants ne se choisissent pas. On parle en ce sens de « parenté élective » puisqu'il s'agit bien de s'élire mutuellement. Jour après jour, en dehors de tout cadre légal, se construit une histoire relationnelle dont la légitimité même est sans cesse interrogée. La question de la filiation est soulevée avec force : contrairement au parent biologique, le parent domestique n'a de droits que ceux que l'enfant lui reconnaît et de devoirs que ceux que sa conscience lui dicte. De ce fait, la référence à un système élaboré ensemble au quotidien limite considérablement les zones d'incertitude, tant du côté des beaux-parents que des enfants.

B Le vécu de l'enfant

- Le retentissement de la recomposition familiale sur le développement de l'enfant dépend d'un grand nombre de facteurs : individuels (âge de l'enfant, expériences de vie précédentes, fratrie, etc.) et contextuels (nature conflictuelle ou non de la rupture, latence entre la rupture et la constitution du nouveau couple conjugal, nature des liens avec les parents, etc.). Chaque histoire est unique, qu'il s'agisse de familles recomposées ou non.
- Un élément essentiel réside dans la mise en place d'un cadre de référence stable et cohérent (*cf. supra*). L'absence de référence, posant en permanence la question du permis et du défendu, peut être source d'atteintes sérieuses au développement : l'échec scolaire est un exemple fréquemment cité, l'inceste constitue une manifestation extrême mais malheureusement réelle.

La construction d'un nouveau système familial garantit un cadre référentiel permettant d'attribuer une place à chacun et structurant le développement de l'enfant.

Définition

Famille recomposée: réseau reliant entre eux différents foyers issus de la séparation de couples initiaux. Se distingue du foyer recomposé, lieu de cohabitation du couple conjugal, ses éventuels enfants et les enfants nés de précédentes unions.

Pour aller plus loin

Théry, I. (1993), *Le démariage*. Paris : Odile Jacob.

FICHE 62 LES DROITS DES ENFANTS

Issus d'une longue réflexion internationale depuis le début du siècle, les droits de l'enfant ont d'abord fait l'objet d'une déclaration (1959) avant d'être repris dans une convention des Nations unies (1989). La reconnaissance de cette convention par les pays se fait à deux niveaux (signature et ratification) et confère aux enfants la qualité essentielle de sujet. Il faut cependant en souligner les limites, en se référant notamment aux fondements culturels, idéologiques et socio-économiques des pays à travers le monde.

1 Historique et droits de l'enfant

A Plusieurs dates importantes

- 1919 : la Société des nations crée le Comité de protection de l'enfance.
- 1924 : première ébauche de déclaration des droits de l'enfant, précisant en quelques lignes les responsabilités des adultes à l'égard des enfants.
- 1946 : l'ONU crée l'UNICEF (Fonds des Nations unies pour l'enfance). D'abord cellule d'urgence, elle acquiert le statut d'organisation internationale permanente en 1953.
- 1959 : Déclaration des droits de l'enfant, à l'unanimité par l'Assemblée générale des Nations unies. Elle reprend dix principes (*cf. infra*).
- 1989 : l'Assemblée générale de l'ONU adopte à l'unanimité la convention relative aux droits de l'enfant.

B Les 10 principes fondateurs

- Est considéré comme enfant tout être humain âgé de moins de dix-huit ans, sauf si la majorité est atteinte plus tôt en vertu de la législation locale.
- L'enfant a le droit à :
  1. l'égalité, sans distinction de race, de religion, de nationalité,
  2. une attention particulière pour son développement,
  3. un nom et une nationalité,
  4. une alimentation, un logement et des soins,
  5. une éducation et des soins spéciaux lorsqu'il est handicapé,
  6. la compréhension et l'amour de ses parents et de la société,
  7. l'éducation gratuite et aux activités récréatives,
  8. aux secours prioritaires en toutes circonstances,
  9. une protection contre toute forme de cruauté, de négligence et d'exploitation,
  10. la formation dans un esprit de solidarité, de compréhension et d'amitié entre les peuples.
- L'intérêt supérieur de l'enfant doit présider à toutes les décisions le concernant. Les droits énoncés doivent être garantis sans exception ni discrimination aucune.

2 La convention de 1989 : principes et limites

A Principes de la convention

- La Déclaration des droits de l'enfant (1959) n'avait aucun caractère contraignant pour les États signataires. La convention introduit la notion d'obligation : tous les pays l'ayant ratifiée sont légalement tenus de respecter et de faire respecter les droits ainsi reconnus. Un Comité des droits de l'enfant est d'ailleurs créé, qui doit vérifier l'application de ces droits.
- Le passage de la déclaration à la convention reconnaît également l'enfant comme sujet : objet de droit dans la déclaration, il devient sujet auquel on reconnaît la capacité à prendre certaines décisions le concernant dans la convention.
- On distingue deux niveaux dans le processus de reconnaissance de la convention : la signature par laquelle les pays déclarent avoir l'intention de l'appliquer ; la ratification, vote du Parlement, par laquelle ils y adhèrent et s'engagent à appliquer le texte et à accepter le contrôle du Comité des droits de l'enfant.
- Un certain nombre de pays (onze en 1996) ne l'ont pas signée, d'autres ne l'ont pas ratifiée (dont les États-Unis). D'autres enfin l'ont ratifiée en émettant des réserves liées aux conditions de développement du pays (trop tôt pour l'appliquer), aux lois de l'État (questions de religion par exemple), aux contradictions perçues par rapport aux coutumes et croyances.

B Limites de la convention

- Les réserves lors de la ratification montrent à quel point on ne peut prétendre à l'universalité de l'application. Pour des raisons socio-économiques et culturelles, un pays comme l'Inde ne peut se permettre d'interdire le travail des enfants (qui d'ailleurs est réglementé). Un pays comme l'Iran ne peut revenir sur la nécessaire conformité à la *charia* (loi islamique). Les exemples de ce type foisonnent et sont autant de bémols à l'idée d'une conception du droit affranchie de la culture.
- Bien que constituant un principe fort, la convention ne peut remplacer la conscience individuelle : avant d'être une question de droit international, les droits de l'enfant doivent constituer une référence individuelle incontournable.

Les connaissances sur le développement de l'enfant contribuent à une meilleure prise en compte de ses besoins et au respect de ses droits.

Pour aller plus loin

La Convention des Nations unies pour les droits de l'enfant, *JO* du 12 octobre 1990, pages 12363 à 12369.

FICHE 63 LA MALADIE D'ALZHEIMER

Elle constitue la cause la plus fréquente des démences dégénératives dont peuvent être atteintes les personnes âgées. À ses débuts, la maladie se manifeste par des troubles de la mémoire, suivis d'un déclin continu et graduel de l'ensemble des fonctions cognitives. La phase terminale, marquée par un syndrome démentiel majeur, rendant la communication impossible, et par une perte complète de l'autonomie, survient dans un délai variable de cinq à dix ans après l'apparition des premiers symptômes.

1 Aspects médicaux

A Étiologie d'une démence

- En 1906, le psychiatre allemand Aloïs Alzheimer décrit les manifestations neuropathologiques caractéristiques de la maladie qui porte son nom. L'examen *post-mortem* du cortex cérébral d'une femme de cinquante et un ans, ayant présenté une désintégration des fonctions intellectuelles, révèle des **plaques séniles** formées par l'accumulation d'amyloïde et une **dégénérescence neurofibrillaire** marquée par des amas de fibrilles dans le corps cellulaire des neurones. Ces deux lésions avaient été observées jusque-là chez des sujets âgés.
- Le syndrome clinique accompagnant ces modifications neurohistologiques présente un profil de « démence », un affaiblissement mental global caractérisé par des déficits cognitifs multiples, altérant progressivement la personnalité du malade et restreignant graduellement ses capacités de gestion et d'exécution des activités les plus courantes.
- L'usage médical a longtemps réservé le terme « maladie d'Alzheimer » aux cas impliquant des sujets relativement jeunes ; la dénomination « démence sénile de type Alzheimer » s'appliquant à ceux s'exprimant après un âge fixé arbitrairement à soixante-cinq ans. L'expression actuelle de « démence de type Alzheimer » vise à unifier les deux formes de démence, présénile et sénile, en utilisant un critère de présence de plaques séniles et d'amas neurofibrillaires en « quantité anormalement élevée ».

B Problèmes de diagnostic et d'hétérogénéité de la maladie

- L'affection ne peut être diagnostiquée avec certitude que si l'on observe une quantité anormale des deux lésions essentielles. Seule une biopsie histopathologique pratiquée du vivant du malade, mais difficilement justifiable dans la pratique, permet d'étayer le diagnostic « définitif », qui n'est donc prononcé que rétrospectivement, à l'autopsie. Un diagnostic de probabilité pourra être porté, à un stade avancé de la maladie, quand le syndrome démentiel apparaît nettement, qu'il témoigne de l'atteinte d'au moins deux fonctions cognitives, et après exclusion des autres explications possibles du déficit. Dans l'état actuel des connaissances, le dépistage de la maladie est impossible.
- La **démence de type Alzheimer** se caractérise par une grande variabilité interindividuelle de la vitesse de propagation du déclin intellectuel et par une hétérogénéité considérable des manifestations, comportementales et cognitives, présentées par les patients à un stade présumé comparable de la maladie.

2 Aspects cognitifs

A Évolution de la maladie

- Un tableau clinique fréquent permet de distinguer trois phases de propagation de l'affection. La phase initiale, **amnésique**, marquée par une prédominance des troubles de mémoire, dure en moyenne de deux à quatre ans. La phase d'état, **démentielle**, où apparaissent les conséquences du déclin intellectuel sur la vie quotidienne, dure en moyenne de trois à six ans. La phase terminale, **végétative**, qui peut se prolonger plusieurs années, voit s'installer la dépendance complète du malade.

B Capacités déficitaires

- Les déficits mnésiques apparaissent le plus souvent dès le début de la maladie. Ils concernent les faits récents et se caractérisent par des oublis d'épisodes vécus ou d'actions à effectuer. La mémoire de travail et la mémoire explicite sont précocement touchées. Des troubles du langage sont observés dans 50 % des cas au début de la maladie. Ils affectent plus précocement le langage écrit (dysgraphie, dysorthographie). Dans la conversation courante, les difficultés prennent la forme d'un « manque du mot », manifesté par des hésitations et l'emploi de périphrases.
- Le syndrome démentiel se manifeste à la phase d'état. Le déficit mnésique devient majeur. Les différents repères, personnels, historiques et socioculturels, s'effacent, provoquant des troubles constants de l'orientation spatio-temporelle. Le discours du malade s'appauvrit et l'expression devient jargonnée. Les capacités d'abstraction et de raisonnement sont profondément altérées. L'apparition de troubles apraxiques rend compte des difficultés dans la réalisation des gestes quotidiens. Une apraxie de l'habillage, extrêmement fréquente, peut intervenir en l'absence d'autres modalités apraxiques. Les déficits gnosiques sont nets, entraînant l'incapacité à reconnaître les proches ou l'image propre dans le miroir. Le comportement est perturbé, manifestant apathie et indifférence, accès de colère ou d'agitation, agressivité.
- La phase terminale révèle un syndrome démentiel d'intensité majeure, la communication est impossible et l'autonomie nulle. La marche devient difficile puis impossible, entraînant l'alitement continu avec un état grabataire.

La maladie d'Alzheimer menacerait 1 personne sur 20 après soixante-cinq ans et 1 personne sur 4 à partir du quatrième âge.

Définition

Amyloïde: bêta-protéine dont l'accumulation entraîne des modifications des axones des cellules nerveuses et détériore les cellules gliales.

Pour aller plus loin

Brouillet, D., Syssau, A. (1997), *La maladie d'Alzheimer: mémoire et vieillissement.* Paris : PUF.

Touchon, J., Ritchie, K., Gély-Nargeot, M.-C. (1997), « Les démences dégénératives», *Psychologie Française*, 42-4, 365-377.

FICHE 64 MÉMOIRE ET VIEILLISSEMENT

Le vieillissement général de la population et les plaintes de manque de mémoire exprimées par les personnes âgées incitent à s'interroger sur les modifications des fonctionnements mnésiques avec l'âge. Les études expérimentales entreprises obtiennent souvent des résultats discordants concernant l'effet de l'âge sur les performances mnésiques et avancent des interprétations parfois contradictoires quant aux processus et mécanismes cognitifs susceptibles d'être atteints par le vieillissement normal.

1 MÉMOIRE À COURT TERME OU MÉMOIRE DE TRAVAIL ?

A L'évaluation de la mémoire

- L'effet de l'âge sur la mémoire à court terme est estimé par la comparaison des performances de sujets jeunes et âgés aux deux épreuves classiques de rappel ordonné. Dans une « tâche d'empan », le rappel est demandé immédiatement après la présentation d'une liste d'items. Dans une « tâche de Brown-Peterson », le rappel est différé de quelques secondes (vingt au plus), mais il intervient après l'accomplissement d'une activité distractrice empêchant la répétition et l'élaboration du matériel.
- La tâche d'empan paraît apte à évaluer les capacités de **stockage** à court terme (**maintien** des traces). Mais une différence de performance observée dans l'autre tâche peut aussi bien indiquer un déficit du stockage passif (**déclin** des traces) qu'une difficulté plus centrale à gérer l'interférence entre les deux activités concurrentes.
- La tâche de Brown-Peterson implique, en plus du stockage à court terme, un **traitement** et une **manipulation** d'informations. On considère qu'elle fait intervenir une **mémoire de travail** dans laquelle des informations doivent être conservées pendant que s'effectuent les traitements exigés par une seconde activité mobilisant d'importantes ressources cognitives (par exemple, compter à l'envers de 5 en 5 depuis 100).

B Les capacités de stockage à court terme

- Généralement, on relève des différences minimes entre les populations jeune et âgée dans les tâches d'empan. Toutefois, certains travaux signalent un écart s'accentuant avec l'âge selon la nature du matériel à mémoriser. Peu marquée pour l'empan de chiffres ou de mots, la différence s'accroîtrait progressivement pour l'empan spatial, l'empan de gestes symboliques, l'empan de configurations manuelles.

C Les ressources de la mémoire de travail

- Le plus souvent, on relève un effet marqué de l'âge dans les tâches de mémoire de travail impliquant l'intervention concurrente d'opérations de stockage et de traitement, ou exigeant la réalisation simultanée d'une double tâche. Mais ce résultat peut être imputé au ralentissement de la vitesse des traitements, à la réduction des ressources attentionnelles, ou à une défaillance de l'attention sélective altérant les mécanismes d'inhibition des informations non pertinentes.

2 Mémoire à long terme ou mémoire épisodique ?

A Difficultés d'encodage et de récupération

- En comparant les performances de sujets jeunes et âgés dans les tâches de mémoire à long terme – reconnaissance et rappel (libre ou indicé) d'un matériel préalablement mémorisé – on observe que les opérations d'**encodage** (transformation de l'information présentée en trace mnésique) et de **récupération** (accès à la trace et restitution de l'information source) se dégradent avec l'âge.
- On peut attribuer les difficultés d'encodage à un **déficit de production**, suggérant que les sujets âgés n'entreprennent pas spontanément les traitements sémantiques profonds les plus efficaces pour constituer des traces durables, mais peuvent encore les effectuer quand les conditions les y incitent. L'hypothèse contraire de **déficit de traitement** maintient que l'âge provoque une modification irréversible du traitement sémantique et qu'un sujet âgé est incapable de réaliser un encodage profond.
- Les difficultés de récupération, sensibles dans le rappel, peuvent provenir d'un **déficit de la récupération contrôlée** affectant les processus d'accès à l'information contextuelle, alors que des processus d'activation automatique des traces suffisent dans la reconnaissance. Ou il peut s'agir d'un **déficit de génération d'indices**, assurant la reconnaissance guidée par des indices perceptifs, et affectant le rappel dirigé par des indices cognitifs d'organisation des événements mémorisés.

B Amnésies et problèmes mnésiques dans la vie quotidienne

- On sait que le syndrome amnésique affecte sélectivement le système épisodique capable de récupération consciente des aspects contextuels des événements. Il laisse intacts d'autres ensembles de mémoire à long terme : système de représentation perceptive, mémoire sémantique, mémoire procédurale.
- L'examen des difficultés mnésiques éprouvées par les personnes âgées dans leur vie quotidienne montre que les problèmes les plus gênants concernent des activités courantes impliquant la mémoire *et* le langage (récupération des noms propres ou communs dans la conversation, rétention d'informations entendues ou lues) ou la mémoire *et* l'action dans l'espace-temps (se souvenir de la localisation d'objets, d'avoir à se rendre à un endroit, d'accomplir une action).

L'étude comparée des activités courantes chez des adultes jeunes et âgés pourrait permettre de juger de la pertinence des diverses interprétations du déclin mnésique attribué au vieillissement.

Définition

Empan: dans les tâches de mémoire à court terme, le nombre d'items restitués, mesurant l'empan du système, est en moyenne de 7 items + ou – 2.

Pour aller plus loin

Isingrini, M., Taconnat, L. (1997), « Aspects du vieillissement normal de la mémoire », *Psychologie Française*, 42-4, 319-331.

Van der Linden, M., Hupet, M. (1994), *Le vieillissement cognitif.* Paris : PUF.

FICHE 65 LANGAGE ET VIEILLISSEMENT

Le vieillissement normal n'affecte pas uniformément les activités de langage. L'âge appauvrit l'expression spontanée en constructions syntaxiques complexes, mais les autres composantes linguistiques restent stables, et les compétences narratives et conversationnelles ne semblent pas décliner. En compréhension, l'âge accentue la sensibilité aux modalités de présentation du texte, mais ni la construction de la signification ni la mémorisation des récits ne paraissent globalement compromises.

1 Les activités de production

A Composantes morphosyntaxique et lexicale

- L'analyse comparée des récits et des journaux personnels produits par des personnes jeunes et âgées montre que la **complexité syntaxique** – évaluée par le nombre moyen de propositions par énoncé produit – décroît avec l'âge. L'expression spontanée des adultes âgés s'appauvrit en constructions syntaxiques complexes (embranchements à gauche, relatives à double ou triple enchâssement), et révèle une moindre utilisation des marqueurs **morphologiques** assurant la cohésion du discours.
- La **diversité lexicale** – évaluée par le rapport du nombre de mots différents sur le nombre total de mots de l'échantillon – ne connaît aucune baisse, l'âge tendrait même à la faire augmenter légèrement. Toutefois, les performances des sujets âgés sont inférieures à celles des sujets jeunes dans des tâches nécessitant certaines opérations sur le savoir lexical, comme la **récupération active** d'un élément connu (fournir le mot correspondant à une définition), le **parcours rapide** des contenus lexicaux et sémantiques (produire le plus de mots commençant par tel phone ou telle lettre, ou le plus possible de noms de fleurs, de moyens de transport, etc.), ou une tâche de raisonnement verbal impliquant la **manipulation explicite** de contenus conceptuels (découvrir la relation qui unit deux termes tels que *œuf* et *graine*).

B Compétences narratives et conversationnelles

- Dans la mesure où l'**élaboration narrative** s'améliore avec l'âge, le vieillissement n'affecte pas l'utilisation **monologique** du langage. La qualité des récits produits par des personnes âgées, évaluée par des juges, paraît supérieure à celle des sujets plus jeunes. De même que la complexité narrative des histoires qu'elles racontent, adoptant plus fréquemment le schéma classique complication-sommet-dénouement.
- Le constat de moindre coopération entre interlocuteurs âgés dans les échanges conversationnels a permis de conclure à une détérioration de l'usage **dialogique** du langage lors du vieillissement. Pourtant, lorsqu'il s'agit de transmettre un itinéraire (indiquer à quelqu'un le chemin pour se rendre à un endroit), les adultes âgés semblent adopter, au moins autant que les jeunes adultes, le point de vue de leur interlocuteur dans l'élaboration des références spatiales.

2 Les processus impliqués dans la compréhension

A Modalités de présentation du texte

- Les études sur la compréhension et le rappel de récits indiquent que les sujets âgés sont sensibles à la vitesse de présentation du texte, et qu'ils mémorisent plus difficilement un texte oral qu'un texte écrit. On en déduit que la vitesse d'intégration des informations se ralentit avec l'âge, les retours en arrière de la lecture permettant de combler certaines lacunes de traitement.
- Le vieillissement accentue la sensibilité aux effets de distance présentés par le texte. Les adultes âgés attribuent plus difficilement que les jeunes adultes une référence à un pronom séparé de deux phrases de son antécédent, et ils relient plus difficilement le nouveau thème à un ancien thème distant. On attribue ces difficultés à l'affaiblissement des ressources de la mémoire de travail, moins de propositions étant conservées en mémoire d'un cycle de traitement à l'autre.

B Processus intégrateurs et processus inférentiels

- Les **processus d'intégration** semblent toutefois s'adapter à la réduction des ressources disponibles de sorte à ne compromettre ni l'établissement de la cohérence ni la construction d'une représentation globale du texte. À la lecture d'un texte, les personnes âgés découperaient des blocs d'informations plus restreints à traiter et commenceraient à intégrer les informations plus tôt que les personnes jeunes.
- Selon la nature des inférences produites, le fonctionnement des **processus inférentiels** sera ou non affecté. Les inférences **logiques**, élaborées à partir des informations apportées par le texte, ont pour fonction d'articuler entre elles les propositions (« Marie est partie, *elle* avait un rendez-vous », inférence : « *Marie* avait un rendez-vous »). Les inférences **pragmatiques**, construites afin de spécifier des aspects du texte laissés implicites, font appel aux connaissances du sujet (« Tristan a été blessé par un chasseur », inférence possible : « Tristan a reçu un coup de fusil »). L'âge a peu d'effet sur la production d'inférences logiques. La construction d'inférences pragmatiques entraîne des différences liées à l'âge, mais uniquement quand elle nécessite des activités de déduction particulièrement complexes.

L'âge ne paraît donc réellement compromettre ni les processus à l'œuvre dans la production courante du langage ni ceux qui permettent, en compréhension, de construire la signification.

Définitions

Embranchement à gauche: « Ce que Charles avait oublié de préciser à Jean lors de sa dernière visite, c'est qu'il partait dès le lendemain pour Moscou. »

Relative à double enchâssement: « La route menant à Springfield que le fils du conservateur a emprunté pour se rendre au musée conduit directement à Chicago. »

Pour aller plus loin

Hupet, M., Schelstraete, M.A. (1997), « Les effets du vieillissement sur le langage », *Psychologie Française*, 42-4, 309-318.

Light, L.L., Burke, D.M. (1988), *Language, Memory and Aging*. New York : CUP.

PARTIE III

POPULATIONS ET CONDUITES À RISQUES

FICHE 66

L'ENFANT HANDICAPÉ ET SA FAMILLE

La famille est le premier milieu de l'enfant, handicapé ou non. C'est dans ce cadre qu'il construit les premiers liens affectifs et sociaux, c'est là où il effectue ses premiers apprentissages. Face au traumatisme suscité par l'annonce du diagnostic, parents et fratrie seront confrontés à des affects difficiles et à une évolution psychique nécessaire.

1 LES RÉACTIONS DES PARENTS À L'ANNONCE DU HANDICAP

A De la sidération à l'acceptation de l'enfant

- Mettey (1996) décrit comme inévitables 5 stades dans les réactions des parents à l'annonce du handicap de leur enfant : (1) **la sidération** incluant le déni de la nouvelle ou l'absence d'intégration de celle-ci dans la pensée ; (2) **la colère** contre eux-mêmes ou contre les médecins (cela permet d'évacuer le stress) ; (3) **la transaction** où ils acceptent le diagnostic mais pas le pronostic ; (4) **la résignation-dépression** souvent accompagnée d'un repli sur soi ; (5) **l'acceptation du handicap** de l'enfant et la réconciliation avec la vie marquée par le désir des parents de protéger leur enfant et de compenser le sort malheureux qu'il connaît.
- Cette évolution psychologique se déroule plus ou moins rapidement : elle peut être marquée par des régressions, souvent liées à une modification de l'environnement, ou par des périodes de stagnation – en particulier au stade de résignation, alors accompagné de fortes dépressions parentales.
- La découverte du handicap peut entraîner chez certains parents la remise en jeu de conflits non dépassés, jusque-là contenus (Décant 1987), qui nuisent au déroulement de cette évolution psychique nécessaire. Les couples conjugaux réagissent différemment. Si cette épreuve vécue ensemble semble renforcer le lien de certains, pour d'autres les réactions à ce traumatisme entraînent ou accompagnent des ruptures – toujours très culpabilisées – du couple parental.

B Une attitude éducative difficile à ajuster

- La révélation de la déficience de l'enfant entraîne la perte des points de repères habituels et un fort sentiment d'incompétence parentale. Deux tendances opposées sont souvent décrites : (1) une attitude de **surprotection** liée à un souci de compensation (les parents stimulent peu l'enfant, craignant d'ajouter à ses difficultés) ; (2) une attitude d'**exigence importante** destinée à déjouer le pronostic. L'enfant déficient est alors soumis à des stimulations excessives et inadaptées visant à le normaliser et reflétant un **déni du handicap**.
- Ces deux tendances nuisent à la construction harmonieuse de l'enfant déficient. Les services de guidance précoce (**CAMSP**) proposent un accompagnement des parents sitôt la révélation du diagnostic ; ils visent à les aider à trouver les attitudes et conduites à adopter.

2 Les réactions de la fratrie

A Un silence assourdissant

- L'information donnée par les parents aux frères et sœurs est le plus souvent **déficitaire**, exclusivement scientifique. Le ressenti à l'égard de l'enfant déficient est le plus souvent évité familialement, parents et enfants cherchant mutuellement à se protéger contre une brutalité qu'ils ressentent excessive. **L'attitude défensive des parents** à l'égard de la souffrance des frères et sœurs est très grande. Ferrari (1992) analyse cette chape de silence posée sur la fratrie comme un mécanisme défensif inconscient ayant pour fonction d'assurer une certaine protection du narcissisme parental et familial.
- De leur rôle d'étayage parental et de l'interdiction liée à l'agressivité à l'égard de l'enfant déficient, Marcelli (1983) évoque la fréquente apparition dans la fratrie de conduites d'inhibition, de timidité, d'échec scolaire, d'énurésie. Lapalus-Netter (1989) insiste sur le risque de dépression.

B Émotions et affects

- **La jalousie** fraternelle ne peut s'exprimer de manière habituelle, alors que, dans certaines familles, la focalisation parentale sur l'enfant déficient (concrètement et psychiquement) est telle que frères et sœurs ressentent un fort sentiment d'abandon. Il ne peut toutefois être question de se plaindre : ils sont sains et ont le devoir de protéger leurs parents. Les rares mouvements agressifs à l'égard de l'enfant déficient sont psychiquement très coûteux et induisent une lourde culpabilité.
- Le handicap du puîné peut être vécu, dans une collusion fantasme/réalité, comme la réalisation de désirs destructeurs et mortifères à son égard. L'hypersollicitude de la fratrie est souvent engendrée par **la culpabilité** et les fantasmes de toute-puissance et de rivalité sans butoir. **La honte** est fréquente (accompagnée d'une **colère contre soi)**, souvent liée à des comportements de l'enfant déficient inappropriés en public. Elle est vécue plus intensément au moment de l'adolescence, où le désir de conformité est particulièrement élevé.
- La tendance à **la solitude** et à l'isolement est présente : frères et sœurs évitent leurs camarades qu'ils sentent différents car ne partageant pas les mêmes expériences de vie. **L'angoisse** est intense**:** l'enfant se demande s'il n'est pas lui-même porteur d'un handicap caché, et s'il sera géniteur d'enfants sains.

*La révélation de la déficience d'un enfant bouleverse les équilibres familiaux déjà construits et nécessite toujours un réaménagement plus ou moins aisé du système familial. Arriver à parler ensemble de l'enfant déficient est nécessaire à la réussite du rééquilibrage. Des aides sont possibles, certaines orientations comme les thérapies familiales apparaissent particulièrement adaptées à ce soutien (*cf. *fiche 93).*

Définition

CAMPS: Centre d'action médico-sociale précoce.

Pour aller plus loin

Roy, J. (1995), « Le bébé handicapé et sa famille », *in* Robin M., Casati I., Candilis-Huisman D. (Ed), *La construction des liens familiaux pendant la première enfance*. Paris : PUF.

FICHE 67 L'ENFANT SOURD

La déficience auditive précoce et de niveau sévère, profonde ou totale entraîne des difficultés de communication et fait obstacle à l'acquisition du langage. Les parents sont confrontés à un choix pour l'éducation de leur enfant. Sous l'impulsion du Congrès de Milan (1880), l'éducation oraliste a prédominé pendant près d'un siècle. Stokoe (1960-1978) est le premier à avoir souligné le caractère véritable et autonome de la langue des signes et orienté des approches éducatives s'appuyant sur celle-ci. La précocité du diagnostic et de la prise en charge (aides acoustiques, méthodes d'éducation audioverbales) permettent une amélioration sensible du développement de l'enfant sourd.

1 L'ACQUISITION DE LA LANGUE ORALE

A Une éducation purement oraliste

- Les conséquences de cette approche éducative sont peu satisfaisantes, les sourds éduqués de façon exclusivement audio-orale n'acquièrent ni un moyen efficace de communication, ni les outils les plus favorables à leur développement cognitif : (1) **le vocabulaire reste pauvre** et se développe de façon particulière (au développement largement autogénéré et marqué par des alternances d'explosion et de stagnation chez l'enfant entendant s'oppose l'accroissement lent et régulier du vocabulaire de l'enfant sourd dont les progrès sont étroitement déterminés par les stimulations qu'il reçoit) ; (2) **la maîtrise syntaxique est difficile**, marquée par des substitutions, des omissions, des erreurs d'ordre. Les enfants sourds utilisent peu d'adverbes, d'auxiliaires, de pronoms.
- **Certains défauts de la parole** sont fréquents – arythmie (irrégularité du rythme), anomalies de l'intonation, articulation défectueuse, nasalisation excessive, distorsion voire omission de certains phonèmes –, et nuisent à son intelligibilité.

B Il faut pourtant apprendre la langue orale

- Le défi de cet apprentissage est pourtant posé à l'enfant sourd, puisque cette maîtrise ouvre l'accès à la langue écrite (*cf.* fiche 51).
- Pour l'enfant sourd, l'apprentissage de la langue orale s'appuie sur la **lecture labiale** (perception audiovisuelle de la parole). Cet apport informatif utile, mais non indispensable (*cf.* les aveugles) joue un rôle important au début du développement phonologique. Cet apport reste insuffisant. La plupart des différences acoustiques entre consonnes sont générées par des mouvements bucco-phonatoires non visibles aisément. Le degré d'**ambiguïté** reste élevé.
- Le ***Cued Speech*** (CS), mis au point par Cornett (1967), en français **LPC**, langage parlé complété, consiste en une série de configurations manuelles qui ajoutent de l'information discriminative aux mouvements des lèvres et permet une meilleure identification des phonèmes. L'apport bénéfique du LPC apparaît sur la réception du langage oral, le développement linguistique et cognitif.

2 L'ACQUISITION D'UNE LANGUE DES SIGNES

A Variabilité de la langue et de son apprentissage

- **La langue des signes française (LSF)** a une histoire longue et complexe. Diderot (1751) évoque déjà les gestes et signes produits par les muets, mais de nombreuses confusions ont été ensuite faites entre langue des signes et « signes méthodiques » utilisés au XIXe siècle pour soutenir l'apprentissage du français écrit. Aujourd'hui encore, le manque de codification entraîne des variations d'une communauté de sourds à une autre.
- On désigne sous l'expression **«communication totale »** les approches éducatives qui se réfèrent à la langue des signes. **Les approches bilingues** consistent à exposer l'enfant de façon alternée, tantôt à la langue orale, tantôt à la langue des signes. Elles varient selon le poids respectif donné à chacune des deux langues et l'ordre dans lequel elles sont introduites. **Les approches bimodales unilingues** consistent en un accompagnement de la parole par des signes empruntés à la langue des signes (**le message signé** est une doublure plus ou moins complète du message oral).

B Les étapes de l'acquisition

- Les enfants exposés dès leur naissance à la langue des signes l'apprennent comme une langue maternelle orale. On signale un babillage gestuel précoce, des premiers signes nettement reconnaissables produits de façon isolée (autour de huit-neuf mois), cette précocité s'expliquant par l'antériorité du développement de la coordination oculo-manuelle sur la motricité articulatoire et la facilité plus grande de l'aide apportée dans le modelage des gestes. Les premières combinaisons de signes apparaissent autour de dix-huit mois.
- La maîtrise morphosyntaxique de la langue des « signeurs tardifs » n'égale jamais celle des « signeurs de naissance ». Newport (1993) souligne l'existence d'une période critique pour l'acquisition de la langue des signes.

Le « bilinguisme » semble être la piste éducative incontournable pour permettre à l'enfant sourd de se développer et de s'intégrer au mieux. Les particularités de l'approche éducative à adopter sont toutefois problématiques. Des travaux en cours sur les conséquences du bilinguisme précoce devraient apporter des éclairages à ce sujet.

Définition

Déficience auditive: sévère (perte de 70 à 90 décibels), **profonde** (supérieures à 90 décibels). Les **surdités totales** ou cophoses (absence de restes auditifs) sont très rares.

Pour aller plus loin

Lepot-Froment, C., Clerebaut, N. (1996), *L'enfant sourd*. Bruxelles : De Boeck Université.

FICHE 68

LES DÉFICIENCES MENTALES

Historiquement, les notions de déficience mentale, de débilité et d'inaptitude scolaire sont étroitement liées. Si, pour certains enfants, seul l'échec scolaire souligne la déficience, pour d'autres les troubles associés sont sévères, soulignant des organisations psychoaffectives pathologiques. Ainsi, selon le type de déficience (classification de l'OMS), les signes cliniques et l'incidence des facteurs organiques et/ou contextuels sont plus ou moins marqués.

1 Description

A Définition et classification

- En se référant aux tests psychométriques, dont le but initial était d'opérer une distinction entre enfants aptes et non aptes à la scolarité, on distingue trois groupes parmi les déficients mentaux : l'idiot (QI ≤ 20-25), l'imbécile (QI ≤ 40-50), le débile mental (QI ≤ 75). La question de la limite supérieure pose néanmoins un problème puisque des études récentes montrent qu'un QI supérieur à 96 est actuellement nécessaire pour pouvoir effectuer une scolarité satisfaisante.
- La classification de l'OMS (Organisation mondiale de la santé) propose le découpage suivant :
  – déficience mentale profonde : QI ≤ 25
  – déficience mentale sévère : QI ≤ 40
  – déficience mentale modérée : QI ≤ 55
  – déficience mentale légère : QI ≤ 70
  – déficience mentale limite : QI ≤ 85
- Selon les études, la déficience mentale se retrouve chez 1,5 à 5,5 % des enfants d'âge scolaire. La déficience mentale profonde, seule à être diagnostiquée avant l'école, a une fréquence de 0,3 à 0,6 %. La déficience mentale légère ou limite n'est souvent dépistée qu'à l'âge scolaire, notamment entre dix et quatorze ans. On note également, à tous les niveaux de la déficience, une plus grande représentation des garçons (60 %).

B Distinctions psychopathologiques

Misès distingue deux catégories de déficiences, dysharmoniques et harmoniques.

- Dans **les déficiences dysharmoniques**, on relève une intrication entre signes déficitaires, troubles instrumentaux (notamment le langage) et troubles affectifs. On distingue :
  – **les dysharmonies à versant psychotique:** performances intellectuelles pauvres, angoisse importante, étrangeté du comportement et distinction sommaire entre réel et imaginaire ;
  – **les dysharmonies à versant névrotique:** déficit intellectuel moins sévère et symptômes névrotiques « classiques » (phobie, obsession, inhibition, conduites d'échec).

- Dans **les déficiences harmoniques**, le facteur déficitaire a un rôle dynamique (mais déstructurant) : l'organisation mentale entière est structurée autour du déficit, entraînant de ce fait la disparition de tous les autres symptômes. Le déficit augmentant avec l'âge, le risque est de voir les déficiences évoluer vers des organisations harmoniques figées.

2 Facteurs cliniques et étiologiques

A Niveau de développement et troubles associés

- **Déficience mentale profonde:** âge mental ne dépassant pas deux-trois ans, retard massif dans toutes les acquisitions (langage presque inexistant), faible autonomie dans la vie quotidienne. Les dysfonctionnements relationnels sont fréquents : isolement, balancements, impulsivité et agressivité soudaines (*cf.* organisation à versant psychotique). Les anomalies morphologiques et neurologiques ainsi que les crises épileptiques associées sont fréquentes.
- **Déficience mentale sévère et modérée:** âge mental ne dépassant pas six-sept ans, retard psychomoteur, langage généralement asyntaxique, lecture impossible, autonomie sociale possible dans un cadre protecteur et stimulant. Dans la déficience mentale sévère, les mêmes difficultés relationnelles que chez le déficient profond peuvent être observées.
- **Déficience mentale légère et limite:** développement psychomoteur normal, langage sans anomalie évidente, vie sociale satisfaisante. La déficience se découvre généralement par l'échec scolaire. On note cependant pour la moitié des enfants concernés des perturbations affectives soit sur un mode impulsif (instabilité, colères, délits, etc.), soit au contraire sur un mode inhibé (abattement, soumission très forte à l'entourage, etc.).

B Déterminants organiques et psychosociaux

- Toute atteinte du SNC (système nerveux central) peut causer une diminution des capacités intellectuelles. Plus la déficience est lourde plus on retrouve de telles atteintes.
- Concernant les déficiences légère et limite, les facteurs contextuels semblent jouer un rôle important : la fréquence de ces déficiences est d'autant plus importante que le niveau socio-économique est bas et les stimulations culturelles faibles. On insistera également sur le rôle du climat affectif ambiant, les carences s'accompagnant fréquemment d'une baisse de l'efficience intellectuelle.

Contrairement à l'idée communément répandue, la débilité n'est pas une entité générale et figée : la forte intrication des facteurs étiologiques, contextuels et psychopathologiques amène à considérer chaque individu dans sa singularité et à poser les indications thérapeutiques et éducatives qui s'y réfèrent.

Définition

Âge mental: niveau de développement intellectuel défini, dans un test comportant une série d'épreuves de difficulté croissante (« échelles »), par les réponses observées en moyenne dans la population des enfants d'un âge chronologique déterminé.

Pour aller plus loin

Marcelli, D. (1993), *Psychopathologie de l'enfant*. Paris : Masson.

FICHE 69

TROUBLES ET HANDICAPS PSYCHOMOTEURS CHEZ L'ENFANT

Les dysfonctionnements moteurs sont divers : temporaires (tics, instabilité motrice, etc.), évolutifs (maladie neuromusculaire – myopathies), d'origine cérébrale. Ils posent des problèmes spécifiques de diagnostic. Même si la dimension motrice de ces dysfonctionnements est la plus saillante, elle se répercute sur tous les aspects du psychisme, les origines du trouble pouvant être extrêmement diverses (organiques, relationnelles, traumatiques, etc.). Les prises en charge sont donc à la fois spécifiques et globales.

1 Les troubles psychomoteurs

A De la maladresse à la dyspraxie

- La notion de **maladresse** est habituellement appliquée à des difficultés mineures mais constantes.
- Les troubles de **latéralisation** se caractérisent par un retard dans le choix de la préférence manuelle et par des difficultés à distinguer la droite de la gauche.
- **La «débilité motrice»**, isolée par Dupré (1910), se caractérise par une maladresse importante portant sur l'adéquation du mouvement à la tâche. Ici, le terme de débilité renvoie à une perturbation tonico-motrice fonctionnelle et non pas à un trouble moteur de la déficience mentale. Actuellement, cette expression tend à être abandonnée au profit du terme **«apraxie»**.
- **L'apraxie** se manifeste par une incapacité d'exécuter des actes volontaires adaptés, devenus plus ou moins automatiques à la suite d'exécutions répétées. Différents types d'apraxie ont été isolés : l'apraxie idéomotrice (gestes sans utilisation d'objet : salut militaire), idéatoire (interdisant des gestes complexes nécessitant une harmonisation), constructive (impossibilité de dessiner une figure ou un plan), des apraxies très spécialisées telles que l'apraxie faciale, posturale, objective ou de l'habillage et verbale.

B Tics, instabilité et inhibition psychomotrice

- **Les tics** se caractérisent par des gestes brusques, soudains, involontaires, répétés à intervalles variables et sans nécessité objective. On relève, entre autres, les tics de la face, de la tête, du cou, les tics phonatoires, digestifs et verbaux. Ils apparaissent en général entre six et huit ans et disparaissent souvent spontanément. La *«maladie des tics»*, décrite par Gilles de la Tourette (1885), comporte à elle seule toute une gamme de tics à la fois diffus et phonatoires.
- **L'instabilité psychomotrice** est un motif fréquent de consultation. Elle se caractérise par un déséquilibre affectif, un excès d'expression des émotions ou de leur ambivalence, un manque d'attention et un besoin incessant de bouger avec parole et geste saccadés. On parle aujourd'hui *d'enfant hyperactif ou hyperkinétique.*

- **L'inhibition psychomotrice** se traduit par une lenteur dans les gestes et les mouvements, une raideur de la posture, une maladresse et des crampes fonctionnelles (crampe de l'écrivain, par exemple).

2 Repérer et soigner les troubles psychomoteurs

A L'examen psychomoteur

- Le but de cet examen est de mesurer la façon dont le corps est engagé *dans l'action* : initiative motrice, stratégie du geste pour atteindre le but fixé, déroulement harmonieux du mouvement ; et la façon dont le corps est engagé *dans la relation à autrui* : postures, attitudes, mimiques, manières de faire et d'être devant le comportement et le regard des autres. Pour Bergès (1970), il est essentiel de ne pas s'en tenir uniquement à la motricité, mais aussi d'examiner l'aspect affectif qui s'exprime dans la posture, le geste et l'action.
- D'un point de vue pratique, l'examen porte sur la qualité tonique (tonus de fond, extensibilité) et gestuelle. Ceci peut mettre en évidence une **paratonie**, des **syncinésies** ou une **dyspraxie** due à un trouble de l'organisation conjointe du schéma corporel et de la représentation spatiale. Un tel examen cherche à apprécier la latéralisation, la reconnaissance qu'a l'enfant de son propre corps (dénomination des parties du corps), la représentation spatiale à travers la réalisation de dessins, l'organisation temporelle et l'activité globale du sujet dans ses dimensions affective et relationnelle.

B La rééducation thérapeutique

- Chez l'enfant, la rééducation vise à lui donner l'usage satisfaisant d'une fonction déficiente, en cherchant à réduire la gêne fonctionnelle créée par les perturbations afférentes à leur développement. Pour Mazet et Houzel (1996), toute rééducation présente une double finalité : agir sur une fonction déficiente en favorisant son intégration dans l'ensemble du fonctionnement mental, agir sur la personnalité à travers un dysfonctionnement localisé.
- Plusieurs types de rééducation peuvent être envisagés : les rééducations psychomotrices et notamment la relaxation (*cf.* fiche 27), les rééducations du langage (parlé et écrit et difficultés graphiques), et les rééducations psychopédagogiques dites *«relationnelles»* ou *«curatives»*, visant à placer l'enfant dans des conditions différentes de celles de la pédagogie scolaire classique. Dans le cadre des troubles psychomoteurs, le recours à une intervention thérapeutique (psychothérapie) est envisagé lorsqu'il y a expression d'une organisation affective pathologique (psychotique, dépressive, etc.).

3 Le handicap psychomoteur : le cas de l'infirmité motrice cérébrale

A Définition et étiologie

- **L'infirmité motrice cérébrale** (IMC) est une atteinte motrice non évolutive due à une lésion des centres cérébraux par atteinte prénatale, néonatale ou de la toute petite enfance (jusqu'à deux ans). Les facteurs les plus fréquents sont **l'anoxie**, les états convulsifs, les hypoglycémies et hypocalcémies. Cependant, dans 12 à 15 % des cas, on ne sait pas quelle est l'origine de l'IMC. Les lésions, une fois constituées, sont définitives, mais elles ne sont pas évolutives.

- En fonction de la gravité des lésions, l'enfant ne présente pas le même degré d'infirmité. Les troubles observés sont des **paralysies** ou des **parésies** (déficience de la force musculaire), des **troubles du tonus** (hypo ou hypertonie) ou de l'**ataxie** (perte de la coordination due à des troubles cénesthésiques ou de l'équilibre). Ces troubles provoquent des anomalies qui se constatent au cours des premiers mois : exagération de l'amplitude des mouvements, fixation de postures, réponses asymétriques, **athétose** (des rejets brusques en arrière dès que l'enfant entend un bruit fort ou lors de la survenue d'un incident). La répartition des troubles est variable : monoplégique (atteinte d'un seul membre), hémiplégique (atteinte d'une moitié du corps), paraplégique (atteinte des deux membres inférieurs), tétraplégique (atteinte des quatre membres).

B Les troubles associés

- Les troubles moteurs s'accompagnent fréquemment de difficultés sensorielles, sensitives et intellectuelles. L'évaluation des troubles intellectuels est difficile du fait des déficits dans les fonctions d'exécution. De manière générale, du fait du handicap moteur, les expériences des enfants se trouvent réduites, d'où l'importance de mesures éducatives précoces et d'un suivi longitudinal. Il est couramment admis que moins de la moitié des IMC ont un quotient intellectuel (QI) normal ou supérieur. L'efficience intellectuelle et les capacités d'apprentissage sont très variables d'un enfant IMC à l'autre ; certains pourront suivre des études supérieures et d'autres ne seront jamais capables d'apprendre à lire. Des troubles du langage (production et compréhension) peuvent exister. Ils résultent souvent d'une atteinte des muscles de l'appareil phonatoire ou auditif.

- Les crises de convulsion avec perte de connaissance sont fréquentes (selon les auteurs, elles concernent de 20 à 60 % d'IMC). Leur caractère répétitif perturbe la vie relationnelle de l'enfant.

- Les déficits sensoriels sont fréquents chez les enfants IMC : 25 % seraient atteints de surdité ou d'**hypoacousie**, ce qui n'est pas sans conséquence sur l'apprentissage du langage. Tardieu insiste sur les pertes auditives touchant certaines fréquences élevées facilement méconnues et qui gênent la perception de certains phonèmes. Les déficits visuels sont aussi présents (69 % des enfants IMC sont atteints de strabisme). À ces troubles déjà nombreux, il n'est pas rare de voir se greffer des troubles de la sensibilité tactile (ils ne peuvent reconnaître les objets avec leur main sans le contrôle de la vue), affectifs et caractériels (notamment à l'adolescence).

4 L'ÉVOLUTION ET LA PRISE EN CHARGE DES ENFANTS IMC

A Le développement psychologique

- Les troubles du développement de l'organisation gestuelle sont fréquents. On peut ainsi observer dès la première année, un retard moteur dans la mise en place des grandes fonctions (station assise ou préhension). En grandissant, les étapes du développement moteur sont franchies plus ou moins lentement selon le niveau d'atteinte et les mesures éducatives et thérapeutiques entreprises. Il n'est pas rare de trouver des perturbations dans la structuration du schéma corporel, l'enfant présentant des difficultés à se représenter un corps unifié compte tenu du dysfonctionnement de certains segments corporels.

- Une bonne partie des enfants scolarisés présente des difficultés en lecture et en mathématiques. Ces difficultés sont souvent imputables à des difficultés visuelles, à des troubles de l'organisation spatiale et, de manière générale, à un déficit général d'expériences sensori-motrices et pratiques. Des recherches récentes ont cependant montré qu'il est possible, par des pratiques éducatives appropriées mobilisant plutôt les registres symboliques que les registres sensori-moteurs déficients, d'aider les enfants à surmonter ces difficultés.

B La prise en charge

- Bien qu'il existe une évolution naturellement positive (à quatre ans, la grande majorité des enfants qui présentaient des signes neurologiques inquiétants à un an n'en présentent plus), la précocité de la prise en charge est importante. Cependant l'évaluation psychologique des enfants IMC pose des problèmes : le handicap moteur peut conduire à sous-estimer les possibilités intellectuelles des enfants. Par ailleurs, les manifestations motrices et émotionnelles suscitent des réactions affectives (rejet, surprotection), tant des parents que des professionnels, pouvant conduire à une surestimation ou à une dévalorisation des capacités.
- L'application de la loi d'orientation de 1975 incitant à l'éducation des enfants handicapés et à leur intégration dans la société ordinaire est souvent difficile du fait des problèmes matériels dus à l'aide à apporter aux enfants. Ceux-ci nécessitent souvent des prises en charge spécifiques (utilisation du **code Bliss** ; matériel de grande dimension). La multiplicité des intervenants (kinésithérapeute, ergothérapeute, orthophoniste) et des interventions chirurgicales constituent un obstacle à l'intégration scolaire. Les spécialistes sont de plus en plus nombreux à considérer que la prise en charge doit être individualisée, en fonction du handicap de l'enfant et de ses ressources. Les voies du développement sont en effet multiples : les handicaps moteurs peuvent être compensés par un développement plus précoce de la fonction symbolique, à condition toutefois que l'enfant soit en mesure de communiquer avec les autres. La reconnaissance par autrui (les parents et les soignants notamment) des compétences de l'enfant est un facteur favorable à son développement (Martin et coll., 1993).

Le recours à des systèmes de communication électronique permet de pallier les difficultés d'exécution (incapacité à contrôler le geste de la main pour écrire, difficultés articulatoires...); cela contribue à favoriser le développement ou le maintien des compétences à communiquer.

Définitions

Anoxie: interruption ou suppression de l'oxygène délivré au niveau des tissus.

Code Bliss: système de communication idéographique.

Hypoacousie: diminution de l'acuité auditive.

Paratonie: incapacité du muscle à se décontracter.

Syncinésie: mouvement parasité déclenché lors d'un mouvement localisé et précis.

Pour en savoir plus

Ajuriaguerra, J. de. (1971), *Manuel de psychiatrie de l'enfant.* Paris : Masson.

Guidetti, M. et Tourette, C. (1996), *Handicaps et développement psychologique de l'enfant.* Paris : Armand Colin/Cursus.

FICHE 70 LA TRISOMIE 21

Reconnaissables à leur morphotype, les personnes porteuses d'une trisomie 21 (syndrome de Down ou mongolisme) constituent actuellement 1/5 de la population souffrant de déficience mentale. Le dépistage est maintenant pris en charge par la collectivité nationale. Le développement des connaissances sur ce syndrome permet de mieux organiser les pratiques éducatives dans un double objectif de « respect de la personne » et d'intégration sociale.

1 Aspects génétiques et médicaux

A Étiologie et dépistage

- En 1959, Lejeune, Gauthier et Turpin découvrent l'origine génétique du syndrome. Le caryotype des personnes trisomiques 21 contient 47 chromosomes (le chromosome 21 étant présent en 3 exemplaires au lieu de 2).
- Dans 95 % de cas, l'anomalie se produit au moment de la formation des gamètes féminines (le plus souvent) ou masculines (**trisomie libre entière**). Dans de rares cas, l'accident génétique se produit lors des premières divisions cellulaires. Le caryotype présente alors des cellules ordinaires (à 46 chromosomes) et des cellules trisomiques (**trisomie mosaïque**).
- En dehors des rares cas de **trisomie par translocation**, pour lesquels il existe un risque « familial », aucune explication n'est actuellement disponible sur l'origine de l'accident génétique. Seule est constatée une relation entre l'augmentation du risque et l'âge de la mère.
- Actuellement se développent des techniques visant à rendre de plus en plus fiable et précoce le diagnostic anténatal. La combinaison de l'âge de la mère, des résultats d'analyse sanguine ainsi que de certaines mesures échographiques permet d'augmenter la fiabilité de calcul du risque présenté par toute femme enceinte. Toutefois, seule l'analyse du caryotype après une amniocentèse permet un diagnostic certain.

B Problèmes médicaux

- En dehors de l'hypotonie musculaire constante à la naissance et jouant un rôle important dans l'évolution ultérieure de l'enfant, les bébés trisomiques présentent des risques accrus de malformations viscérales (cardiaques surtout).
- Tout au long de leur vie, les personnes trisomiques tirent bénéfice d'un suivi médical régulier et spécifique visant à prévenir et/ou pallier l'apparition de déficiences surajoutées (sensibilité accrue aux infections, risques dans les domaines sensoriels (vision, audition), complications orthopédiques, dysfonctionnement thyroïdien, obésité, etc.).
- La croissance staturale est parallèle à la normale mais reste sur un canal inférieur (âge adulte, moyenne féminine : 1,45 m, masculine : 1,55 m). La tendance au surpoids peut être contrôlée par une hygiène alimentaire débutant dès l'enfance.

2 ASPECTS PSYCHOLOGIQUES

A Un développement spécifique

- On caractérise généralement le développement de la personne trisomique par sa lenteur. Les compétences se forment dans un ordre similaire à ce qu'on trouve chez les individus ordinaires, mais leur apparition est retardée.
- Les domaines de compétence sont plus ou moins affectés, certains sont particulièrement touchés (langage, cognition), d'autres beaucoup moins (motricité, sociabilité).
- Le rythme de développement hétérogène fait que la personne trisomique présente un type de fonctionnement très particulier. Des déficits spécifiques de l'attention, de la mémoire et de la catégorisation entravent l'apparition et l'utilisation des mécanismes opératoires (*cf.* fiche 25).

B Une identité à construire

- Plusieurs facteurs font obstacle à la construction harmonieuse de leur personne :
  - des facteurs biologiques : à la naissance l'hypotonie et la faiblesse des manifestations émotionnelles (tant positives que négatives) perturbent la mise en place du premier circuit relationnel entre le bébé et son entourage ;
  - des résistances familiales : le choc de l'annonce du handicap dépassé, les familles d'enfants trisomiques se réorganisent difficilement. Le désir de normalisation prend souvent le devant de la scène éducative et empêche les partenaires familiaux d'avoir vis-à-vis de l'enfant l'ajustement éducatif qui lui est nécessaire. On constate fréquemment l'ambivalence des parents revendiquant pour leur enfant un statut de personne à part entière, mais peu enclins à se démettre d'une fonction parentale infantilisante face à leur enfant devenu adolescent ou adulte.
  - une société insuffisamment accueillante : les résistances familiales sont en partie alimentées par l'attitude paradoxale de notre société prônant l'intégration et le respect des différences mais peu apte à mettre en œuvre les pratiques compatibles avec ces valeurs.

L'accompagnement précoce de l'enfant et de sa famille par une équipe pluridisciplinaire (médicale et paramédicale) favorise l'élaboration des projets éducatifs adaptés seuls aptes à assurer une construction harmonieuse de la personne.

Définitions

Amniocentèse: pendant la grossesse, prélèvement de liquide amniotique contenant des cellules fœtales à des fins d'analyse.

Caryotype: arrangement des chromosomes d'une cellule ; il est caractéristique d'un individu ou d'une espèce.

Pour aller plus loin

Céleste, B., Lauras, B. (1998), *Le jeune enfant porteur de trisomie 21*. Paris : Nathan université.

Cuilleret, M. (1992), *Trisomie 21: aides et conseils*. Paris : Masson.

FICHE 7 L'INTÉGRATION SCOLAIRE DES ENFANTS HANDICAPÉS

Répondant à une forte demande des familles d'enfants handicapés, la loi d'orientation de 1975 et les circulaires qui l'accompagnent confirment la volonté politique de confier à l'école l'instruction de tous les enfants quelles que soient les déficiences dont ils souffrent.

En dépit de la clarté de cette orientation, la mise en œuvre de l'intégration scolaire soulève de nombreuses réticences et rencontre des obstacles apparentant aujourd'hui encore cette piste éducative au « parcours du combattant ».

1 L'INTÉGRATION SCOLAIRE : SOUBASSEMENT DE L'INTÉGRATION SOCIALE

A L'école : un lieu de transmission de valeurs où l'on apprend à communiquer et à vivre ensemble

- À l'aube du XXIe siècle, le **droit des personnes handicapées** à partager au maximum les conditions et structures de vie des personnes ordinaires constitue une **valeur** que la société souhaite transmettre par l'école aux futurs citoyens. En ouvrant l'école aux enfants handicapés, la société témoigne en acte auprès de tous, concernés ou non par le handicap, l'importance qu'elle accorde au développement et à la pérennisation de cette valeur.
- La réussite de l'intégration sociale des personnes handicapées passe par le développement de **«savoir-faire» sociaux** particuliers chez les personnes déficientes et chez les valides. En ayant grandi et appris à vivre ensemble, enfants ordinaires et déficients développeront l'attitude la plus harmonieuse et ajustée aux besoins spécifiques des uns et des autres.

B L'école : un lieu d'apprentissages

- La **dimension scolaire** du projet intégratif est centrale. L'objectif fixé est de donner à l'enfant déficient les moyens d'acquérir le maximum de compétences scolaires en aménageant le cursus et les formes de travail les plus adaptées. Par conséquent, le projet intégratif doit être **individualisé, évolutif, concerté, contractualisé et continu**.
- La **souplesse** est de règle, le projet doit s'appuyer sur les besoins spécifiques identifiés et proposer des objectifs, des modalités concrètes de mise en œuvre : temps d'intégration, fréquence, articulation des interventions, aides matérielles, contenus d'apprentissage et modalités d'évaluation.
- Ce projet intégratif individualisé est établi en **concertation** par l'équipe éducative, la famille et le **SESSAD** ou les professionnels médicaux et para-médicaux qui suivent l'enfant. Il est sous la responsabilité de la **CCPE** (enseignement préélémentaire et élémentaire) ou de la **CCSD** (enseignement secondaire).

- Ce projet organise des intégrations individuelles en classes ordinaires (au niveau préscolaire surtout) ou collectives en **CLIS** ou en **UPI**. Là où existent de telles classes, l'intégration figure dans le projet d'école et doit permettre la participation de tous ou de certains élèves de la CLIS à des activités d'autres classes.

2 L'INTÉGRATION SCOLAIRE : DES PRATIQUES À CONSTRUIRE

A Des résistances

- Elles émanent surtout des principaux acteurs de l'intégration : les enseignants qui dénoncent leur faible préparation à cette nouvelle tâche, et craignent de ne pas disposer des compétences leur permettant d'agir correctement face aux problèmes spécifiques posés.
- Certains parents d'élèves craignent quant à eux que le développement de l'intégration entraîne une diminution du niveau scolaire général.
- Enfin, les professionnels accompagnant les projets éducatifs d'enfants déficients dénoncent le risque de « déni du handicap » préjudiciable à l'enfant si sa famille assimile intégration scolaire à normalisation.

B Un atout : les autres élèves

- Dès leur plus jeune âge, ils apparaissent pouvoir contribuer de façon efficace à la mise en œuvre de l'intégration sous condition qu'ils soient correctement informés de la spécificité de leur compagnon et accompagnés par les adultes dans l'établissement et le développement de relations positives. Tzimogianni et Tomkievicz (1991) constatent des démonstrations de tolérance, de solidarité, ainsi qu'une absence d'agressivité à l'égard de l'enfant déficient.
- Ionescu (1995) mentionne le bénéfice que tous en tirent : les enfants ordinaires en augmentation d'autonomie et d'ouverture au monde extérieur, l'enfant déficient en augmentation de ses compétences sociales cognitives et langagières.

Pour Gardou (1998), notre époque est celle du difficile passage de l'intégration en intentions à l'intégration en actes. L'illusion serait de croire que l'intégration est facile, elle nécessite au contraire un fort investissement et une collaboration de ses différents acteurs (enseignants et paramédicaux) afin que s'élaborent de véritables pratiques professionnelles.

Définitions

CCPE: Commission de circonscription pour l'enseignement élémentaire.

CCSD: Commission de circonscription du second degré.

SESSAD: Service d'éducation spéciale et de soins à domicile.

CLIS: Classes d'intégrations scolaire (circulaire du 18/11/91). On distingue les clis 1 (déficience mentale), clis 2 (déficience auditive), clis 3 (déficience visuelle, clis 4 (déficience motrice).

UPI: Unités pédagogiques d'intégrations (circulaire du 17/05/95). Elles permettent le regroupement pédagogique d'adolescents présentant un handicap mental au sein du collège.

Pour aller plus loin

Gillig, J. M. (1999), *Intégrer l'enfant handicapé à l'école*. Paris : Dunod.

FICHE 72 LES ENFANTS VICTIMES DE VIOLENCES FAMILIALES

Le caractère récent de la loi du 10 juillet 1989 fixant les modalités de signalement et les possibilités de prise en charge de l'enfant maltraité ne traduisent en rien une actualité particulière de cette déviance familiale. L'enfant victime de violences du fait de ses parents appartient à tous les temps et à toutes les cultures. Seul, a changé l'éclairage posé sur cette déviance depuis l'adoption de la convention relative aux droits de l'enfant par l'assemblée générale des Nations unies (20 novembre 1989 – cf. *fiche 62).*

1 DÉFINITION ET TYPES DE MALTRAITANCE

A Une définition qui relativise le concept

- « Mauvais traitements subis par l'enfant qui résultent d'une action humaine réprouvée, qui se produit dans l'environnement immédiat et qui pourrait être prévenue » (Finkelhor et Korbin, 1988).

  Ce concept met l'accent sur l'**intentionnalité** (« résultent »), et introduit une **relativité culturelle**. Au niveau international toutefois, un consensus condamne toute pratique culturellement acceptée qui augmente la morbidité-mortalité des enfants (clitoridectomie et infibulation des fillettes, par exemple, pratiques pourtant approuvées par certaines sociétés).

B Des formes diverses, souvent interdépendantes

- **Les sévices physiques** atteignent en priorité les enfants les plus jeunes (80 % des enfants hospitalisés pour cette raison ont moins de trois ans). Ils peuvent être découverts inopinément lors d'un examen radiologique (**syndrome de Silverman**).
- **Les sévices psychologiques** se composent d'interdits, de menaces, d'humiliations, d'exigences ou de punitions disproportionnées qui provoquent chez l'enfant la peur d'être abandonné ou détruit.
- **Les carences** d'apports physiques (nourriture insuffisante ou irrégulière) ou psychologiques (enfant laissé seul, sans stimulation) constituent une forme camouflée de violence.
- **Les actes incestueux** désignent toutes formes de relations homo ou hétérosexuelles où le parent abuse de son autorité pour imposer à l'enfant des actes d'ordre sexuel. Il peut s'agir d'accouplements, de contacts oro-génitaux, de masturbation, d'exhibitionnisme ou de voyeurisme.

2 DES POPULATIONS À RISQUE, DES CONSÉQUENCES DRAMATIQUES

A Qui violente qui ?

- Tout enfant court le risque de connaître des violences familiales. Certaines naissances augmentent ce risque (enfants prématurés, handicapés ou naissances multiples) par la **blessure narcissique** qu'elles infligent aux parents et/ou par la **difficulté de mise en place du lien** d'attachement précoce lié à l'environnement néonatologique nécessaire à la survie de l'enfant.

- L'existence fréquente de violences subies pendant l'enfance par l'un ou les deux parents caractérise **la répétition «pseudo-héréditaire»** des violences familiales.
- Certaines formes de cellules familiales semblent accentuer le risque : les couples vivant sur un **mode fusionnel** (qui excluent l'enfant de leur relation), les **couples conflictuels** (où la dramatisation peut-être le fonctionnement habituel), et les enfants vivant **seuls avec des mères carencées** qui ne reçoivent pas d'étayage suffisant.
- Autres facteurs de risques : la débilité (carences), l'alcoolisme, la toxicomanie, les personnalités psychopathes et psychotiques.

B Se construire dans la violence

- L'apparition de troubles somatiques exprime à la fois **la souffrance et le conflit intrapsychique** : anorexie, troubles du sommeil, chez le bébé ; troubles fonctionnels (énurésie et encoprésie), chez l'enfant grandissant ; troubles psychosomatiques (eczéma et nanisme psychogène), à tous âges.
- L'enfant habituellement maltraité souffre toujours de perturbations de son développement psycho affectif. Il fait l'expérience de son **impuissance face à la violence extérieure et à celle de ses pulsions agressives**, ce qui équivaut à un traumatisme dont le devenir dépend de la tolérance de l'enfant, de sa maturation psychologique lors de la survenue des sévices, de la nature des violences subies, de leur durée et de l'aide thérapeutique apportée.
- L'intégration par le bébé d'un maternage brutal l'amène à structurer son moi de façon inhabituelle et le rend méfiant à tout autre type d'approche. Il ne peut construire **un moi que non ou mal structuré.**
- Les relations sociales avec les pairs sont souvent désorganisées, certains enfants déchargeant **leurs pulsions de violence** sur de plus faibles qu'eux.
- **L'angoisse** peut s'exprimer de façons diverses sous forme d'une hyperactivité-instabilité, de passages à l'acte (délinquance) ou, au contraire, d'une grande passivité, voire d'une hypermaturité. Ces réactions masquent toujours une grande **vulnérabilité** qui peut toujours réapparaître lors d'un nouveau traumatisme.

L'analyse de la personnalité des parents permet d'évaluer le danger auquel l'enfant est exposé et leur réelle possibilité de mobilisation. La prise en charge décide le maintien ou non dans la famille et les soutiens psychosociaux et psychothérapeutiques nécessaires à garantir la sécurité de l'enfant.

Définitions

Syndrome de Silverman: apparition à l'examen radiologique de fractures multiples consolidées, d'âges différents.

Traumatisme: expérience d'absence de secours dans les parties du moi qui doivent faire face à une accumulation d'excitation d'origine externe ou interne.

Pour aller plus loin

Duché, D.J. (1983), *L'enfant au risque de la famille*. Paris : Centurion.

Freud, S. (1973), « Un enfant est battu », *Névrose, psychose et perversion*. Paris : PUF. 219-245.

Rouyer, M., Drouet, M. (1994), *L'enfant violenté*. Paris : Bayard/Païdos.

FICHE 73

LA PATHOLOGIE MENTALE ET LE SYMPTÔME

Les termes « mania », « moria » *chez les Grecs et ceux d'*« amentia » *ou d'*« insipia » *chez les Latins désignaient la folie. Mais* « folis » *était un soufflet ou une outre gonflée d'air. C'est dans la chanson de Roland (vers 1100) que le terme « folie » est évoqué pour la première fois avec son sens actuel. « Psychiaterie » apparaît dans la publication de Reil à l'Université de Halle (1808) et devient la partie de la médecine qui étudie et traite la maladie mentale. La psychopathologie et la psychologie clinique sont de création plus récente* (cf. *fiche 16).*

1 Du normal au pathologique

- Le normal est défini de plusieurs façons : normative et statistique.
- **Définition normative:** est normal ce qui est conforme à un modèle théorique, social ou culturel. Lorsque certaines conduites ne correspondent pas au modèle, « dévient », elles sont considérées comme pathologiques. L'anormal étant de l'ordre de la différence, cela peut conduire à l'intolérance, voire à la xénophobie.
- **Définition statistique:** la normalité est définie comme ce qui apparaît le plus fréquemment. Dans cette conception, on postule une continuité entre le normal et le pathologique (ce qui n'est pas dans la première). Sur ce *continuum*, on va d'un sujet qui gère avec souplesse ses conflits et qui peut reconnaître ses souffrances jusqu'à celui qui est **«aliéné»** par ses conduites, voire son mode de penser et n'arrive plus à reconnaître qu'il souffre.

2 La démarche diagnostique

- Elle vise à poser un diagnostic et une indication thérapeutique. Elle comprend une **analyse sémiologique**, étude des signes que sont les symptômes rattachés à un ensemble : la maladie.
- Les maladies sont répertoriées à l'intérieur d'une classification : **la nosographie**. Les classifications des maladies relèvent de plusieurs approches : catégorielle, dimensionnelle, typologique. Toutes ces classifications sont problématiques ; aussi le choix d'une classification n'est-il jamais neutre.
- En psychopathologie, le symptôme est considéré comme ayant un sens, ce qui n'est pas le cas en psychiatrie.
- Du point de vue psychanalytique, le symptôme est une manifestation, une expression de l'inconscient. Comme pour le rêve, le désir ne peut figurer dans le symptôme que déguisé et ayant subi des déformations, le rendant plus ou moins reconnaissable. Il représente une formation de compromis entre la satisfaction du désir inconscient et l'interdit qui s'y oppose. Le symptôme permet d'apaiser l'angoisse liée au conflit et représente ainsi un bénéfice dit « primaire ». Au bénéfice pri-

maire s'ajoute un bénéfice secondaire lié aux gains divers que le sujet peut tirer de l'exploitation de sa maladie avec son entourage en particulier. Par son caractère de compromis, le symptôme, quelles que soient les plaintes du patient, représente donc toujours une certaine solution à des difficultés qui généralement mène le sujet dans une impasse et lui évite la prise de conscience du conflit.

- Le symptôme s'inscrit dans une histoire singulière qui est à décrypter avec le patient.

3 L'étiologie des troubles

- L'étiologie (la cause des troubles) est au centre d'un débat majeur où s'affrontent les thèses de l'**organogenèse** (les maladies mentales ont un substrat organique) et de la **psychogenèse** (les facteurs impliqués sont d'ordre psychologique).
- Le psychologue clinicien tient compte de l'histoire du sujet (**anamnèse**), mais aussi de la **sociogenèse** des troubles au plan des influences sociales et de celui des événements qui s'inscrivent comme rupture ou crise dans la vie d'un sujet. Actuellement, sont particulièrement travaillées les questions des **traumatismes précoces** et les incidences des **phénomènes d'acculturation**.
- La psychogenèse est comprise selon plusieurs approches théoriques : psychanalyse, théories systémiques, cognitivistes, etc. La théorie psychanalytique qui a été choisie dans les fiches qui suivent rend compte d'un modèle structural où trois structures essentielles sont dégagées : névrose (*cf.* fiches 74, 75, 76), psychose (*cf.* fiches 77 et 78) et perversion (*cf.* fiche 81). Chacune est organisée par une certaine forme du conflit œdipien ou de son absence qui rend compte des troubles. Les troubles alimentaires (*cf.* fiche 82), les toxicomanies (*cf.* fiche 83) sont considérés comme des conduites car n'appartenant pas à une structure psychopathologique déterminée. La dépression est un syndrome que l'on peut retrouver dans toute pathologie mentale ou somatique (*cf.* fiche 79). La psychosomatique recouvre un champ dont sont précisés les différents aspects (*cf.* fiche 84).

L'appréhension des maladies mentales implique de spécifier l'approche utilisée qui contribue à les comprendre et à déterminer les formes de prise en charge.

Définition

Mécanisme de défense: opération par laquelle le moi tend à réduire ou à supprimer ce qu'il pressent comme danger pour son intégrité.

Pour en savoir plus

Samacher *et al.* (1998), *Psychologie clinique et psychopathologie*. Rosny : Bréal/Grand Amphi.

FICHE 74

LA NÉVROSE HYSTÉRIQUE ET LES CONVERSIONS

L'hystérie figure parmi les premières pathologies mentales répertoriées dans l'histoire de la psychiatrie. 400 ans avant J.-C. Hippocrate proposait de la comprendre comme le résultat d'une migration de l'utérus dans le corps de la femme. Début XXe, Freud formule l'hypothèse de l'origine inconsciente du conflit psychique ayant donné naissance au symptôme hystérique. Depuis, l'évolution des formes symptomatiques témoigne de leur dimension culturelle : les crises à la Charcot ont en effet disparu au profit de symptômes socialement plus acceptables.

1 Définition et épidémiologie

- L'hypothèse-diagnostic de névrose hystérique est formulée devant un tableau clinique associant symptôme de conversion et personnalité hystérique.
- L'origine du terme « hystérie » a souvent conduit à affirmer qu'il s'agissait d'une maladie propre aux femmes. On sait aujourd'hui qu'elle existe aussi chez l'homme, même si elle est trois fois moins fréquente.

2 Sémiologie

A Les symptômes hystériques

- On distingue deux types de symptômes hystériques : les symptômes de conversion, face auxquels les hystériques ont une attitude de « belle indifférence », et les symptômes d'expression psychique.
- **Les symptômes de conversion** peuvent être aigus ou durables. Il s'agit de symptômes d'apparence organique, le plus souvent neurologiques ou touchant des organes de la vie de relation, et pour lesquels aucune origine organique n'est décelable.
- Les manifestations aiguës s'observent chez plus de la moitié des malades, isolées ou associées aux manifestations durables. Il s'agit de crises, en général brèves, liées à une situation conflictuelle. On distingue **les crises d'agitation psychomotrice** ou « crises de nerfs », **les crises tétaniformes**, **de spasmophilie**, **convulsives**, **les évanouissements**, **les crises extra-pyramidales** comprenant des hoquets, des bâillements, des crises de rire ou de pleurs incoercibles, par exemple. Ces crises sont parfois plus inquiétantes et se déroulent dans un état de demi-conscience permettant des décharges agressives ou érotiques.
- Les manifestations durables regroupent essentiellement **les troubles de la motricité** parmi lesquels les paralysies sont fréquentes, **les troubles de la sensibilité** tels que les anesthésies, les hyperesthésies, les algies (70 % des patients) avec les céphalées en particulier, **les troubles sensoriels** affectant n'importe quel organe des sens, **les troubles neurovégétatifs** avec vomissements, toux nerveuse, vaginisme, etc.

- **Les symptômes d'expression psychique** comprennent **les troubles de la mémoire** consistant en des amnésies lacunaires ou sélectives, **l'inhibition intellectuelle** qui peut conduire à une pseudo-débilité, **les troubles de la vigilance** comme la distractivité, **les troubles de la sexualité** caractérisés par une crainte, par un dégoût, ou par une hypersexualité apparente, derrière lesquels se retrouvent la frigidité chez la femme, l'éjaculation précoce chez l'homme. **La tendance dépressive** s'exprime de manière larvée ou franche, avec un sentiment de fatigue, une souffrance voire un risque suicidaire.

B La personnalité hystérique

- La personnalité hystérique existe aussi en dehors de toutes manifestations symptomatiques. L'hystérique **séducteur, théâtral** tente d'accaparer l'attention en dramatisant les situations. Il peut modifier le réel, l'enjoliver ou le péjorer, selon sa **tendance mythomaniaque**. Il est influençable, **suggestible**. Son **hyperréactivité affective,** vécue sur un mode exagéré, se caractérise par sa labilité. Sa **dépendance affective**, son **immaturité**, le conduisent à chercher une valorisation par l'entourage.

3 ÉLÉMENTS PSYCHODYNAMIQUES

- L'hystérique se particularise par des fixations aux stades oral et phallique, ce qui en fait un sujet affectivement avide et narcissique. **Il n'a pas résolu son conflit œdipien** (*cf.* fiche 73), le symptôme conversionnel en témoigne comme réalisation déguisée des désirs œdipiens et des angoisses de castration qui y sont liées. **L'angoisse est convertie** en une pseudo-atteinte du corps. La zone corporelle est en relation symbolique avec les représentations œdipiennes refoulées. Le mécanisme défensif essentiel est le refoulement.
- Il est primordial de ne pas faire l'impasse sur une affection organique. L'hospitalisation permet dans certains cas de séparer le malade de sa famille et de réduire les bénéfices secondaires des symptômes. La cure psychanalytique et la psychothérapie psychanalytique sont particulièrement indiquées. La chimiothérapie est surtout proposée dans les dépressions graves. Il y a cependant toujours des risques de pharmacodépendance et de manipulation du médecin par ces patients.

Les termes « hystérie » et « hystérique » souvent employés, dans le langage courant, dans un sens plutôt négatif, recouvrent en réalité une entité psychopathologique qui désigne, outre une personnalité repérable et plus connue, une vraie souffrance qu'il est nécessaire de prendre en compte.

Définitions

Bénéfices secondaires: bénéfices que le sujet peut obtenir consciemment par son entourage du fait de ses symptômes.

Refoulement: processus qui maintient hors de la conscience les représentations inacceptables pour le sujet.

Pour en savoir plus

Freud, S., (1905), « Le cas Dora », *Cinq Psychanalyses.* Paris : PUF, 1973.

Hanus, M., (1997), *La psychiatrie intégrée de l'étudiant*. Paris : Éd. Maloine.

FICHE 75

NÉVROSE ET PERSONNALITÉ OBSESSIONNELLES

Au début du XX*e siècle, Freud élabore unc clinique et une théorie de la névrose obsessionnelle, mais dès le* XIX*e cette entité nosographique avait été identifiée sous le nom de « folie du doute » par Falret. « Obsession » vient du latin* obsessio, *qui signifie siège, action de siéger. Dans la névrose obsessionnelle, la pensée est assiégée par des idées face auxquelles des actions spécifiques se mettent en place, dans un but défensif. Dans le DSM DSH IV, cette névrose disparaît au profit du TOC (trouble obsessionnel compulsif) et de la personnalité obsessionnelle-compulsive.*

1 Définition et épidémiologie

- L'hypothèse diagnostic de névrose obsessionnelle est formulée devant un tableau clinique associant personnalité obsessionnelle et symptômes obsessionnels. Ces symptômes se manifestent à deux niveaux : celui de la pensée et celui des actes. C'est la névrose la plus organisée, la plus grave et la plus rebelle.
- La névrose obsessionnelle est une affection assez rare 2 % de la population en est atteinte. Elle touche autant les hommes que les femmes. 40 % des formes débutent avant vingt ans puis s'épanouissent au cours de la vie adulte. La prévalence du TOC est de 2 à 3 % de la population.

2 Sémiologie

A Les symptômes obsessionnels

- On distingue classiquement : les obsessions proprement dites, les compulsions, les rituels et les vérifications.
- **Les obsessions** consistent en des idées, des affects ou des images qui surviennent de façon parasite dans la pensée, qui s'imposent de façon répétée et involontaire à la conscience du sujet. Ce dernier peut d'ailleurs reconnaître cette pensée comme sienne ainsi que son caractère absurde et pathologique. Trois types d'obsessions sont décrits
  - **les obsessions idéatives** sont les plus fréquentes. Elles sont représentées par l'intrusion répétitive d'idées (religieuses, morales, agressives...), de mots ou d'images mentales obscènes, dégoûtantes, absurdes ;
  - **les obsessions phobiques** ont un caractère anxiogène, elles concernent des peurs en rapport avec la crainte imaginaire d'une maladie (SIDA, cancer, etc.), d'une souillure (excréments, produits toxiques), ou d'une contamination (pollution, saleté, microbes). Ce qui est redouté ici, c'est la pensée de la situation ou de l'objet ;
  - **les obsessions impulsives** consistent en la peur de commettre, contre sa volonté, un acte agressif, absurde, immoral ou auto-agressif ;

– **les compulsions** sont des actes répétitifs qui s'imposent au sujet et qu'il ne peut s'empêcher d'accomplir. Il s'agit par exemple d'éviter de marcher sur un carreau noir ;
– **les rituels** sont des séquences d'actes, ils portent sur des actions quotidiennes que le sujet est obligé d'effectuer : habillage, toilette, coucher, etc. Ils peuvent être uniquement intimes : effectuer des calculs mentaux, se réciter une liste de mots etc. Ces rituels sont automatiques, coercitifs, rigoureux, rigides ;
– **les vérifications** ont pour but de contrôler la réalisation ou l'absence de réalisation d'un acte tel que : fermer la porte ou le robinet d'eau…

B La personnalité obsessionnelle

- Le patient obsessionnel a **une tendance psychasthénique** qui consiste en une forme de fatigue vécue sur les versants somatique et psychique, mais qui résulte de facteurs psychologiques tels que la lutte intérieure intense, la crainte de nouvelles situations. Cette tendance explique sa lenteur et son apragmatisme. Ses **traits de caractère anal** se manifestent par l'ordre, la propreté, la ponctualité, la parcimonie, l'obstination, l'autoritarisme et leurs contraires (formations réactionnelles telles que le désordre, la saleté, etc.). L'obsessionnel fonctionne sur le mode de l'emprise dans les domaines affectif, intellectuel ou moteur, ou sur le mode de la soumission. Il est ambivalent affectivement. Ses relations sont infiltrées de sadomasochisme. Il a une **peur importante de la mort** liée à sa problématique œdipienne.
- **La personnalité obsessionnelle-compulsive** décrite dans le DSM IV regroupe la plupart des traits de caractère anal et psychasthénique.

3 ÉLÉMENTS PSYCHODYNAMIQUES ET TRAITEMENTS

- La névrose obsessionnelle est constituée par une régression de la libido au stade sadique-anal auquel se rapportent les traits précédemment mentionnés. La problématique œdipienne de ce sujet se caractérise par une relation captive à sa mère qui le confronte à un fantasme d'inceste qui serait **réalisé** avec elle et à un fantasme de meurtre qui paraît **réalisé** à l'égard de son père. Il en résulte, en particulier, une culpabilité très intense et la peur de la mort. Comme dans toute névrose le mécanisme défensif central est le refoulement.
- La psychanalyse et la psychothérapie psychanalytique peuvent être une bonne indication, mais les cures sont longues et difficiles. Les thérapies cognitivo-comportementales sont préconisées dans certains cas très précis. La chimiothérapie consiste en la prescription d'antidépresseur, même en l'absence de toute composante dépressive, elle est peu efficace sur les obsessions idéatives.

Pour en savoir plus

Freud, S. (1909), « Remarque sur un cas de névrose obsessionnelle » (L'homme aux rats), *Cinq Psychanalyses*, (1973) Paris : PUF.
Hanus, M. (1997), *La psychiatrie intégrée de l'étudiant*. Paris : Maloine.
Cottraux, J. (1998), *Les ennemis intérieurs*. Paris : Odile Jacob.

FICHE 76

NÉVROSE PHOBIQUE ET PHOBIES

Sur le plan étymologique, phobie vient du grec phobos *qui signifie « crainte soudaine, effroi ». En la désignant d'abord comme « hystérie d'angoisse », Freud a individualisé la névrose phobique, à la fin du XIXe siècle. Dans le DSM IV, cette névrose disparaît au profit des troubles anxieux.*

1 Définition et épidémiologie

- L'hypothèse-diagnostic de névrose phobique est formulée devant un tableau clinique associant une personnalité, proche de celle de l'hystérie, et une gestion particulière de l'angoisse qui caractérise le symptôme phobique.
- On considère que la prévalence des phobies est de 7,6 %, dans la population française, mais seulement 2 à 3 % nécessitent un traitement.

2 Sémiologie

A Les symptômes phobiques

- Le symptôme phobique se caractérise par **un facteur déclenchant spécifique** bien défini, bien connu et redouté du patient. C'est en présence de ce stimulus qu'**une crise d'angoisse** se déclenche.
  Le corollaire de l'angoisse phobique se situe dans **des comportements spécifiques.**
- **Les phobies de situation** sont les plus fréquentes : l'agoraphobie désigne la peur des espaces vides ou d'une certaine étendue (rue, lieux publics, etc.), la claustrophobie est la peur des espaces fermés (ascenseur, etc.), la phobie des moyens de transport concerne tout moyen de locomotion.
  Les phobies sociales sont définies par la peur d'être dans une situation qui expose le sujet à l'attention d'autrui, où il risque d'être soumis à la critique ou dévalorisé. Il s'agit de la peur de parler, la peur de téléphoner, par exemple.
  Les phobies simples désignent les peurs isolées d'une seule situation ou d'un seul objet tel que : sang, couteau, animaux, etc.
  Les phobies d'impulsion sont la peur d'être agressif envers autrui ou soi-même : phobie d'impulsion suicidaire, phobie d'impulsion homicide.
  Les phobies limites désignent des phobies parmi lesquelles on décrit l'éreutophobie qui est la peur de rougir en public, la nosophobie ou peur des maladies graves (cancer, SIDA), et la dysmorphophobie qui est la crainte non justifiée d'une modification corporelle localisée : peur d'avoir un vilain nez, par exemple.
- Face aux phobies se mettent en place **des conduites phobiques**, à savoir : **les conduites d'évitement** des objets ou des situations phobogènes, **les conduites de réassurance** (le sujet s'entoure de mesures de protection qui lui permettent de supporter sa phobie) et **les conduites contra-phobiques** qui consistent pour un sujet en une tentative de maîtrise de ses phobies en s'y confrontant.

- **D'autres symptômes** peuvent apparaître, à côté des phobies :

  L'inhibition caractérise la difficulté du phobique à envisager les situations nouvelles.

  La dépression survient lorsque les désirs du sujet ne peuvent être assouvis en raison des restrictions amenées par les mesures d'évitement.

  Les troubles sexuels sont marqués par l'inhibition, la frigidité vaginale chez la femme, l'éjaculation précoce ou l'impuissance chez l'homme, ce qui s'accompagne souvent d'une activité masturbatoire.

B La personnalité phobique

- Le phobique est **anxieux,** toujours sur le qui-vive pour prévenir la situation anxiogène. Il présente **certains traits de personnalité hystérique** car les névroses phobique et hystérique ont des structures névrotiques proches : on retrouve, par exemple, l'immaturité du moi, la suggestibilité, l'avidité pour toute gratification.

  Quelques traits sont propres aux phobiques: Le phobique ne se sent pas en sécurité. Il est en général inhibé ou se présente comme sur-occupé, dans l'affrontement d'obstacles multiples.

3 ÉLÉMENTS PSYCHODYNAMIQUES ET TRAITEMENTS

- Ce qui caractérise la névrose phobique proche de l'hystérie est essentiellement la gestion de l'angoisse. Cette dernière est projetée sur un objet : la phobie des chats, par exemple (l'animal représente symboliquement, après déplacement, le conflit interne). C'est le conflit œdipien entre les désirs et la peur de la punition qui provoque l'angoisse.

  Bowlby a montré que les personnes ayant des *patterns* d'attachement insécure étaient plus phobiques que les autres.

- La psychanalyse, la psychothérapie d'inspiration psychanalytique sont des traitements particulièrement indiqués. Les thérapies cognitivo-comportementales peuvent être parfois préconisées pour les phobies très invalidantes. La chimiothérapie est utilisée pour les manifestations de grande anxiété ou la survenue d'un état dépressif.

S'il existe bien un mécanisme commun spécifique aux phobies, leurs formes sont extrêmement diverses. C'est davantage leur caractère invalidant qui conduit à la mise en place d'une prise en charge thérapeutique.

Pour en savoir plus

Freud, S. (1909), « Le petit Hans », *Cinq Psychanalyses*. Paris : PUF (1973).

Birraux, A. (1994), *Éloge de la phobie*. Paris : PUF/Le fil rouge.

FICHE 77 SCHIZOPHRÉNIES, DISSOCIATION ET DÉLIRE PARANOÏDE

Le terme de « schizophrénie », qui signifie « scinder, couper, séparer », a été introduit pour la première fois par Bleuler, en 1906. Kraepelin (1896) avait déjà repéré cette maladie sous le nom de « démence précoce ». Actuellement, pour souligner l'hétérogénéité clinique de ce type de pathologie, on parle « des schizophrénies » ou psychoses dissociatives.

1 Définition et épidémiologie

- La schizophrénie est une psychose. L'hypothèse-diagnostic de schizophrénie est formulée devant un tableau clinique présentant un syndrome de dissociation qui concerne l'aspect déconstruit de la personnalité et qui est ou non associé à un délire paranoïde.
- La schizophrénie concerne 1 % de la population française de quinze à trente ans. La majorité des cas apparaissent entre quinze et trente-cinq ans. 20 à 25 % des sujets guérissent, 20 à 25 % ont une évolution vers une forme grave, 50 % présentent une évolution intermédiaire.

2 Sémiologie à la période d'état

A Le syndrome de dissociation ou de discordance

Ce syndrome se caractérise par l'ambivalence, la bizarrerie, l'impénétrabilité et le détachement. Il exprime le défaut de cohésion de la vie mentale du sujet.

- **Dans le domaine intellectuel**, on observe des troubles du langage qui est altéré au niveau sémantique et phonétique ; la fonction même du langage est perturbée : le patient crée un néolangage par exemple. On constate aussi des troubles du cours de la pensée, cette dernière est chaotique et comporte des barrages, les associations sont illogiques.
- **Dans le domaine affectif**, peuvent apparaître une indifférence affective, des manifestations émotionnelles immotivées, un négativisme qui est le refus des sollicitations, une ambivalence importante et des troubles de la vie sexuelle.
- **Dans le domaine du comportement**, sont repérables des comportements ambigus, des conduites contradictoires, un maniérisme, des actes violents auto ou hétéro-agressifs, de grandes manifestations psychomotrices telles que des accès de fureur.

B Le délire paranoïde

- C'est un délire flou, où les nombreux thèmes d'influence, de persécution, de transformations corporelles, par exemple, se chevauchent. Le délire est parfois pauvre, il peut aussi être riche d'une réalité fantasmatique. Il se manifeste par des hallucinations polymorphes, en particulier auditives ; l'automatisme mental est fréquent. La pensée du schizophrène tend à se refermer sur elle-même et, dans ce sens, on parle de délire **autistique**. Les angoisses liées au délire peuvent être très intenses : anéantissement, morcellement, etc.

- Les formes cliniques sont très diverses. Quatre formes classiques sont individualisées : la forme paranoïde décrite ici, la forme catatonique où dominent les troubles psychomoteurs, la schizophrénie simple sans délire et l'hébéphrénie qui se spécifie par une symptomatologie déficitaire.

3 ÉLÉMENTS PSYCHODYNAMIQUES ET TRAITEMENTS

- La structure schizophrénique se caractérise par un échec des mécanismes d'identification. Cet échec conduit à une carence des processus d'individuation et est responsable de l'absence de limites du schizophrène. Cette absence de limites s'exprime dans les manifestations paranoïdes. Le clivage du moi et de l'objet en bon et mauvais est un mécanisme défensif central de la schizophrénie qui explique la dissociation. C'est dans l'établissement des premières relations à l'objet (la mère) que la plupart des auteurs voient le prélude de la schizophrénie. La mère envahissante et froide ne permet pas le développement de désirs propres différenciés chez son enfant.
- Pour Lacan, la forclusion (rejet définitif) du Nom-du-Père (représentation du père œdipien) est le mécanisme qui conduit le sujet à la psychose.
- Bateson, Watzlawick, Weakland ont mis l'accent sur les perturbations du système de communication intrafamiliale. La schizophrénie serait une réponse au système de communication paradoxale au sein de la famille.
- L'abord thérapeutique de chaque sujet est spécifique et multidimensionnel. Il comprend la chimiothérapie, la psychothérapie, prise en charge institutionnelle et sociale. Les objectifs du traitement sont principalement de lutter contre l'évolution naturelle de la maladie et la désocialisation du sujet. Face aux réticences du sujet à se soigner, l'hospitalisation peut être essentielle.

Les schizophrénies peuvent se présenter sous des formes diverses et avec des intensités différentes. Chacune donne à voir un tableau singulier qui correspond cependant à une atteinte profonde de la personnalité.

Définitions

Barrage: un barrage est un signe pathognomonique de la schizophrénie. Le sujet suspend son discours puis le reprend sur le même thème ou un autre thème, et ne s'en rend pas compte.

Automatisme mental: ensemble de phénomènes (hallucinations verbales, sentiment de devinement de la pensée) qui donne l'impression au sujet qu'il n'a plus de contrôle sur son fonctionnement psychique.

Pour en savoir plus

Racamier, P.C. (1983), *Les schizophrènes*. Paris : Payot/Petite Bibliothèque.

FICHE 78 PARANOÏA, DÉLIRES PARANOÏAQUES

Para noia *veut dire « penser à côté », folie, en grec. A partir du XIX*[e] *siècle, il a été retenu par le vocabulaire médical allemand. En 1909, Sérieux et Capgras rédigent un ouvrage sur « la folie raisonnante ». Génil-Perrin (1926) montre la spécificité du caractère paranoïaque et Freud (1911) propose une interprétation psychodynamique des délires paranoïaques.*

1 Définition et épidémiologie

- La paranoïa est d'abord un caractère qui peut se situer dans les limites de la tolérance sociale ou s'en écarter notablement.
- L'hypothèse-diagnostic de paranoïa est formulée lorsque le caractère devient pathologique, soit par le biais de certains troubles du comportement, soit par son association à un certain type de délire.
- Le délire paranoïaque est caractérisé par le développement insidieux d'un système délirant durable, inébranlable, allant de pair avec la conservation de la clarté, de l'ordre dans la pensée, le vouloir et l'action.

  L'âge de début de la paranoïa est supérieur à trente-cinq ans. Le caractère paranoïaque est plus répandu dans le sexe masculin.

2 Sémiologie

A La personnalité paranoïaque

- La personnalité paranoïaque sur laquelle se développe le délire comprend quatre traits fondamentaux. Le paranoïaque présente une **hypertrophie du Moi** d'où découle sa psychorigidité, son obstination, son mépris d'autrui, son orgueil ambitieux. Il est extrêmement **méfiant**, il se sent entouré par un univers malveillant et envieux qui entraîne sa réticence. La **fausseté de son jugement** se traduit par des interprétations fausses face auxquelles l'autocritique et le doute sont impossibles. Il fait preuve par conséquent d'une **inadaptation sociale** qui tend à l'isoler et à le rendre peu sociable.

B Les délires paranoïaques

- **Les délires paranoïaques** ont pour caractéristiques communes d'être **interprétatifs** (le sujet perçoit bien un élément de réalité mais l'interprète de façon fausse), **logiques**, **systématisés** (ils sont bien organisés), et **chroniques**.
- **Les délires passionnels** reposent sur une passion pathologique et sont centrés sur un thème prévalent. Dans **le délire de revendication** qui apparaît à l'occasion d'un préjudice vrai ou supposé dont le paranoïaque se croit la victime, le sujet cherche à obtenir réparation. Sa revendication pathologique peut s'exercer dans les domaines de la loi, de la santé, de la métaphysique, du savoir. Dans **le délire érotomaniaque**, le sujet est convaincu d'être aimé par une personne qu'il consi-

dère comme ayant un rang social important. Dans **le délire de jalousie**, le sujet est en proie à la croyance d'être trompé par son partenaire.

- **Les délires d'interprétation** sont construits autour de plusieurs idées prévalantes et reflètent la tendance du sujet à interpréter et chercher un sens à tout ce qu'il perçoit. Les thèmes du délire concernent la persécution (préjudice, malveillance) et la mégalomanie (on lui en veut parce qu'il est très important). Le sujet se vit comme étant la référence centrale des conduites d'autrui (on se moque de lui, il est regardé constamment, etc.).
- **Le délire de relation des sensitifs**, décrit par Kretschmer, se développe sur une personnalité sensitive, c'est-à-dire chez des sujets qui extériorisent peu leurs conflits relationnels et chez lesquels dominent la méfiance, l'hypersensibilité, l'hyperémotivité, une grande scrupulosité et une dépressivité certaine. À la suite d'une série d'échecs, de frustrations etc., le sujet va croire être l'objet d'une attention malveillante et va se résigner aux persécutions dont il croit être l'objet.

3 Éléments psychodynamiques et traitements

- Pour Freud, la paranoïa se définit, dans ses différentes modalités délirantes, comme une défense contre des désirs inconscients homosexuels. La projection est un mécanisme essentiel de l'activité psychique du paranoïaque. En projetant ses désirs, ceux-ci se retournent de façon persécutive contre lui.
- Pour Lacan, la paranoïa apparaît comme étant une pathologie du narcissisme. Le paranoïaque possède un Moi qui arrive à se maintenir grâce à la position de toute-puissance mégalomaniaque vis-à-vis de l'autre, dans laquelle il se situe. Il est marqué par des fixations prégénitales sadiques anales.
- La chimiothérapie est largement utilisée. Les neuroleptiques, parfois associés systématiquement avec les antidépresseurs, visent l'atténuation de la conviction délirante, de l'angoisse et de l'agressivité. La psychothérapie reste d'abord difficile et prend davantage la forme de psychothérapie de soutien afin de favoriser l'expression verbale et les réaménagements relationnels.

L'importance du repérage des délires paranoïaques repose tant sur la potentialité d'un passage à l'acte agressif que sur leur possibilité de passer inaperçus dans les premiers temps en raison de leur caractère logique et systématisé.

Définition

Projection: la projection consiste à expulser hors de soi des représentations, des affects, des désirs que l'on refuse en soi.

Pour en savoir plus

Freud, S. (1911), « Remarques psychanalytiques sur un cas de paranoïa, (*dementia paranoides*) (Le président Schreber) », *Cinq psychanalyses*. Paris : PUF, 1973.

FICHE 79 SYNDROMES DÉPRESSIFS

La dépression, y compris sous sa forme très grave, la mélancolie, a été identifiée dès l'Antiquité. À la fin du XIXe siècle, Kraepelin établit le cadre d'une psychose maniaco-dépressive, K. Abraham et S. Freud montrent le rapport que la dépression entretient avec le deuil pathologique et les problématiques de la perte. Les données issues des recherches en génétique apportent actuellement des éléments intéressants pour certaines dépressions.

1 Définition et épidémiologie

- **La dépression ou syndrome dépressif** appartient aux troubles de l'humeur.
  L'humeur est la tonalité affective de base, sous-tendant tous nos sentiments et émotions, qui oscille entre un pôle positif, celui du plaisir, et un pôle négatif, celui du déplaisir. Les troubles de l'humeur s'observent entre le pôle euphorique de l'accès maniaque, ou désespéré de l'accès mélancolique.
- La dépression est le trouble psychiatrique le plus fréquent, elle touche 5 à 15 % de la population française, deux fois plus de femmes que d'hommes en souffrent. Elle représente 30 à 35 % des causes de suicide. Seulement 25 % des sujets déprimés sont bien soignés.

2 Sémiologie

A Sémiologie générale

- Le syndrome dépressif comprend trois grandes séries de symptômes : l'humeur dépressive, le ralentissement cognitivo-moteur et les troubles somatiques.
  L'humeur dépressive comprend une douleur morale, une tristesse pathologique. Le sujet a **une vision pessimiste de lui et du monde**, il s'autodévalorise. On constate aussi **un émoussement affectif** avec perte de plaisir et d'intérêt, ou **une instabilité des affects** avec irritabilité, impulsivité, crises de larmes et **une idéation suicidaire; le risque suicidaire est toujours à prendre en compte**.
- **Le ralentissement** se manifeste **au niveau intellectuel** par une idéation lente, une aboulie, un ralentissement du débit verbal, des troubles de l'attention, de la concentration et de la mémoire, **au niveau moteur** par la lenteur de la marche, la rareté des mouvements, la voix monocorde.
- **Les symptômes somatiques** recouvrent les troubles du sommeil (hypersomnie, insomnie, somnolence), de l'alimentation (anorexie, hyperphagie), de la sexualité (diminution de la libido, impuissance, frigidité), des troubles divers (céphalée, algies, troubles neurovégétatifs, etc.).
- Les symptômes décrits ont une importance variable selon les dépressions (dépression « masquée » – sans douleur psychique manifeste, mélancolie –, exacerbation de tous les symptômes, etc.).

B Dépression, pathologies mentales, pathologies somatiques

- Le syndrome dépressif peut apparaître comme caractérisant l'épisode mélancolique d'une psychose maniaco-dépressive, il est alors très grave, mais il peut s'associer à n'importe quelle maladie mentale.
- Les dépressions dites « endogènes » renvoient à une étiologie mal connue, c'est le cas de la maniaco-dépression.
- Les dépressions psychogènes sont définies par l'introduction d'une hypothèse causale relative à leur genèse (perte d'un proche, d'un emploi, traumatisme, etc.). On distingue alors les dépressions névrotiques, les dépressions ***borderline***, les dépressions du *post-partum* (15 % des mères, elles sont à différencier du *baby-blues* qui est la dépression normale vers le cinquième jour après la naissance), les dépressions chez la personne âgée qui s'aggravent avec l'isolement de la personne.
- Les dépressions liées à une atteinte organique grave (cancer, sida, etc.), souvent négligées, ne sont pas à confondre avec celles que provoquent les perturbations biologiques liées à certaines maladies somatiques comme l'hyperthyroïdie, la sclérose en plaques par exemple ou certains médicaments : corticoïdes, bétabloquants, etc.
- Les dépressions d'épuisement surviennent en particulier au décours de longues hospitalisations (l'hospitalisme en est la forme la plus grave).

3 Éléments psychodynamiques et traitements

- Actuellement de nombreux travaux sont réalisés, en génétique et en biologie, concernant les troubles graves de l'humeur. Il en ressort plus un modèle classificatoire qu'étiologique des troubles dépressifs.
- Freud a très bien montré comment **le deuil** était **un travail** psychique qui permettait que le sujet accepte la perte. Quand ce travail est entravé ou impossible, la dépression pathologique apparaît.
  De façon schématique, on peut dire que, pour Freud, le deuil devient pathologique, et que le syndrome dépressif augmente, lorsque le conflit entre amour et haine pour l'objet perdu est sur le devant de la scène, la culpabilité étant alors intense. Dans la mélancolie le sujet s'identifie à l'objet perdu.
- Des échelles très bien validées permettent de mesurer la dépression : échelle de Hamilton, MADRS (*Montgomery and Asberg Depression Rating Scale*). Lorsque les psychothérapies (soutien ou analytique) ne sont pas suffisantes, la dépression est traitée par antidépresseurs, la **sismothérapie** est parfois indiquée. L'hospitalisation est préconisée quand le risque suicidaire est important.

En raison de sa fréquence actuelle, de sa présence éventuelle au cours de toute autre pathologie et de ses formes diverses, la dépression est de fait un syndrome important à repérer et à traiter de manière efficace.

Définitions

***Borderline* :** cas limite à la frontière entre une structure névrotique et psychotique.
Sismothérapie: électrochocs sous anesthésie.

Pour aller plus loin

Freud, S. (1915), « Deuil et mélancolie », *in* S. Freud, *Métapsychologie*. Paris : Gallimard/Folio Essai.

FICHE 80 LES CONDUITES SUICIDAIRES

Le suicide a cela de paradoxal qu'il s'agit d'une conduite qui utilise le corps à la fois comme moyen d'agir et comme cible de l'action. Il s'agit d'une transposition métaphorique de ce qui chez l'individu ne peut être représenté autrement. Même si certains facteurs sociaux facilitent le passage à l'acte suicidaire (comme le chômage), le suicide concerne surtout les personnes âgées et les adolescents. Il prend souvent le sens d'un acte de libération d'une situation perçue comme pénible, douloureuse et non modifiable.

1 DÉFINITION ET ÉPIDÉMIOLOGIE

A Caractériser

- On nomme **suicide** un acte mortel dont l'acteur est le suicidé. Une **tentative de suicide** est un acte non mortel commis par un **suicidant**. Un **suicidaire** est celui qui a le projet de mettre fin à sa vie mais ceci reste une idéation. Il n'y a pas de frontière tranchée entre ces trois catégories et il convient de prendre au sérieux toute expression suicidaire. Une tentative de suicide traduit une réelle souffrance psychique ; il y a toujours un désir de mort dans le suicide.
- Le suicide est la première cause de mortalité chez les vingt-cinq - trente-quatre ans, la seconde chez les quinze - vingt-quatre ans. Au total, on évalue aux environs de 14 000 le nombre de suicidés par an, dix fois moins que de suicidants. Mais ce chiffre est probablement sous-évalué (déni ou ignorance des familles et des médecins). Les suicides concernent pour une majorité les hommes mais, pour les tentatives de suicides, les proportions sont inversées (3/4 de femmes). 30 % des suicidés ont plus de soixante ans. Les taux de suicide sont liés à des facteurs sociaux : il touche les groupes les moins bien intégrés socialement et les personnes seules.

B Étiopathogénie

- Il existe une relation entre suicide et affections psychiatriques : les malades mentaux se suicideraient 20 à 100 fois plus (selon les études) que l'ensemble de la population. Environ 50 % des suicidés auraient présenté une dépression caractérisée dans les semaines précédant la mort. Dans les antécédents, on trouve très fréquemment des désordres graves de personnalité avec, depuis longtemps, des difficultés importantes dans les relations interpersonnelles.
- Le geste suicidaire peut être effectué pour mettre fin à un vécu de culpabilité et de dévalorisation : le cas le plus typique est celui du mélancolique où la mort apparaît comme fin de l'auto-accusation.
- Ce geste peut être la tentative d'échapper à une persécution insupportable : externe (adolescents maltraités, femmes battues) ou à un vécu interne (vécu hallucinatoire, par exemple).
- Il s'inscrit souvent dans un contexte relationnel et réactionnel ; il est notamment lié à des modifications récentes de l'équilibre (plus de 80 % des cas) : séparation, dispute, deuil, etc.

2 Suicide et adolescence

A Chercher la mort = suicide?

- L'adolescence est une recherche de l'individualité et de l'altérité pour atteindre l'âge adulte. Lorsque la société est en proie à **l'anomie**, il y a dilution des repères et des limites. Cela se traduit par un recours à des dépendances de toute nature, à un recul du symbolique (notamment de la Loi) et à une prédominance de l'agir. **Les conduites ordaliques** (A. Charles-Nicolas et M. Valleur) seraient des passages à l'acte réactifs à ces données sociales.
- **L'ordalie** (« jugement de Dieu ») consiste en une prise de risques répétée dans laquelle le sujet se confronte à la mort (l'archétype en serait la roulette russe). Il ne s'agit pas d'un équivalent suicidaire, plutôt une quête de régénération, fondée sur la transgression. Elle requiert suffisamment de risques pour être initiatique, comme un rite de passage, mais doit être assez maîtrisée pour pouvoir se jouer de la mort avec quelque chance. Il s'agit là d'interroger les limites, d'investir le dedans et le dehors, le permis et l'interdit. Lorsque les limites, les règles de l'extérieur (la Loi) deviennent floues, le sujet cherche à construire ses propres limites en se mettant lui-même à l'épreuve. Il prend le risque de mourir pour se sentir exister.

B Données de la prise en charge

- Même si la plupart des conduites autodestructrices s'expriment à l'adolescence ou à la post-adolescence, toutes ne sont pas des suicides (*cf.* plus haut, l'ordalie). Il faut différencier la prise de risques, acte souvent initiatique, du suicide, expression d'une souffrance face à une vie qui semble avoir perdu tout sens.
- La prise en charge thérapeutique s'attache à prendre en compte la défaillance narcissique et objectale, le défaut des limites et le dérèglement des liens. Il est très important d'évaluer les étayages dont dispose le sujet à partir desquels il pourra plus ou moins rapidement envisager différents réaménagements affectifs, professionnels, matériels, etc.

La question du sens de l'acte suicidaire est au centre de la prise en charge des suicidants. La mise en circulation de paroles à propos de cet acte semble essentielle. Le déni est sans doute un facteur majeur de récidive.

Définition

Anomie: situation sociale où les règles sont absentes, incompatibles entre elles ou ont perdu leur puissance de régulation des conduites.

Pour aller plus loin

Pommereau, X. (1996), *L'adolescent suicidaire*. Paris : Dunod.

Freud, S. (1962), *Deuil et mélancolie* (1917), *in Métapsychologie*. Paris : Gallimard.

FICHE 81 LES PERVERSIONS

Hippocrate voyait dans les perversions à la fois la vengeance des dieux concernant l'abus des jouissances sexuelles et les effets traumatiques chez les cavaliers montant trop à cheval. De tout temps, il y a eu une fascination et une réprobation concernant la perversion et, comme chez Hippocrate, le discours scientifique est bien souvent associé à une condamnation. Au XIXe siècle, en référence au fétichisme sexuel, la perversion devient une « inversion du sens génital » organisant une configuration psychopathologique spécifique.

1 Définition et épidémiologie

- On désigne par perversion les pratiques érotiques utilisées impérativement par certains sujets pour parvenir à la jouissance sexuelle.
  Le terme de **paraphilie** du DSM IV met l'accent sur le caractère déviant (para) de ce par quoi l'individu est attiré (philie).
- De manière générale, il apparaît que la perversion est plutôt étudiée et mise en évidence chez l'homme. La question de la perversion chez la femme reste cependant posée.

2 Sémiologie

A Les caractéristiques principales

- Les pratiques du pervers extrêmement diverses ont pour caractéristiques communes d'être dominées par **une contrainte** qui s'exerce **sur le sujet** obligé de s'adonner à ces pratiques pour obtenir l'orgasme, **une contrainte** à l'égard **du partenaire** obligé de se soumettre à un scénario prégnant ainsi que par **l'exclusivité** de ce qui provoque la jouissance.
- Les traits de caractère sont : le sadisme anal, l'absence de conflictualisation apparente, le manque d'utilisation de la parole comme voie de décharge, la tendance à la mise en acte.
- Les perversions peuvent s'associer à des troubles psychiatriques tels que la bouffée délirante, la schizophrénie, ou se compliquer d'une dépression.

B Les principales perversions sexuelles

- **Le fétichisme:** seul un objet matériel est susceptible de déclencher un scénario orgastique, autoérotique. L'objet choisi est inanimé, manipulable (botte, dessous féminins) et la matière est importante (soie, cuir, fourrure). Il peut être aussi une partie du corps (cheveux, pied). Cet objet devient, après son élection, indispensable et exclusif.
- **Le sadisme:** l'acte sadique se définit par la subordination de la jouissance sexuelle à la souffrance infligée à autrui. Il suppose une mise en scène plutôt sté-

réotypée, exige des accessoires (lanières, flammes). La décharge orgastique survient au paroxysme de la violence.

- **Le masochisme:** le masochiste se soumet aux flagellations d'autrui, à une mise en scène ritualisée de sévices dont il a préalablement programmé le déroulement.
- **L'exhibitionnisme et le voyeurisme:** dans ces perversions, l'érotisation du regard est privilégiée dans l'obtention du plaisir sexuel. Le plaisir de se montrer ou de voir entraîne une avidité jamais satisfaite et motive parfois des mises en scène très élaborées. L'orgasme est obtenu par masturbation.
- **Le travestisme:** il se définit par la subordination du plaisir sexuel au port de vêtements de l'autre sexe.
- **Le transsexualisme:** c'est la conviction d'appartenir au sexe opposé, associée à un désir impérieux d'obtenir un changement de sexe civil et anatomique.
- L'homosexualité n'est pas considérée comme un trouble psychopathologique sauf **l'homosexualité égodystonique** où l'orientation homosexuelle est source de détresse pour le sujet.

3 Éléments psychodynamiques et traitements

- Du point de vue psychanalytique, les conduites perverses sont liées à une structure spécifique et se rattachent à l'existence d'une perturbation dans la relation du sujet à un secteur de la réalité (celui de la différence des sexes) et à l'angoisse de castration qui est associée. Le pervers recourt à deux mécanismes de défense : **le déni** de la différence des sexes dont la découverte a été traumatique pour le pervers qui persiste alors à refuser de la reconnaître ; **le clivage du Moi** qui fait coexister dans le Moi deux attitudes opposées qui s'ignorent – le pervers nie la réalité de la castration féminine et, en même temps, il reconnaît le manque de pénis chez la femme. Ce déni est à l'origine de la création du fétiche et du scénario pervers qui représentent un substitut du phallus de la femme.
- Le pervers vient peu consulter car son système défensif lui permet un équilibre relativement stable. Il peut cependant lui être proposé une psychothérapie d'inspiration psychanalytique, les thérapies comportementales et les thérapies par aversion présentant des résultats peu convaincants, indépendamment, pour ces dernières, de leur caractère agressif et punitif. La castration chirurgicale des pervers délinquants et récidivistes est pratiquée dans certains pays. Elle est condamnée par la loi en France.

S'il existe un nombre infini de formes de perversion, certaines peuvent avoir des conséquences dramatiques pour le partenaire impliqué et contraint. C'est en ce sens que les perversions se trouvent au carrefour de la pathologie et du délit.

Pour en savoir plus

Freud, S. (1905), *Trois essais sur la théorie de la sexualité.* Paris : Gallimard/Folio Essai (1992).

Grunberger, B., Chasseguet-Smirgel, J. (dir.) (1980), *Les perversions, les chemins de traverse*. Paris : Ed.Tchou.

FICHE 82

LES TROUBLES DES CONDUITES ALIMENTAIRES

L'individuation de l'anorexie mentale apparaît au XIXe siècle, en liaison avec l'effort de classification. Dans la société occidentale, les troubles des conduites alimentaires sont de plus en plus fréquents. On sépare classiquement ces troubles en deux grandes catégories selon que la perturbation se fait par défaut ou par excès. En dehors de sa fonction nutritionnelle l'alimentation comporte une dimension sociale importante. Elle représente, par ailleurs, l'une des premières fonctions physiologiques qui sert de support au déploiement de la vie pulsionnelle (Freud).

1 L'ANOREXIE MENTALE

A Définition et épidémiologie

- Chez l'adolescent et l'adulte, l'anorexie mentale est un trouble restrictif des conduites alimentaires dont la persistance et la **sévérité** contrastent avec l'absence apparente de troubles psychiatriques majeurs.
- Elle touche principalement les adolescentes entre douze et vingt ans et sa fréquence augmente dans les sociétés occidentales. Cela touche principalement les femmes (9 femmes pour un homme) et représente environ 1 à 2 % de la population française pour les douze-dix-neuf ans. Le taux de mortalité est élevé : 5 à 9 % des anorexiques décèdent.

B Sémiologie

- Une triade symptomatique s'installe : **l'amaigrissement** de 25 % à 50 % du poids normal, **la restriction volontaire de l'alimentation** avec vomissements, prises de laxatifs ou de diurétiques. Le sujet lutte contre sa faim mais peut perdre épisodiquement le contrôle de l'ingestion de nourriture sous forme d'accès boulimique. **L'aménorrhée**, primaire ou secondaire, peut coïncider avec l'installation de l'anorexie ou, plus rarement, la précéder.
- Cette triade s'accompagne de troubles de la perception de l'image du corps, d'une attitude particulière vis-à-vis de la nourriture qui devient un intérêt central, d'une méconnaissance des besoins du corps, d'une attitude de déni à l'égard du trouble, et de manipulations de l'entourage. Il existe une hyperactivité et un surinvestissement intellectuel avec un idéal de perfection alors que les domaines affectif et sexuel sont peu ou pas investis.
- On décrit différentes formes cliniques : une forme chez le garçon qui est rare et d'évolution souvent plus préoccupante que chez la fille ; une forme réactionnelle à un deuil, une séparation, ou à un échec ; une forme prépubertaire souvent sévère et des formes tardives (au-delà de vingt-cinq ans). Cela n'est pas à confondre avec les anorexies liées à une pathologie somatique ou qui relèvent d'un syndrome dépressif.

C Éléments psychodynamiques et traitements

- L'anorexique semble n'avoir jamais habité son corps. Dans son enfance, son corps a été pris dans l'emprise de sa mère qui en a fait un objet à modeler, à rendre propre, pour en faire un corps idéal. À l'adolescence, l'horreur du corps qui se sexualise supplante toute sensation de plaisir. Toute évocation qui renvoie à un corps non idéal paraît déclencher le début de la privation de nourriture.
- L'évolution non traitée peut être mortelle. Sous traitement, le pronostic dépend de la précocité de la prise en charge. Le traitement de l'anorexie est de plus en plus fait en ambulatoire. Schématiquement, il convient d'instituer une double prise en charge médico-psychiatrique et psychothérapeutique ainsi qu'un travail avec la famille.

2 La boulimie

A Définition et épidémiologie

- Les conduites boulimiques sont définies par la survenue d'épisodes d'ingestion impulsive et incoercible de quantités importantes de nourriture, ces accès boulimiques ne devant pas être secondaires à un trouble physique reconnu (tumeur cérébrale par exemple).
- La boulimie atteint environ 2 % de la population féminine occidentale. Cette fréquence est multipliée par 4 dans la population adolescente, soit 8 %. L'âge moyen se situe autour de dix-neuf ans. Signalons que 65 % des personnes boulimiques ont un poids normal en raison des vomissements associés aux troubles.

B Sémiologie

- On décrit classiquement trois phases dans le déroulement de l'accès : la phase d'excitation préalable où le sujet est envahi d'une sensation de faim accompagnée d'angoisse, d'irritabilité ; l'accès proprement dit et enfin une période de soulagement qui se transforme très vite en un sentiment de malaise profond aussi bien physique que psychique (honte, autodépréciation). Cette sensation de malaise est souvent suivie, pour y mettre fin, de vomissements provoqués puis réflexes.
- L'accès boulimique est une surconsommation d'aliments souvent hypercaloriques ingérés rapidement, souvent en cachette et ceci de façon incontrôlable, impérieuse.

C Éléments psychodynamiques et traitements

- La boulimie peut être comprise comme une addiction à l'aliment, un substitut de l'objet originaire (la mère) qui est à la fois nécessaire mais jamais comblant.
- L'approche thérapeutique est fondée sur la prudence des régimes diététiques proposés, des thérapies individuelles d'orientation psychanalytique ou cognitivo-comportementale ou des thérapies de groupe.

Les troubles des conduites alimentaires pouvant entraîner de graves conséquences pour le sujet, il reste primordial qu'une prise en charge thérapeutique spécialisée se mette en place le plus précocement possible.

Pour en savoir plus

Célérier, M.-C. (1990), « Anorexie mentale ou maladie d'emprise », *Rev. med. psychosom.*, 23 : 83-96.

Hanus, M. (1997), *La psychiatrie intégrée de l'étudiant*. Paris : Éd. Maloine.

FICHE 83 LES TOXICOMANIES

Les toxicomanies concernent la consommation pathologique d'un produit illicite (comme l'héroïne, premier toxique utilisé) ou licite (comme les pharmacopées). 100 000 à 150 000 personnes sont concernées en France par une dépendance physique et/ou psychologique d'un produit comme objet d'addiction. Une simple consommation ne suffit pas à définir un abus toxicomaniaque, et il est difficile d'établir un « portrait type » du toxicomane. Les problèmes de prévention et de suivi n'en sont que plus ardus.

1 Situer l'acte toxicomaniaque

A Un phénomène addictif

- Les toxicomanies peuvent être considérées comme des addictions. L'addiction est un comportement visant à procurer du plaisir masquant un malaise propre à l'individu. Ce comportement se caractérise principalement par son impulsivité, une tension accrue avant sa réalisation et un sentiment de perte de contrôle qui accompagne le comportement addictif. Avec le temps, les activités sociales, professionnelles ou personnelles sont souvent sacrifiées par l'individu au profit de la satisfaction de son addiction.
- Les addictions sont sous-tendues, pour partie, à un besoin de sensations fortes et nouvelles. Selon Zuckerman, il y a nécessité chez l'individu à maintenir un niveau d'activation corticale élevé, ce niveau étant variable d'un individu à l'autre. Ce besoin biopsychologique expliquerait ainsi pourquoi on observe des addictions associées comme l'alcoolisme et la toxicomanie (multiaddictions), ou encore la fréquence des passages dans le temps d'une addiction à une autre.

B Types de consommation

- La différenciation entre les drogues dures et douces relève davantage d'un problème légal (la dépénalisation) que d'une question de santé publique. En fait, toute drogue peut devenir « dure » selon sa teneur en substance active, la quantité consommée, le mode de consommation et sa fréquence. Il n'y a pas en psychologie de drogues dures ou douces, mais une interrogation sur la personnalité de l'usager et le type d'usage qu'il fait du produit consommé, en lien avec son histoire.
- On peut rendre compte du mode de consommation par la « sensibilisation comportementale ». Ce concept décrit une augmentation progressive des liens entre des stimuli de l'environnement et le produit, indépendamment de la satisfaction procurée par la consommation de celui-ci. Cette sensibilisation comportementale explique, par exemple, les cas de rechute à la simple vue d'une seringue et la « dépendance au shoot », c'est-à-dire le besoin de s'injecter tous les produits consommés (exemple : le Subutex®, produit de substitution en sublingual, parfois compulsivement consommé en injection alors même que, par cette voie, les effets sont inopérants).
- Les monotoxicomanies (par exemple, à l'héroïne) sont devenues rares. Néanmoins, les produits « élus » le sont rarement au hasard et possèdent un sens dans l'histoire du sujet (par exemple, endormir un événement traumatique avec un/des hypnotiques, masquer une dépression avec la cocaïne, etc.).

2 Comprendre et accompagner

A Appréhender le toxicomane

- On a tenté de comprendre globalement la toxicomanie comme un rite de passage compensant une perte de repères socioculturels (des centres d'accueil sont ainsi organisés autour de cette notion). Socialement compris à la fois comme malade et comme délinquant (loi du 30 décembre 1970), le toxicomane est parfois psychologiquement perçu comme intrinsèquement psychopathe. En fait, il échappe à toute classification fixe ; même son lien à la délinquance ou à la mort apparaît complexe et unique à chacun.
- La psychanalyse conduit à voir le toxicomane comme un sujet incapable d'intégrer des éléments primitifs de l'imaginaire personnel. La toxicomanie correspond alors à un néobesoin (M. Fain), c'est-à-dire une nouvelle voie de satisfaction court-circuitant l'élaboration des données affectives dérangeantes aux dépens d'une structuration psychique non déviante.

B Survenue et rechute

- Concernant la prévention, vouloir « empêcher » paraît vain. Il convient mieux de sensibiliser, responsabiliser, et laisser l'individu libre de ses choix sans oublier de s'interroger sur le cadre d'action, socioculturellement situé, et se demander s'il est approprié en regard des problématiques spécifiques des personnes concernées.
- La substitution est l'une des voies d'accompagnement possible du toxicomane qui souhaite rompre avec sa dépendance au toxique. Le premier produit utilisé est le Subutex®, prescrit sur ordonnance sécurisée. Il s'agit souvent d'une première solution proposée au toxicomane, comme on propose un premier antibiotique. Cependant, il est facile d'en détourner l'usage (*cf.* plus haut), et le risque d'overdose est important s'il est couplé avec des benzodiazépines. Le second produit de substitution est la méthadone, nécessitant une primo-prescription d'un centre spécialisé. Son usage est médicalement bien contrôlé, mais le traitement est long et nécessite une réelle volonté de l'individu. Aussi, un suivi psychologique est impératif pour l'aider à apprendre à vivre sans toxique, mais aussi à accéder aux mécanismes de sa dépendance.

La toxicomanie pose avant tout le problème de la dépendance et de sa gestion par le sujet. Si cette dimension n'est pas prise en compte psychologiquement, la voie médicale de traitement est insuffisante et bien souvent inefficace.

Définitions

Dépendance: besoin impérieux de continuer à absorber certaines drogues afin de chasser un état de malaise somatique ou psychique dû au sevrage.

Compulsion: force intérieure par laquelle le sujet est amené irrésistiblement à accomplir certains actes et à laquelle il ne peut résister sans angoisse.

Pour aller plus loin

Bergeret, J. (1996), *Toxicomanie et personnalité.* Paris : PUF/Que sais-je ?

Hillemand, B. (1999), *L'alcoolisme.* Paris : PUF/Que sais-je ?

Pedinielli, J-L., Rouan, G., Bretagne, P. (1997), *Psychopathologie des addictions.* Paris : PUF/Nodules.

Porot, A. et Porot, M. (1996), *Les toxicomanies.* Paris : PUF/Que sais-je ?

FICHE 84

LE CHAMP PSYCHOSOMATIQUE

Distincte de la médecine et de la psychanalyse dont elle procède et élargit le champ, la psychosomatique constitue aujourd'hui une discipline en soi. Sa spécificité réside dans les réponses qu'elle apporte au débat ancien de l'unité fondamentale de l'être humain. Elle aborde le problème à travers la dialectique des rapports que l'individu, dans sa totalité psychique, biologique, historique et sociale, entretient avec les autres. La psychosomatique offre une conception des phénomènes de somatisation.

1 Essai de définition

A Les données de base

- Heinroth, en 1818, fut le premier à utiliser le terme « psycho-somatique », reconnu dans les années 40. Il faut cependant attendre les apports de la psychanalyse pour mieux comprendre cette conception. Il ne s'agit pas de sous-estimer les données physiques d'un symptôme mais d'accorder plus de place aux données psychiques.
- **La maladie psychosomatique** renvoie à l'idée d'un malade ayant une relation pathologique à son corps (ce qui permet un lien avec les addictions). Le malade psychosomatique est celui qui réagit avec son corps à un moment donné de son histoire (somatisation, aptitude donnée à tous). On admet l'idée qu'il existe un **aspect psychosomatique** dans toute maladie. La clinique psychosomatique est une clinique du réel : le corps est véritablement touché.

B Les liens corps/psyché

- Certains patients souffrent de symptômes somatiques sans qu'il y ait pour autant une lésion organique. C'est le cas du **symptôme de conversion** (*cf.* fiche 74) ; par exemple, une paralysie d'un bras, des céphalées. L'hypothèse avancée est que le sujet exprime ainsi un conflit intrapsychique. Le symptôme a un sens qui, selon la théorie freudienne, est sexuel. L'**hypocondriaque** (le malade imaginaire de Molière) a une anxiété importante concernant un organe qui n'est pas atteint. Ce serait une façon de gérer ce qu'il ressent de « mauvais » en lui-même.
- Lors d'une **somatisation**, le corps est réellement atteint, pour des raisons inhérentes à la fois à des processus biologiques et psychiques très difficiles à départager. Cela conduit à différents travaux, en biologie (les défenses immunitaires), en psychologie de la santé (le stress), en psychanalyse (le traumatisme).

2 Comprendre la psychosomatique

A La pensée opératoire

- La notion de pensée opératoire selon P. Marty renvoie à une vie intérieure privée de mentalisation. Le symptôme psychosomatique qui découle de cette non-mentalisation n'a pas, comme pour un symptôme névrotique, de sens inconscient dont la mise à jour produirait sa disparition. La régression n'est pas arrêtée par des fixations œdipiennes ou préœdipiennes. Les faits exprimés le sont concrètement, ancrés dans le réel, et la relation à l'autre est « blanche », sans échanges réels. L'activité psychique de l'individu ne peut alors émettre que des signaux archaïques pour sauver le Moi d'une mort psychique.

- **La dépression essentielle**, souvent associée à la pensée opératoire car possédant des mécanismes communs, se traduit par « un abaissement du tonus des instincts de vie », sans engagement pulsionnel. L'inconscient ne se comporte pas de façon habituelle (rêveries, actes manqués...). C'est l'un des processus mentaux explicatif des désorganisations psychosomatiques chez l'enfant.

B Une différenciation entre l'adulte et l'enfant?

- Une question est de savoir s'il existe, dès l'origine, certaines carences permettant d'expliquer, voire d'annoncer, des pathologies psychosomatiques adultes. De fait, il semblerait, selon Léon Kreisler, que les processus à l'œuvre soient les mêmes quel que soit l'âge : il y aurait un défaut d'investissement du Moi et de l'image du corps, d'une part, et une inélaboration des mécanismes de défense, d'autre part.
- Si l'on parle de structures psychosomatiques vulnérables, il s'agit non pas d'une organisation stable mais d'une modalité actuelle de fonctionnement, rien n'étant définitif dans la personnalité, en particulier chez l'enfant. Kreisler décrit une structure comportementale privée d'élaboration fantasmatique. Les processus mentaux de la désorganisation psychosomatique sont alors vus soit en termes de dépression essentielle soit de surplus d'excitation : le psychisme est mis en échec par des pressions extérieures ou par une angoisse diffuse, privée de représentations.

Le champ psychosomatique est plus une reconnaissance des « logiques du sujet » que de ses défections. Il redonne du sens à des occurrences de vie qui jusque-là n'étaient abordées que sous l'angle du « 100 % médical », rendant ainsi au sujet quelque chose de lui-même dont il était bien souvent dépossédé.

Pour aller plus loin

Célérier, M.C. (1999), *Corps et fantasmes*. Paris : Dunod.

Keller, P.-H. (1997), *La médecine psychosomatique en question*. Paris : Odil Jacob.

Pedinielli, J.-L. (1992), *Psychosomatique et alexithymie*. Paris : PUF/Nodules.

McDougall, J. (1989), *Théâtre du corps*. Paris : Gallimard.

PARTIE IV

LA PSYCHOLOGIE EN REGARD DES PRATIQUES SOCIALES

FICHE 85 L'ÉVALUATION DES APTITUDES INTELLECTUELLES

La réflexion sur l'évaluation des aptitudes a une double origine : une nécessité pour la recherche (travaux de Galton, cf. *fiche 20) et une demande sociale (travaux de Binet,* cf. *fiche 11). Les définitions et les théories de l'intelligence sont variées et, en conséquence, les instruments permettant de la mesurer le sont aussi. Ce domaine suscite beaucoup de débats passionnés, notamment au regard de la question du poids de l'hérédité et de l'environnement dans le développement des aptitudes.*

1 Les théories de l'intelligence

A Conceptions unitaires

- Certaines théories conçoivent l'efficience cognitive (l'intelligence) comme une capacité générale qui intervient quels que soient les domaines. Malgré l'absence de définition consensuelle, cette capacité est souvent décrite en termes de « capacité à connaître ou à comprendre » (Huteau, 1995).
- Tantôt décrite comme une faculté de jugement (Binet) et comparée à l'énergie électrique (Wechsler) ou encore formalisée mathématiquement (« facteur g » de Spearman), l'aptitude intellectuelle ne peut être observée que dans ses manifestations, c'est-à-dire dans les conduites de résolution de problèmes.

B Conceptions pluralistes

- Il est d'observation courante cependant que les performances d'un individu varient selon les domaines. Plusieurs dimensions, aptitudes, ou formes d'intelligence ont ainsi été repérées et intégrées dans des théories « pluralistes ». Le nombre d'aptitudes varie selon les auteurs (d'une dizaine à une centaine). Les plus solidement établies sont les aptitudes verbale, numérique, spatiale, de raisonnement et de fluidité (aptitudes mentales primaires).
- On distingue aussi une forme d'intelligence dont le développement dépendrait beaucoup des apprentissages scolaires et qui aurait peu tendance à diminuer avec l'âge. Cette forme d'intelligence dite « cristallisée » serait tout particulièrement mobilisée dans les épreuves de connaissances ou de langage. Une autre forme, « l'intelligence fluide », serait plus basique et permettrait en partie le développement de l'intelligence cristallisée. Cette forme d'intelligence serait plutôt sollicitée dans les épreuves de raisonnement.
- L'identification de plusieurs aptitudes ou formes d'intelligence soulève une question très importante, celle de leur autonomie les unes par rapport aux autres. Il s'agit de savoir si de très fortes variations dans les performances selon les aptitudes surviennent effectivement. Les résultats dans ce domaine indiquent plutôt que ces dimensions de l'intelligence possèdent une partie commune, sorte d'aptitude générale souvent appelée « facteur g ».

2 L'ÉVALUATION DES APTITUDES AU REGARD DES THÉORIES

A L'évaluation de l'intelligence générale

- Des tests composites qui comprennent un ensemble d'épreuves diverses (langage, raisonnement, construction, maniement de symboles, etc.) sont utilisés pour l'évaluation de l'intelligence générale. Le niveau d'efficience cognitive est exprimé soit en terme de score global soit en terme de QI, en distinguant les performances verbales ou non verbales (*cf.* fiche 86).
- L'évaluation des aptitudes mentales primaires se réalise à partir de situations qui correspondent aux domaines impliquant ces aptitudes.
- D'autres tests repèrent soit des aptitudes très spécifiques (épreuves psychomotrices par exemple), soit la mise en jeu de processus cognitifs selon des modalités particulières (en succession ou simultanément), soit encore le fonctionnement d'une fonction cognitive telle que la mémoire de travail.

B L'évaluation d'aptitudes spécifiques

- Certaines des épreuves utilisées dites « papier-crayon » peuvent être administrées collectivement. D'autres imposent une passation individuelle et nécessitent un matériel spécifique. Dans tous les cas, les tests sont des épreuves standardisées (se présentant toujours de la même manière). Les résultats sont d'abord exprimés en scores bruts (points obtenus) puis en scores d'étalonnage (classement du score par rapport aux scores d'un groupe d'individus).
- L'analyse du comportement général pendant l'épreuve est souvent indispensable et peut conduire à relativiser certaines performances qui ont pu être affectées par des facteurs aussi différents que l'anxiété, le refus de l'évaluation ou encore des troubles de la vision (daltonisme par exemple) ou de l'audition. Ces observations sont aussi très utiles car elles permettent de repérer quelles stratégies l'individu utilise pour résoudre les problèmes posés et sa capacité à changer de stratégie si besoin.

La réflexion sur l'évaluation concerne aujourd'hui l'évaluation et le repérage d'activités cognitives spécifiques (certaines formes de raisonnement, préférence pour certains types de domaines) ou la forme de celles-ci (analytique ou globale). Elle concerne également la plasticité des aptitudes et les possibilités de favoriser leur développement (remédiation ou éducabilité cognitive). Il convient toutefois d'attirer l'attention sur le caractère parfois fantaisiste et le peu de fondement scientifique de certaines méthodes dites « d'évaluation et de développement ».

Définitions

Daltonisme: trouble de la vision des couleurs observé seulement chez l'homme.
Fluidité: capacité à fournir plusieurs réponses pour une même situation.

Pour aller plus loin

Oléron, P. (1989), *L'intelligence de l'homme*. Paris : A. Colin.
Huteau, M., Lautrey, J. (1999), *Évaluer l'intelligence*. Paris : PUF.

FICHE 86 LE QI

Expression presque courante de nos jours, le QI ou quotient intellectuel est considéré comme une des techniques d'investigation de l'efficience intellectuelle globale. Cette technique s'inscrit dans le prolongement ou en rupture avec la mesure de l'âge mental. Cette notion de QI prend des sens différents en fonction de la façon de l'établir. C'est pourquoi, il est important d'articuler les épreuves utilisées (les tests) aux théories ou principes sur lesquelles elles se fondent.

1 De l'âge mental au QI

A Âge mental et QI Stern

- L'échelle métrique conçue par Binet en 1905 constitue une des premières tentatives de mesure systématique de l'intelligence. Fondée sur une conception unitaire de l'intelligence, elle détermine l'âge mental qui désigne l'âge auquel des situations-problème sont résolues par la moyenne des enfants d'une classe d'âge. L'intelligence est conçue ici comme le développement de conduites en réponse à des situations problématiques.
- Le concept « âge mental » a suscité des débats critiques intenses car il soulève plusieurs difficultés. L'une d'entre elles concerne sa pertinence et sa signification à l'âge adulte. S'il est difficile de déterminer un âge mental de trente ans, il est également très discutable de considérer comme équivalent un même âge mental obtenu par des personnes d'âges différents (par exemple, un âge mental de dix ans obtenu par un enfant de dix ans et par un adulte de trente ans).
- W. Stern (1912) propose une méthode de calcul du QI qui répond en partie à ces problèmes. Le QI exprime le rapport entre l'âge mental déterminé par le test et l'âge chronologique selon la formule (AM/AC) x 100. L'absence de décalage entre l'âge mental et l'âge réel se traduit par un QI de 100 et toute valeur inférieure ou supérieure traduira un retard ou une avance. Toutefois, la signification de l'avance ou du retard en fonction de l'âge réel varie selon les âges. Ainsi un décalage de six mois (avance ou retard) n'a pas le même sens à cinq ou huit ans.

B QI Wechsler, expression d'un rang dans une population

- David Wechsler (1944) propose de faire abstraction de toute référence développementale. Le QI indique cette fois à quel rang se situe le résultat d'un individu relativement aux résultats des autres. Cette méthode résout le problème des variations de scores (moyennes, minima et maxima) selon l'âge (un score de 110 représente un écart de + 10 points si la moyenne du groupe est de 100 points et ne représente qu'un écart de + 5 si la moyenne est à 105). À l'aide d'une démarche statistique appropriée (application des propriétés de la loi normale), Wechsler rend les performances comparables : par construction, un QI de 100 correspond à la médiane des scores (50 % en deçà et au-delà) et l'écart-type des scores est de 15 points (99 % des scores se situent entre 100 +/– 3 fois l'écart-type.

2 Utilité diagnostique et valeur pronostique du QI

A La mesure du QI correspond à la recherche d'une information précise

- La mesure du QI s'inscrit toujours par rapport aux motifs d'un examen psychologique. Il appartient au psychologue de déterminer en quoi cette évaluation lui apportera un éclairage utile et le cas échéant de choisir parmi les deux QI celui qui est le plus approprié (QI Stern ou QI Wechsler). Ainsi, la mesure du QI peut s'avérer utile à la compréhension de difficultés scolaires. Toutefois, le QI informe sur un niveau global contrairement à d'autres épreuves plus spécifiques. En revanche, sa pertinence est plus discutable si l'examen est consécutif à des cauchemars ou intervient dans un contexte de forte anxiété.

B La valeur prédictive du QI

- Les résultats aux épreuves d'efficience intellectuelle augmentent de manière non linéaire jusqu'à la fin de l'adolescence, demeurent relativement stables pendant quelques années et tendent à diminuer par la suite. Toutefois, les performances ne se modifient pas toutes de la même manière avec l'âge, certaines diminuant fortement, contrairement à d'autres qui s'améliorent sous l'effet de l'expérience. C'est pourquoi il est important de pouvoir analyser qualitativement et quantitativement les comportements aux différents subtests. Une des conséquences est la faible valeur prédictive des mesures de QI réalisées chez les jeunes enfants. La qualité de prédiction n'est guère satisfaisante avant cinq-six ans.

La situation de test ainsi que ses enjeux (réels ou perçus) ne sont jamais neutres et peuvent générer une forte anxiété. Une solide formation est indispensable pour administrer les tests, synthétiser et interpréter leurs résultats, établir des relations avec la situation de l'individu dans sa globalité et restituer les résultats avec le souci du respect de la personne.

Définitions

Subtests: ensemble des épreuves qui composent un test.

Loi normale: loi statistique ayant pour propriété d'être unimodale (un seul pic), symétrique par rapport à la moyenne avec une répartition qui décroît régulièrement de part et d'autre de celle-ci (courbe en cloche).

Écart-type: indicateur statistique qui exprime la dispersion des résultats de part et d'autre de la moyenne.

Pour aller plus loin

Grégoire, J. (1995), *Évaluer l'intelligence de l'enfant.* Liège : Mardaga.

Perron-Borelli, M., Perron, R. (1994), *L'examen psychologique de l'enfant.* Paris : PUF.

Huteau, M., Lautrey, I. (1999), *Évaluer l'intelligence.* Paris : PUF.

FICHE 87 LA PERSONNALITÉ

Connaître, décrire et à certains égards prévoir la conduite d'autrui suscite depuis fort longtemps beaucoup d'intérêt. De nombreux écrits (datant parfois de plus de deux mille ans) ainsi que de nombreuses méthodes d'évaluation de la personnalité en témoignent. Quelques-unes de ces méthodes ont des fondements non rationnels (astrologie, numérologie, etc.). Cependant, l'étude scientifique de la personnalité impose le respect d'un certain nombre de principes.

1 Préciser le sens du mot personnalité

A Le « trait », unité de base de la personnalité

- Le concept de personnalité présuppose que les conduites des individus ne sont pas aléatoires mais qu'au contraire elles s'organisent en ensembles cohérents. L'organisation des conduites serait sous-tendue par des « traits » ou dimensions. Ces termes désignent en psychologie des structures définies par le regroupement de comportements similaires. Par exemple, le trait de personnalité « anxiété » résume la tendance à manifester des comportements qui partagent en commun le fait d'aborder les situations avec crainte. Il faut cependant noter que le trait de personnalité ne se réduit pas à la conduite elle-même : c'est le principe organisateur des conduites. Le trait de personnalité correspond donc à une **inférence** et non à une réalité directement observable.
- Le concept de personnalité présuppose une stabilité dans le temps et en fonction des situations. En effet, il serait vain de chercher à caractériser des conduites susceptibles de changer d'un jour à l'autre ou d'une situation à une autre. Établir une telle stabilité en même temps que la cohérence des conduites constitue un enjeu théorique majeur et suscite des débats : une question essentielle est de savoir si l'ajustement des conduites se fait seulement en fonction des situations. Un courant théorique, « le situationnisme » considère que le comportement dépend de la situation. Ce courant s'oppose à un autre, « l'approche typologique », qui considère que le comportement dépend de la personnalité. Un troisième courant, « l'interactionnisme », concilie ces deux positions et conçoit le comportement comme résultant à la fois de la personnalité et des situations.

B Du concept de personnalité à la description de ses composantes et de leur organisation

- Certaines descriptions de la personnalité sont réalisées en référence à des conduites pathologiques. Elles cherchent alors à situer comment l'individu s'adapte par rapport à des situations qui lui sont présentées. Ces modes d'adaptation repérés au travers des réponses de la personnes sont comparés à ceux d'individus présentant ou non des troubles du comportement. Cette démarche a été conçue dans une perspective d'aide au diagnostic psychiatrique. Les différents aspects de la personnalité repérés à partir de cette conception sont donc exprimés au regard de la nosographie psychiatrique.

- La personnalité est aussi décrite à partir des grandes caractéristiques des comportements humains. Quelles que soient les cultures, les langues possèdent dans leur lexique des mots qui réfèrent aux traits de personnalité. Des descriptions de la personnalité ont donc été réalisées à partir d'analyse du lexique et ont abouti à des typologies. Si le nombre de dimensions de la personnalité obtenu par cette démarche varie selon les auteurs, le modèle en cinq dimensions (« *big five* ») suscite actuellement un large consensus. La personnalité est décrite à partir de cinq traits quasi indépendants (ouverture, conscience, extraversion, anxiété, névrosisme).

2 Le modèle des « *Big five* »

A Appréhender la personnalité à deux niveaux

- Ce modèle décrit les composantes de la personnalité en distinguant deux niveaux. Au premier niveau se situent les « facettes » qui correspondent à une description assez fine et précise de la personnalité. Au second niveau se situent les « domaines » constitués par le regroupement des facettes. Par exemple, le domaine ou trait de personnalité « extraversion » regroupe des facettes de premier niveau telles que « chaleur », « grégarité » ou « recherche de sensation » (notamment). Ainsi, l'extraversion ne se réduit pas au fait d'être plutôt sociable et se manifeste de plusieurs manières.

B Questionner la personnalité

- Le repérage de la personnalité dans cette perspective s'effectue au moyen d'inventaires (questionnaire) conçus pour déterminer à la fois les cinq principaux traits et les facettes (six par traits). Ces inventaires (qui comportent une centaine de questions) prennent en considération les tendances à répondre de manière socialement désirable ou positive (tendance à l'acquiescement).

Les méthodes d'évaluation de la personnalité sont nombreuses. Leur pertinence dépend de la solidité des théories dont elles découlent mais aussi du domaine d'application. Ainsi l'utilisation d'une épreuve projective a plus de sens dans le cadre d'un examen psychologique qu'en situation de recrutement. Ces méthodes évoluent en fonction des avancées de la recherche.

Définitions

Inférence: fait de déduire un élément ou phénomène à partir du constat d'autres éléments ou phénomènes.

Nosographie: classification des troubles de la conduite et des maladies mentales.

Psychométrie: ensemble des règles, propriétés et principes qui régissent les opérations de mesure en psychologie.

Pour aller plus loin

Bernaud, J.L. (1998), *Les méthodes d'évaluation de la personnalité.* Paris : Dunod/Topos.

Cloninger, S.C. (1999), *La personnalité.* Paris : Flammarion/Médecine-Sciences.

Huteau, M. (1985), *Les conceptions cognitives de la personnalité.* Paris : PUF.

FICHE 88 LES TESTS PROJECTIFS

Le postulat de base des tests projectifs est qu'il est possible de repérer le fonctionnement psychique d'un individu grâce aux opérations mobilisées par celui-ci lors de la passation d'épreuves spécifiques. La plupart de ces tests permettent d'établir un diagnostic différentiel de l'organisation de la personnalité, tant normale que pathologique. Il ne s'agit pas d'un outil de soin, mais d'une méthode d'investigation. Leur utilisation dans la recherche clinique et pathologique est également féconde. L'usage des tests projectifs est réservé aux psychologues ayant suivi des formations spécialisées.

1 Le cadre projectif

A Présentation

- Les tests projectifs ont pour but d'élucider les processus psychiques de l'individu, les articulations qu'ils entretiennent entre eux ainsi que leurs possibilités de changement (perspective dynamique). Il n'existe pas de référent théorique spécifique à ces tests. La lecture qui en est faite est fonction de l'école de pensée du psychologue qui les interprète (lecture psychanalytique, systémique, développementale, etc.). Plusieurs lectures sont le plus souvent mobilisées car apportant des éclairages différents, selon la demande du consultant.
- Le type de matériel utilisé est particulier. En effet, les images proposées sont faiblement structurées ; elles sont suffisamment ambiguës pour susciter la projection d'états intérieurs. Un large éventail de réponses est possible : le sujet y met et exprime le sens qu'il veut. Il n'y a pas de bonnes et de mauvaises réponses. De fait, les tests projectifs font appel aux mécanismes d'adaptation à la réalité ; il s'agit d'articuler la perception des éléments manifestes du test (une forme, un personnage, une couleur etc.) avec les éléments propres à la vie interne du sujet (fantasmatiques, affectifs, cognitifs, culturels…) qui constituent le matériel projectif.

B La passation

- La passation de tests projectifs constitue souvent une étape dans le parcours thérapeutique du patient, mais elle ne constitue généralement pas un mode thérapeutique en soi. C'est pourquoi le praticien établissant un bilan psychologique n'est souvent pas le thérapeute du consultant. Le temps de passation des tests est variable, car il dépend du nombre de réponses suscitées par le matériel et du temps nécessaire au sujet pour les produire.
- Le psychologue est en position de neutralité bienveillante : il ne suggère pas (mais peut relancer), il n'interprète pas, il ne juge pas. Il fait appel à sa formation et à son sens clinique pour faire face aux diverses réactions pouvant être induites par la passation elle-même. Enfin, il a la charge de la cotation des réponses données, spécifique à chacun des tests projectifs et de leur interprétation.

2 L'USAGE DES TESTS

A L'abord psychanalytique

- Pour la plupart des tests projectifs, il s'agit à l'heure actuelle de la lecture la plus commune en France. Les tests faisant appel à la fois aux qualités perceptive et imaginative du sujet, ils correspondent à la notion d'**aire transitionnelle** et d'**espace potentiel** de Winnicott. C'est la création paradoxale de cet « entre deux » réel/imaginaire, interne/externe, fantasmatique/perceptif, qui permet au psychisme de se déployer.
- L'abord transférentiel des tests projectifs peut se lire dans les interprétations des tests. Ainsi dans le Rorschach ou le TAT, pour chacune des planches présentées, on différencie le contenu manifeste, objectivement perceptible, du contenu latent (ce à quoi renvoie fantasmatiquement, affectivement ou symboliquement chacune des planches).

B Panoplie des tests

- Le plus connu est celui de Hermann **Rorschach** (1920), constitué de 10 planches comportant chacune des taches d'encre mono ou polychromatiques sur fond blanc. Deux écoles d'interprétation existent : celle psychanalytique et celle du système intégré de John Exner (approche plus cognitive). Idéologiquement présentées comme opposées, on considère parfois que ces lectures peuvent se compléter pour une interprétation optimale. On associe idéalement le Rorschach au **TAT** (*Thematic Apperception Test* de Mugan et Murray, 1935). Il comporte 31 planches en noir et blanc, dessins de scènes de la vie quotidienne. Selon des critères stricts, le psychologue en choisit une dizaine pour la passation. Ce test décèle plus spécifiquement les relations d'objets, et permet une étude assez exhaustive des mécanismes de défense du sujet.
- Parmi les plus usités, on trouve également le **test de frustration** de Rosensweig (des scènes entre personnages sont dessinées, il faut compléter les dialogues dans les bulles) et le **scéno-test** de Von Saabs (matériel auxiliaire de psychothérapie), utilisable à tout âge. Spécifiquement pour enfant, on trouve le **CAT** de Bellack (TAT dont les personnages sont des animaux) et le **Patte Noire** de Corman (un même animal à la patte noire se répète à chaque planche ce qui en facilite l'identification).

Parfois simple instrument d'investigation, parfois levier thérapeutique, les tests projectifs constituent une vraie « psychologie armée » à l'apport indéniable pour ***qui sait les utiliser****.*

Définition

Diagnostic différentiel: diagnostic qui met l'accent sur les éléments qui permettent de différencier un type de fonctionnement psychique d'un autre.

Pour aller plus loin

Anzieu, D., Chabert, C. (1992), *Les méthodes projectives.* Paris : PUF, 9e édition.

Chabert, C. (1998), *Psychanalyse et méthodes projectives.* Paris : Dunod/Topos.

FICHE 89 LE BILAN DE COMPÉTENCES

Le bilan de compétences s'inscrit dans une démarche de réflexion sur l'expérience professionnelle. Il représente un outil permettant à l'individu qui le demande de situer ses savoirs, savoir-faire et savoir-être, au regard de sa trajectoire professionnelle. La possibilité pour le salarié de réaliser un tel bilan est prescrite à l'entreprise par la loi indépendamment des demandes et des besoins de celle-ci.

1 Intérêt du bilan de compétences

A Compétences et cursus scolaire

- L'exploration des liens entre diplôme et carrière professionnelle a permis d'établir que les compétences développées et sollicitées en milieu scolaire sont relativement différentes de celles requises et mobilisées en situation de travail. Ceci a notamment permis de comprendre l'importance et la spécificité des connaissances et des savoir-faire acquis par expérience, hors contexte scolaire. Cela signifie que le niveau d'étude ne garantit pas à lui seul le développement de compétences particulières. La connaissance du cursus se révèle souvent être un indicateur très partiel des compétences.
- Dresser un bilan des compétences à un moment donné de l'existence découle également de la difficulté de tout un chacun de s'auto-évaluer. Une des caractéristiques de ce type de bilan est d'apprécier le décalage entre compétences effectives et compétences perçues par l'intéressé.

B Compétences et image de soi

- Dans la mesure où sa fonction est d'établir les capacités professionnelles à un moment donné, le bilan doit composer avec l'image de soi. Construite par l'individu au fil de ses expériences professionnelles, sociales et relationnelles, l'image de soi intervient dans la façon de se décrire, d'échanger avec autrui. Très complexe et en perpétuelle évolution, l'image que l'individu a de lui-même est un élément important dans l'exploration des compétences et se trouve en retour modifiée par celle-ci.

2 Modalités et finalités du bilan de compétences

A Des moyens d'investigation diversifiés

- La palette des outils et méthodes utiles au repérage des compétences est très étendue. L'objectif étant de parvenir à une meilleure connaissance de soi, le bilan nécessite l'établissement d'une relation de confiance. **L'entretien** a une place importante de ce point de vue ainsi que pour les éléments biographiques qu'il permet d'appréhender. La mesure des compétences s'appuie d'autre part sur la passation de **tests** ou instruments d'évaluation relatifs aux aptitudes, traits de personnalité, connaissances générales ou professionnelles et l'exploration des centres d'intérêts et valeurs professionnelles. Le bilan peut aussi comporter des mises en situations professionnelles faisant l'objet d'une observation.

- La diversité des instruments utiles à l'exploration des compétences s'explique par leur nature et en particulier leur caractère souvent peu verbalisable. Tel un iceberg, il y a dans tout savoir et savoir-faire une partie visible et une autre qui échappe à la conscience elle-même. La fonction du bilan est également de repérer l'existence de ces opérations plus discrètes qui participent pleinement de la compétence.

B Des éléments de réponse à un questionnement personnel

- Établi en collaboration avec l'intéressé et sur la base de sa demande, le bilan de compétences, réalisé par rapport à un projet professionnel ou non, ne s'apparente pas à un examen psychologique. Il a pour objectif général de fournir une information personnalisée et approfondie sur le répertoire comportemental à un moment donné, ainsi que sur les articulations possibles avec la pratique professionnelle.
- Destiné à l'intéressé, le bilan de compétences ne s'inscrit pas dans une perspective de gestion des ressources humaines pour l'entreprise qui peut de son côté conduire des évaluations à cette fin.

Réaliser un bilan de compétences requiert justement des compétences spécifiques (savoir réaliser un entretien, administrer et analyser des tests notamment) ainsi que des connaissances approfondies (du monde du travail et du fonctionnement psychologique).

Pour aller plus loin

Levy-Leboyer, C. (1993), *Le bilan de compétences*, Paris : Les Éditions d'organisation, 3e tirage, 1996.

FICHE 90

LA MESURE DES ATTITUDES

Le terme « attitude » prend plusieurs sens selon qu'il désigne des comportements observables (une attitude enjouée ou agressive, par exemple), une préparation à agir dans une direction donnée (une attitude d'ouverture au dialogue, de prudence ; se figer dans une attitude) ou encore l'expression d'un jugement de valeur (être favorable ou défavorable à quelque chose). La mesure de l'attitude dépend de l'acception retenue mais également de phénomènes plus généraux tel que « la désirabilité sociale ».

1 L'attitude, un phénomène complexe

A Attitude et comportement

- L'attitude relève en même temps de l'affectivité (*valence hédonique* des objets et/ou situations) et de la cognition (tendance à percevoir et évaluer les choses d'une certaine manière). L'existence d'une attitude peut être invoquée à partir de la cohérence des comportements ou des discours relativement à quelqu'un ou quelque chose. L'attitude concerne ainsi davantage le rapport de l'individu aux objets du monde que sa personnalité proprement dite.
- La relation entre attitude et comportements énoncée de cette manière semble simple. Cependant, cette relation se complexifie très vite dès que l'on approfondit l'analyse. En effet, la manière de se conduire à un moment donné dépend de l'attitude mais aussi des caractéristiques précises de la situation. Par exemple, bien qu'ayant une attitude de forte motivation pour le travail scolaire, un élève peut très bien se sentir mal à l'aise dans une matière particulière et afficher des comportements dissonants par rapport à cette attitude. De plus, les comportements eux-mêmes façonnent les attitudes et le fait de s'engager dans une conduite contradictoire à une attitude suscite des changements dans l'attitude.

B Consistance et stabilité des attitudes, préalables à toute mesure

- Toute entreprise de mesure d'une attitude repose sur le repérage de ses caractéristiques et des situations pertinentes qui en permettent la manifestation. Ceci signifie notamment que l'attitude en question doit satisfaire à deux critères essentiels, la **consistance** et la **stabilité**.
- L'attitude doit concerner une gamme de conduites et non se limiter à un seul comportement (consistance). Le repérage d'une attitude à partir d'un comportement isolé (discours ou action) est impossible. Ainsi, dire de quelqu'un qu'il a une attitude favorable à la religion parce qu'il a répondu *«oui»* à la question *«Etes-vous favorable à la religion?»* n'aurait aucun fondement. Il est indispensable que plusieurs réponses à plusieurs questions sur le même thème aillent dans le même sens.
- Bien que susceptibles de se modifier, les attitudes et leur mesure impliquent une relative stabilité. Il serait en effet vain de chercher à repérer un phénomène totalement labile.

2 Les échelles d'attitude

A Techniques

- **Le «jugement catégoriel»** consiste à demander à des individus d'indiquer s'ils sont ou non favorables à des *items* préalablement classés et pondérés par des *juges* selon l'attitude plus ou moins favorable exprimée par ces items.
- **Les «échelles de réponse» (Likert)** consistent d'abord à demander à l'individu son degré d'accord avec une série d'items. Les relations statistiques entre ces réponses sont ensuite analysées afin de repérer celles qui vont ou non dans le même sens.
- **Le «différenciateur sémantique» (Osgood)** consiste à proposer des couples de mots (par exemple des adjectifs *«agréable ... désagréable»*) en demandant à l'individu de se situer sur la dimension proposée.
- **Les «échelles de Guttman»** consistent à hiérarchiser (et non plus seulement classer) les items selon qu'ils relèvent d'une attitude plus ou moins favorable, ce qui permet par la suite de hiérarchiser les réponses données par différentes personnes.

B Mesure des attitudes et attitudes de réponse

- Quelle que soit la technique d'investigation des attitudes choisie, les questions doivent être posées de manière à éviter la tendance fréquente à donner des réponses socialement valorisées ou à acquiescer. La mesure de l'attitude doit donc tenir compte d'autres aspects du fonctionnement psychologique.

La mesure des attitudes dépend très largement de la définition de l'attitude adoptée. L'expression des attitudes varie selon les époques et les cultures et aucun modèle de mesure n'est figé. Les différentes techniques de mesure disponibles doivent donc être sans cesse questionnées.

Définitions

Valence hédonique: caractère plus ou moins agréable d'un objet (ou d'une situation).

Item: ensemble des éléments qui composent la situation proposée à l'individu (énoncé, question, mode de réponse fermé ou ouvert (oui/non ou choix multiple)).

Juges: groupe d'individus sollicités pour exprimer un jugement (opinion) servant par la suite de référence dans une situation donnée. La fonction n'a ici aucun rapport avec l'institution judiciaire.

Pour aller plus loin

Ghiglione, R., Matalon, B. (1978), *Les enquêtes sociologiques*. Paris : Armand Colin.

Deschanps, J.-C., Beauvois, J.-L. (1996), *Des attitudes aux attributions*. Grenoble : PUG.

FICHE 91

LA SÉLECTION PROFESSIONNELLE

Enjeu important tant pour l'entreprise que pour le candidat à un poste, la démarche de recrutement prend des formes et s'appuie sur des critères variables selon les caractéristiques de l'entreprise. Plutôt fondé sur les recommandations ou les connaissances dans les petites organisations, le recrutement privilégie la qualification professionnelle et l'adéquation à un profil de poste dans les grandes organisations.

1 DES BESOINS DE L'ENTREPRISE À LA SÉLECTION DES CANDIDATS

A Du profil du poste au profil du candidat

- **L'analyse du poste** constitue une étape importante dans la démarche de recrutement. Elle permet de définir précisément les fonctions afférentes au poste (utiliser un traitement de textes, effectuer des livraisons, organiser les ventes dans un secteur géographique donné, diriger un service, etc.) ainsi que les connaissances et qualités requises pour assurer de telle fonctions .
- À partir de l'établissement du **profil du poste**, des critères de sélection peuvent être définis ; ceux-ci déterminent les éléments d'information à rechercher au moyen des entretiens d'embauche et des tests. Ces informations sont également utiles aux candidats pour la préparation de leurs rencontres avec l'entreprise (dans la mesure où ils y ont accès).

B Recherche d'information sur les candidats et déontologie

- Les investigations menées préalablement à une décision d'embauche peuvent concerner des aspects importants comme les aptitudes, les traits de personnalité, le style de conduite dans certaines situations, les expériences antérieures etc. Aussi, le choix des tests utilisés à cette fin, de même que leur passation et leur interprétation requièrent-ils des compétences spécifiques, **le respect de la confidentialité des informations** et **l'accès à celles-ci par le candidat**.
- Les différents éléments recueillis font l'objet d'une **synthèse** qui éclaire la prise de décision quant à l'embauche. Ces évaluations sont assez souvent (mais pas toujours) confiées à des **psychologues du travail** dont le titre, protégé par la loi, garantit le respect du code de déontologie (les informations relatives à la personne sont rarement anodines, et ce d'autant plus qu'elles ne débouchent pas sur un recrutement).

2 LA VALEUR INFORMATIVE DES TESTS ET ENTRETIENS

A Diversité et validité des tests utilisés pour le recrutement

- Il existe une quantité étonnante d'épreuves ou questionnaires (parfois abusivement qualifiés de tests). Des **tests** classiques assez généraux permettent la mesure des aptitudes (raisonnement, traitement des informations verbales, spatiales ou numériques), de la flexibilité, etc., ou de repérer l'organisation de la personnalité. D'autres tests explorent des domaines plus spécifiques et des compétences liées à une activité précise (agilité, motricité, repérage dans l'espace, mémoire immédiate, par exemple).

- Certain de ces tests sont élaborés au sein même de l'entreprise (ou par des prestataires de celle-ci). Il convient cependant de souligner que seules les épreuves possédant des **qualités métrologiques** avérées méritent l'appellation « test ». Le choix des tests se fonde essentiellement sur leur **validité prédictive**. (*cf.* fiche 3).

B Entretiens et situations d'observation

- Phase importante dans la démarche de recrutement, l'entretien représente une occasion privilégiée de recueil d'informations sur la biographie du candidat et ses expériences professionnelles antérieures éventuelles en suscitant l'expression de son propre regard sur celles-ci, notamment par la conduite d'un **entretien non directif** ou centré sur quelques thèmes (technique qui nécessite une formation particulière – *cf.* fiche 3).
- La validité des informations obtenues dans le contexte des entretiens concerne essentiellement la biographie. Malgré les apparences et parfois les idées reçues, l'entretien s'avère peu propice à fournir des informations valides et fiables sur les aspects cognitifs et relationnels. D'autres techniques sont plus fiables (mais plus coûteuses) : « mini-situations de travail » à propos desquelles le candidat est invité à s'exprimer (**entretien d'explicitation**) ; **«réunion-discussion»** de plusieurs personnes à propos d'une étude de cas, **jeux de rôles** donnant lieu à l'observation et l'analyse des conduites des uns et des autres. Les techniques employées sont fonction du niveau de poste à pourvoir et des enjeux du recrutement par l'entreprise.

La sélection professionnelle tend à réaliser au mieux l'adéquation entre les qualités du candidat et les fonctions qu'il aura à assurer. Cependant, le fait qu'un candidat réponde aux exigences d'un poste eu égard à ses résultats aux tests ou à sa formation ne suffit pas à pronostiquer son adaptation effective dans l'entreprise; celle-ci dépend d'autres paramètres (familiaux, ambiance, intérêt et dureté du travail, transports, salaire, promotion, etc.).

Définition

Qualités métrologiques: capacité d'un instrument de mesure à fournir des données fiables et valides. On distingue classiquement la sensibilité (pouvoir discriminant du test), la fidélité (stabilité dans le temps) et la validité (mesure effective de ce qui doit être mesuré)

Pour aller plus loin

Levy-Leboyer, C., Sperandio, J.-C. (1987), *Traité de psychologie du travail*. Paris : PUF.

FICHE 92 L'ANALYSE DU TRAVAIL

Préalable à toute intervention ou recherche, l'analyse du travail fait appel à plusieurs disciplines (psychologie, sociologie, ergonomie, médecine…) et, au sein de la psychologie, à plusieurs spécialités (psychologie cognitive, différentielle, sociale, clinique). Le travail constitue en effet un objet d'analyse complexe, ce qui implique des approches à la fois diversifiées et articulées.

1 Un objet complexe à construire

A Analyser un contexte dynamique

- L'analyse du travail a pour fonction d'identifier et de comprendre les interrelations et les effets réciproques entre des facteurs humains (individus, groupes), des facteurs liés aux conditions du travail, et des facteurs liés à la nature et aux finalités de la tâche. Il s'agit donc de mettre en œuvre une démarche d'objectivation des multiples aspects d'une situation « en mouvement ».
- Dans la mesure où le travail constitue toujours un contexte singulier, les modalités de l'analyse ne peuvent être définies une fois pour toutes et suscitent un large éventail de méthodes d'investigation (observation, entretien, questionnaire, expérimentation, analyse de traces et de documents pour l'essentiel).

B Des composants du travail et leurs interactions

- La démarche d'analyse suppose de définir les critères pertinents permettant le repérage des multiples dimensions qui caractérisent l'organisation du travail et l'activité des différents acteurs (hommes). Ces analyses sont conduites au regard de finalités prescrites de l'activité (tâches prescrites). Selon les situations, l'analyse des activités se focalisera sur une ou plusieurs dimensions comme les gestes des opérateurs, les informations qu'ils doivent traiter (signaux, messages oraux, écrits, etc.) pour réaliser la tâche ou encore prendre les décisions nécessaires au déroulement de l'action.
- Les comportements considérés sont sensiblement différents selon que l'analyse concerne la conduite d'une machine, l'enseignement d'une leçon ou encore la compréhension de la demande d'un usager à un guichet administratif. Les indicateurs choisis dépendent des processus visés : le travail individuel ou collectif, les relations entre services (organisation de l'entreprise, circulation de l'information…), les rapports avec la clientèle, etc.

2 L'analyse du travail à dimension humaine

A L'importance des facteurs humains

- Les facteurs humains se révèlent tout à fait centraux dans la compréhension du déroulement d'une activité. L'analyse du travail s'appuie ainsi sur les connaissances du fonctionnement psychologique (mémoire, perception, langage par exemple) pour éclairer l'ensemble des conduites de travail observées dans un contexte donné. À titre d'exemple, les recherches sur la perception ont permis de comprendre la survenue de fausses détections chez les observateurs radar. À d'autres moments, l'objet de l'analyse ne se limite pas aux interactions entre l'homme et une machine et doit intégrer l'existence de phénomènes de groupe. Les apports de la psychologie sociale ou de la sociologie sont essentiels à l'analyse des modes de communication, des processus d'influence sociale, de ralliement à la norme.

- L'étude des facteurs humains est importante pour comprendre les accidents. Les erreurs humaines proviennent non seulement des limitations du système cognitif (capacités attentionnelles – *cf.* fiche 26) mais aussi de représentations mentales inadéquates sur les processus contrôlés par les opérateurs.

B Identifier et analyser les aspects subjectifs

- L'identification des aspects subjectifs constitue un des enjeux importants de l'analyse du travail. Il s'agit de dégager, au-delà de la singularité individuelle, des faisceaux de relation entre les attentes, exigences et contraintes inhérentes à l'activité de travail proprement dite, et les dimensions cognitives, affectives et sociales du fonctionnement psychologique. Ainsi, le **stress professionnel**, le sentiment d'**usure professionnelle** (*burn out*), le sentiment de **bien-être subjectif** ou les stratégies mises en place par l'individu pour faire face aux situations de travail – notamment – (*coping* – *cf.* fiche 35) se révèlent aujourd'hui des indicateurs significatifs dans l'analyse des conduites au travail.

Les modalités de l'analyse du travail varient en fonction de la spécificité du domaine et des finalités de l'analyse. Elle peut être conduite avec un objectif d'intervention (évolution des performances, modification des conditions de travail, compréhension et prévention des risques ou des erreurs humaines). Elle peut également être conduite dans le cadre de l'élaboration de dispositifs de formation, d'analyse de profils de postes dans des perspectives de recrutement.

Pour aller plus loin

Levy-Leboyer, C., Sperandio, J.-C. (1987), *Traité de psychologie du travail.* Paris : PUF.

FICHE 93 LES THÉRAPIES FAMILIALES

Les dégâts de la Seconde Guerre mondiale (mouvements de population, deuils) ont marqué l'apparition des thérapies familiales. De nombreuses pratiques existent, nourries par la psychanalyse, le culturalisme, la sociologie, la théorie des systèmes et de la communication. D'une façon générale, on propose une thérapie familiale lorsque se répète au sein d'un contexte familial perçu comme conflictuel une conduite pathologique (toxicomanie, alcoolisme, anorexie, affections psychosomatiques, etc.). Les approches systémique et psychanalytique sont les plus communes.

1 La thérapie familiale systémique

A Données théoriques

- Outre l'apport de l'école de Palo Alto (équipe de Gregory Bateson puis de Don Jackson) qui s'est intéressée aux effets sur les conduites des caractéristiques de la communication dans les groupes (*cf.* fiche 23), c'est la théorie des systèmes qui nourrit principalement la thérapie familiale, qualifiée de ce fait de « systémique » (*cf.* fiche 21).
- La famille est comprise comme un système ouvert, c'est-à-dire en relation avec l'extérieur, où existe entre ses membres une homéostasie délicate que tout changement met en danger. Un des membres, dit « patient identifié » ou « patient désigné », est porteur de la symptomatologie du groupe et est désigné comme tel. Son trouble peut lui avoir été « légué » par les liens intergénérationnels antérieurs à sa naissance (notamment dans des cas de psychose comme l'ont montré Bowen et Selvini). Bien qu'aucune relation stable soit établie, on peut observer des fonctionnements récurrents pour certaines pathologies. Ainsi, pour les familles de schizophrènes, le discours familial tourne autour d'une disqualification systématique de ce qui a été dit, ou de la façon dont cela a été dit.

B Principes de la thérapie

- Les relations entre membres de la famille (qui peut se limiter à une fratrie ou à un couple) sont les seuls objets d'intervention, le sujet et son fonctionnement n'étant pas remis en question. Ce que l'on cherche à modifier, c'est une séquence d'interactions en vue d'une réorganisation du système. C'est donc l'acte de communication en lui-même qui est privilégié, quels qu'en soient les motifs.
- Les systémiciens s'intéressent à l'actualité de la famille où chacun a sa place, y compris le praticien. Celui-ci agit dans l'ici et maintenant. Son rôle de **résonance** (ce qu'il est et qui agit sur le système ou l'entretient) est particulièrement pris en compte par les praticiens de formation analytique.
- La thérapie systémique est axée sur la recherche de l'organisation et des interactions familiales. Leur mise à jour permet des techniques d'intervention comme la prescription paradoxale, qui aide au changement de situations bloquées dont le « patient désigné » est chargé de maintenir la permanence.

2 La thérapie familiale psychanalytique

A Données théoriques

- A. Ruffiot propose l'existence d'un appareil psychique familial, espace intermédiaire (quasi transitionnel au sens de Winnicott) entre la réalité psychique interne à chaque individu et la réalité sociale externe. Cet appareil psychique familial contient donc le psychisme de chacun de ses membres puisqu'ils doivent investir à un moment donné « l'objet famille » afin de trouver leur équilibre personnel. Ainsi, il y aurait un fonctionnement inconscient du groupe familial, à la fois complémentaire et produit de la rencontre des fonctionnements inconscients individuels.
- La vie familiale s'organiserait autour de cet appareil psychique groupal, doté de règles (implicites) et de défenses, dont le but est de maintenir l'harmonie du groupe (partie visible de la vie fantasmatique sous-jacente). L'exigence de la réalité et de celle des pulsions, les règles et les défenses peuvent devenir trop contraignantes et provoquer des dysfonctionnements.

B Principes de la thérapie

- Un symptôme peut avoir un effet pathogène sur l'ensemble du groupe familial. Cependant, et contrairement à l'approche systémique, le symptôme est perçu comme négatif car il renvoie au dysfonctionnement interne d'un ou plusieurs des membres de la famille (dysfonctionnement réel et non plus uniquement désigné comme tel).
- Le praticien s'intéresse aux fantasmes inconscients partagés, faisant écho chez tel ou tel participant à un fantasme de même nature et surtout au jeu relationnel qui en découle. C'est dans cette analyse que le transfert prend une place importante. Il s'agit du moment où un participant préfère vivre sa réalité psychique au travers d'un autre participant, plutôt que de connaître cette réalité.
- Le discours co-construit est l'outil du thérapeute, qui coordonne la dynamique du groupe. Le thérapeute tente de mettre à jour les fantasmes qui structurent les relations du groupe. Il repère les défenses et conflits inconscients et permet aux participants de les élaborer.

Chacune de ces deux approches de la famille admet que nombre de conflits se sont cristallisés sur plusieurs générations. Cette réflexion, riche d'apports, constitue un pôle d'intérêt constamment interrogé. Signalons enfin que les thérapies familiales ne sont pas exclusives; d'autres formes de prise en charge (individuelle, pharmacologique...) existent.

Définition

Homéostasie: maintien de l'équilibre d'un système (régulation homéostasique de la température du corps).

Pour aller plus loin

Maisondieu, J., Métayer, L. (1994), *Les thérapies familiales.* Paris : PUF/Que sais-je ?

FICHE 94 LES THÉRAPIES ANALYTIQUES

En 1922, Freud définit principalement la psychanalyse comme un procédé d'investigation des processus psychiques et une méthode de traitement fondée sur cette investigation. Cette forme de cure s'ancre dans l'histoire de la psychanalyse qu'elle vient nourrir en retour : c'est là une application qui la différencie nettement d'autres formes de thérapies. Ses « variantes » permettent aux analystes une grande adaptation par rapport à leurs analysants.

1 La cure psychanalytique

A Les origines

- Issue de l'hypnose, la cure va cependant s'en distancier en redonnant sa place à l'importance de la **parole** (catharsis). Freud observe notamment une amplification des associations d'idées sous hypnose qu'il est possible d'induire sans celle-ci : c'est la règle des **associations libres**. Le psychanalyste y répond par **l'attention flottante** c'est-à-dire une écoute sans *a priori* ni anticipation de ce que va dire le patient. Par ailleurs, Freud abandonne le registre de la suggestion et fait l'hypothèse du **transfert**, lui permettant d'introduire le concept de **résistance** (à rendre conscients des souvenirs refoulés, par exemple), comme l'une des pierres angulaires à sa théorie.
- Freud aplanit ainsi la hiérarchie entre patient et praticien. Ce dernier renonce à faire pression sur le patient, à lui suggérer un propos. Ce qui permet au travail psychique de se faire, ce sont les **interprétations** que livre l'analyste à l'analysant ; c'est-à-dire un acte de reconstruction des liens associatifs inconscients que le patient livre par sa parole. L'analysant est ainsi guidé du manifeste au contenu latent de son discours, de son dire (actuel) au fantasmatique (construit depuis l'enfance).

B La technique psychanalytique

- Le cadre de la cure implique que le patient soit allongé, l'analyste restant derrière lui pour faciliter le travail de l'analysant, hors de tout accrochage extérieur à lui. Les séances ont une périodicité et une durée fixée. L'implication du patient à sa cure est également matérielle, par l'importance notamment symbolique que revêt l'argent dans la cure.
- La disparition d'un symptôme n'est pas un indicateur de fin de cure. En effet, certains processus psychiques comme la répétition ne donnent pas lieu à un compromis pouvant satisfaire en partie les désirs inconscients, mais mettent en jeu la personnalité globale de l'individu. Le projet thérapeutique va donc souvent bien audelà de la simple demande formulée au départ, et se trouve révélée lors de la cure. Pour Freud, « l'analyse doit instaurer les conditions psychologiques les plus favorables aux fonctions du Moi ; cela fait, sa tâche serait accomplie ».

2 Les variantes à la cure

A Les variantes d'auteurs

- J. Lacan n'a pas élaboré une nouvelle méthode psychanalytique, mais a repensé la référence freudienne ainsi que la technique mise en place par celui-ci. Fondamentalement, il s'appuie sur trois registres : symbolique, imaginaire et réel (*cf.* fiche 15).
- C.G. Jung a, quant à lui, mis en place la « psychothérapie analytique » dont les bases théoriques sont données par l'inconscient collectif (la notion d'archétype) et l'analyse du caractère (extraverti/introverti). Le matériel sollicité est plus vaste que celui de Freud, faisant appel notamment au dessin ou au modelage. L'analyste intervient en face-à-face et fait des interventions métaphoriques suggestives pour le patient. Par ailleurs, Jung est le premier à avoir parlé de **psychothérapies brèves**, actuellement en développement (peut-être en réaction à la principale critique formulée à l'encontre de la cure, sa durée importante).

B Les variantes de techniques

- Certaines circonstances cliniques (dépression) ou situationnelles (demande particulière) peuvent amener le psychanalyste à proposer une **psychothérapie d'inspiration analytique** plutôt qu'une cure type. Cette psychothérapie a lieu en face-à-face, ce qui limite les mouvements régressifs. L'allure conversationnelle de ces thérapies n'empêche pas le transfert de s'instaurer, mais il est limité du fait de l'ancrage de ce qui est dit dans l'actualité de la vie du patient.
- **Le psychodrame d'inspiration analytique** tend à réduire l'écart entre l'apparence du sujet et sa réalité profonde, en remontant aux sources du conflit ayant généré un dysfonctionnement. La technique se construit en trois temps : la distribution des rôles et la mise en acte, la mobilisation du corps et de la parole lors du jeu, et enfin l'interprétation que fait le thérapeute des divers éléments qu'il souligne. Il s'agit d'un véritable travail d'élaboration, à visée diagnostique ou de traitement.

La psychanalyse n'est pas une psychothérapie mais possède indirectement un effet psychothérapeutique. De plus, nombre de ses présupposés (notion de cadre, analyse du transfert, neutralité bienveillante du praticien) ont infiltré plus ou moins directement les autres types de psychothérapies.

Définition

Catharsis: par la parole, le sujet accède à ses symptômes. La parole s'accompagne d'une décharge émotionnelle. Ces émotions sont alors dites libérées de façon cathartique.

Pour aller plus loin

Freud, S. (1953), *La technique psychanalytique*. Paris : PUF (conférences faites par Freud entre 1903 et 1913).

Restembert, E. et Jeammet, P. (1987), *Le psychodrame analytique*. Paris : PUF.

FICHE 95

LES THÉRAPIES COGNITIVO-COMPORTEMENTALES

Les thérapies cognitives et comportementales s'appuient sur les données objectives issues de la recherche expérimentale en psychologie. Selon les cadres théoriques de référence (le béhaviorisme ou le cognitivisme), l'accent est mis soit sur les comportements, soit sur les représentations mentales qui les sous-tendent, la clé du fonctionnement du psychisme se trouvant, en dernière analyse, dans le cerveau. Ces thérapies rencontrent de ce fait un certain succès dans les milieux médicaux.

1 Interaction entre comportements, cognitions et émotions

A Niveau comportemental

- Le comportement est la part observable des conduites. Selon la théorie béhavioriste, il est possible de le comprendre en utilisant le schéma stimulus → réponse (*cf.* fiche 7). Le comportement, lorsqu'il est inadapté, est compris comme un trouble à part entière. La thérapie a pour but de modifier la séquence des comportements de façon à la rendre mieux adaptée. Elle se base sur le postulat selon lequel les comportements humains sont appris. Il s'agit donc d'organiser des séquences d'apprentissage permettant l'acquisition de nouvelles conduites.
- Bandura insiste sur l'importance de la motivation : l'organisme ne subit pas passivement l'environnement mais, étant en interaction avec lui, il peut agir sur celui-ci. Ainsi, dans une visée thérapeutique, le patient doit avoir conscience du renforcement pour que son comportement puisse se modifier. L'anticipation du renforcement est la source de la motivation (à l'école, le « bon point » éventuel peut motiver l'enfant). Parler d'anticipation suppose des processus de pensée et des représentations symboliques sur lesquels la psychologie cognitive a mis l'accent.

B Niveaux cognitif et émotionnel

- Les conduites sont sous-tendues par des représentations mentales ou « cognitions », c'est-à-dire des entités d'ordre représentationnel. Ces entités mentales interviennent dans la sélection de l'information et par conséquent sur la perception, sur les jugements, sur l'appréhension des problèmes, etc., en bref, sur tout ce qui oriente la vie psychique. Le fonctionnement pathologique aurait son origine dans des représentations mentales inadéquates ou erronées (croire que tout le monde vous en veut par exemple). Les symptômes sont ainsi perçus comme étant négatifs ; ils n'ont pas de valeur adaptative. En intervenant dans le but de modifier les représentations mentales (image négative de soi, croyance en la non-maîtrise des événements par exemple), on s'attend à des modifications de la conduite des patients.

- Selon ce modèle, l'affect dépend de la cognition. En effet, la transformation de l'émotion (donnée physique) en affect (donnée psychique) s'appuie davantage sur l'interprétation que l'individu fait de la situation, à partir de ses représentations mentales, que sur des paramètres objectifs. Ceci explique qu'une même situation peut être vécue de manière très différente par des individus différents ou à des périodes différentes par le même individu. La modification des représentations mentales est supposée modifier le vécu émotionnel des patients.

2 PROCESSUS DE LA THÉRAPIE

A Déroulement

- D'une durée définie par avance, les thérapies cognitivo-comportementales se construisent classiquement en quatre phases : identification du problème par une approche fonctionnelle, définition de l'objectif du traitement (contrat entre le praticien et le patient incluant les moyens de traitement), mise en œuvre, évaluation des résultats par un suivi postérieur au traitement. L'intervention vise à développer les capacités de l'individu à s'autoréguler, de façon à éviter les rechutes.
- Les thérapies cognitivo-comportementales obligent le patient à une grande motivation afin de pouvoir espérer le changement.

B Aspects cliniques

- Même si l'on admet une structure de personnalité chez le patient, la thérapie a pour but de modifier le maillon spécifique qui, par réaction en chaîne, modifiera l'ensemble des éléments. La relation thérapeutique se résume quasiment au cadre proposé par le praticien. Son aspect réaliste, pédagogique, n'introduit ni régression ni transfert. Certains ponts avec la psychanalyse sont cependant tentés (Beck), mais restent marginaux.
- Concernant les indications, elles concernent principalement le champ des phobies, les attaques de panique, les troubles anxieux et obsessionnels. Des avancées intéressantes concernent les phénomènes de dépendance. Les contre-indications concernent certaines psychoses, notamment en phase aiguë, la dépression mélancolique et chaque fois que l'une des phases de traitement ne peut être remplie (notamment l'analyse fonctionnelle et l'objectif de traitement).

Séduisantes par leur courte durée et la présence de résultats objectifs, les thérapies cognitivo-comportementales ont connu une large diffusion durant les dernières décennies. Néanmoins, elles posent certains problèmes éthiques, notamment quand le « contrat » ne peut être consenti par le patient (par exemple, un autiste en bas âge).

Définitions

Séquence: enchaînement ordonné d'actions dont la finalité est de permettre à l'individu de s'adapter à une situation telle que celui-ci la perçoit et l'interprète.

Renforcement: processus d'apprentissage qui renforce les liens entre le stimulus et la réponse.

Pour aller plus loin

Cottraux, J. (1998), *Les thérapies comportementales et cognitives.* Paris : Masson, 3e édition.

FICHE 96 HYPNOSE, RELAXATION ET SOPHROLOGIE

Bien que connue depuis les anciens Égyptiens, l'hypnose connaît son essor avec Mesmer et son « magnétisme animal » (fluide passant de l'hypnotiseur à l'hypnotisé pour le mettre dans un état particulier). Plusieurs écoles existent mais la méthode hypnotique reste sujette à discussion. La relaxation, érigée en technique thérapeutique, est en revanche moins contestée. Elle agit sur le tonus musculaire. La sophrologie se nourrit de ces deux courants.

1 L'Hypnose

A Historique

- A.M.J. de Chastenet décrit le premier l'état de somnambulisme provoqué par le « magnétisme animal » de son mentor, F.A. Mesmer (1784). L'accent est alors mis sur **la relation hypnotique**. Plus tard, J. Braid, chirurgien dentiste de Manchester, est le premier à utiliser le terme de « hypnosis » (1843) pour décrire un état modifié de conscience, transitoire et artificiel, qui s'applique à toute méthode utilisant l'hypnose. On cherche alors à relier **l'état hypnotique** avec un état physiologique particulier.
- Une opposition franche naît entre l'école de Charcot (les manifestations hystériques sont assimilées à celles de l'hypnose) et celle de Liebault et Bernheim qui mettent l'accent sur la suggestion (action de l'hypnotiseur vers l'hypnotisé). Cette question afférente à la relation hypnotique et à ses effets permettra à Freud de développer la notion d'inconscient, notamment en s'intéressant à ce qui s'échange cette fois de l'hypnotisé vers l'hypnotiseur. Très rapidement, Freud se détournera de l'hypnose, qu'il jugeait dangereuse.
- Actuellement, l'hypnose est utilisée en médecine somatique (contrôle de la douleur). En psychiatrie, on note des contre-indications concernant principalement les psychoses.

B Deux courants

- L. Chertock décrit une technique hypnotique nourrie par la psychanalyse. L'hyp nose est ici comprise comme régression du Moi. Cette régression est due à la relation à l'hypnotiseur mais également à la « déprivation sensorielle » partielle due à la focalisation de l'attention. Après évaluation de la suggestibilité du sujet, l'hypnotiseur lui demande de se concentrer sur un objet (qui peut être le regard) ou une pensée sécurisante (suggestion verbale). La transe ainsi obtenue, on se livre à l'exploration de l'objectif fixé (par l'écriture automatique, la recherche de souvenirs enfouis…). Le vécu de la transe est repris après le « réveil » de l'hypnotisé.
- M. Erickson s'intéresse à l'hypnose dans une perspective de rééducation des comportements. Par l'hypnose, l'hypnotisé a accès à des réponses le concernant jusque-là non conscientes. Mais la conception éricksonnienne de ce qui est touché

par l'hypnose n'est pas l'inconscient freudien ; on est là plus proche des théories cognitivistes. La suggestion est utilisée, mais cette méthode est caractérisée par un abord plus conversationnel où le sujet est déstabilisé jusqu'à donner des formulations nouvelles du problème le concernant.

2 La relaxation et la sophrologie

A La relaxation

- Comme l'hypnose, la relaxation et particulièrement les thérapies de relaxation se définissent par un état particulier du sujet, placé en relation spécifique avec le « relaxateur ». La relaxation vise le relâchement du tonus musculaire. On différencie les méthodes utilisant la fixation de l'attention, celles neuromusculaires et enfin celles de rééducation psychotonique (De Ajuriaguerra considère ainsi le tonus musculaire comme une construction développementale, vécue depuis l'enfance, et sur laquelle on intervient).
- La relaxation d'inspiration analytique de Sapir est proche de cette dernière famille. Cet auteur distingue les méthodes « couvrantes » (maîtrise du corps et disparition du symptôme) et les méthodes « découvrantes » (Moi corporel). Les indications des thérapies de relaxation sont vastes, et ne concernent pas seulement les troubles psychosomatiques. Ces techniques, n'ayant pas prétention à être globalement curatives, sont souvent incluses dans un programme thérapeutique plus large.

B La sophrologie

- Il s'agit d'une doctrine s'inspirant à la fois des techniques de relaxation, de l'hypnose, mais également des philosophies orientales. Le terme est issu des travaux de A. Caycedo (1960). Les techniques mises en place en sophrothérapies sont néanmoins spécifiques (positions particulières du corps). Des angoisses, notamment de mort ou de morcellement, peuvent s'exprimer, et la répétition des séances permet à ces angoisses de s'atténuer.
- Le sophrologue, dûment formé, peut intervenir dans des secteurs divers comme le suivi d'interventions chirurgicales mutilantes ou sur des profils pathologiques divers. La formation et la pratique sophrologique s'adressent autant aux métiers paramédicaux que médicaux.

Ces techniques peuvent être pratiquées par des non-psychologues. Néanmoins, une formation sérieuse du thérapeute est indispensable pour préserver le patient de tout risque.

Définition

Suggestion: technique d'influence psychologique par la parole agissant sur un état émotionnel ou une conduite.

Pour aller plus loin

Bougnoux, D. (1991), *La suggestion: hypnose, influence, transe.* Paris : Delagrange.

Chertok, L., Stengers, I. (1999), *L'hypnose, blessure narcissique.* Paris : Déjà classique ! Les Empêcheurs de penser en rond.

Malarewicz, J.A., Godin, J. (1986), *Milton Erickson: de l'hypnose clinique à la thérapie stratégique.* Paris : ESF.

Lemaire, J.G. (1991), *La relaxation.* Paris : Payot.

FICHE 97 LE TRAVAIL AVEC LES SOIGNÉS ET LEUR FAMILLE

Les psychologues interviennent dans les services pour adultes et personnes âgées. En effet, les maladies, les traumatismes et la détérioration mentale peuvent entraîner, chez le patient et son entourage, des bouleversements générateurs de souffrances psychiques. Le psychologue intervient au côté des équipes médicales et des soignants pour aider le malade et son entourage.

1 Le patient et sa maladie

A Une rupture de l'équilibre quotidien

- Lors de l'hospitalisation, des angoisses peuvent apparaître. Ces angoisses sont fonction de l'évolution de la maladie, des traitements qui peuvent être difficiles à vivre et de la personnalité du sujet. En effet, la maladie est toujours vécue comme une blessure narcissique ; elle peut conduire à un deuil de la santé lorsque c'est une maladie chronique, voire à un deuil de la vie lorsqu'elle est mortelle à brève échéance. Les sentiments d'angoisse sont associés à un vécu dépressif. Ceux-ci sont partagés par les proches, qui peuvent les renforcer d'autant plus qu'ils ne comprennent pas toujours les modifications comportementales qui y sont associées (augmentation de l'agressivité, par exemple).
- Face à cette situation, le patient « fait face » en se défendant avec différentes stratégies, par exemple : **le déni de la maladie** (il fait comme s'il n'était pas malade, ne respectant pas son régime, oubliant de prendre les médicaments, etc.), **la projection sur les équipes médicales et soignantes de son vécu «mauvais»** (les transformant ainsi en mauvais médecins, infirmières, etc.), **la régression** où le patient se laisse soigner comme un petit enfant.
- La relation transférentielle d'un patient à l'égard d'un médecin ou d'une équipe est toujours importante car souvent liée à des fantasmes de toute-puissance de ces personnes qui auraient les moyens pour le guérir, le sauver. Mal gérée, elle peut conduire à l'emprise des uns sur le patient et à la dépendance entravante de celui-ci.

B S'intéresser aux atteintes

- D'une façon générale, le rôle du psychologue est de prendre en compte la souffrance invisible plus ou moins appréhendable selon les patients. Il est à l'écoute des modifications de vie mais aussi physiologiques qu'entraîne la maladie, parfois vécues comme de vrais traumatismes par les patients.
- À une hospitalisation peuvent correspondre des altérations de l'image de soi. En effet, nombre de pathologies somatiques ou de traitements entraînent des modifications du corps, avec une incidence sur la perception qu'en a l'individu (*cf.* fiche 34). Ceci est source d'angoisse qui n'intervient pas seulement dans les cas « lourds » (amputations, radiothérapies, chimiothérapies, etc.). Même ce qui

peut apparaître comme insignifiant au plan purement médical (prise de poids, perte d'appétit, perte des cheveux, etc.) ne l'est pas forcément pour le soigné, qui y mettra une charge affective particulière.

- Dans une perspective de prise en charge globale et pluridisciplinaire, le psychologue est à même de s'interroger sur les aspects psychosomatiques de la maladie et engager un travail sur ce terrain avec le soigné et une réflexion avec l'équipe soignante (*cf.* fiche 84).

2 La lutte contre la douleur

A Évaluer la douleur

- Les origines de la douleur sont multiples : nociceptive (par exemple, inflammatoire), neurogène (virale), psychique (attaque de panique) ou d'origine inconnue (céphalées de tension). Des échelles existent pour évaluer la douleur (échelle verbale simple, numérique et visuelle analogique). Elles ont l'avantage de donner au patient un statut de sujet, expert de son corps et de son ressenti. Cependant, elles ne permettent pas de répondre à la question essentielle : quelle est la signification de cette douleur pour le patient ?
- Comme tout un chacun, le patient ne peut imaginer une douleur supérieure à celles qu'il a déjà vécues. Le rôle du psychologue est de chercher à resituer ce que dit le patient de sa douleur en fonction de son vécu et de son histoire.

B La douleur morale

- La douleur morale peut s'installer lors d'une hospitalisation. Elle n'est pas d'origine physique, mais peut avoir des répercussions sur le soma. On les rattache généralement aux états d'anxiété et de dépression. Le ressenti est celui de peine et de souffrance mentale.
- Une prise en charge pluridisciplinaire et conjointe (médecin, psychologue) est à même de traiter ce type de douleur.

En aidant le patient à comprendre ce qu'il vit à l'hôpital, tant aux plans psychique que physique ou matériel, le psychologue peut l'aider à vivre les soins dont il est l'objet de façon moins douloureuse et à se préparer à prendre en charge l'après (rééducation, chirurgie réparatrice, suivi médical, etc.).

Pour aller plus loin

Amiel-Lebèque, F. (1993), *Entre santé et maladie*. Paris : PUF.

Divers auteurs (1991), « Douleur et souffrance psychique », *Revue française de psychanalyse*. Paris : PUF.

FICHE 98 LE TRAVAIL AVEC LES SOIGNANTS

À côté des fonctions que les psychologues exercent à l'hôpital (diagnostic, thérapie, formation et recherche), le psychologue fait un travail essentiel visant à permettre à l'ensemble des équipes médicales et soignantes un bien-être suffisant pour qu'elles puissent fonctionner au mieux avec les patients.

1 Deux modes d'intervention

A Travailler avec les soignants

- La représentation du psychologue (clinicien ou non) est d'être quelqu'un sachant écouter. Or, un psychologue n'est pas celui qui écoute passivement mais celui qui entend, et décide à partir de là les interventions à conduire. La spécificité de son approche est de tenter d'articuler psychisme et réalité sociale, celle de l'institution. Les informations qu'il recueille visent à mettre en place, avec l'équipe soignante, un protocole de prise en charge, un programme de suivi, etc.
- S'inscrire dans une relation d'aide est consciemment vouloir le bien-être de l'autre. Cependant, en secteur hospitalier, il existe une autre dimension : le bien-être de l'institution qui renvoie, au plan comptable, à la notion de rendement et de coût (taux d'occupation des chambres, prix d'un soin exceptionnel amputant le budget du service). Cette réalité économique peut être vécue par les équipes hospitalières comme antagoniste avec les motivations altruistes qui ont guidé leur choix professionnel. Le psychologue est ainsi parfois celui qui aide à gérer les conflits surgissant d'une confrontation douloureuse entre idéal thérapeutique (où l'échec n'est pas accepté) et contraintes de l'institution. Il s'agit de proposer des solutions satisfaisant à la fois le bien-être du patient et celui de l'institution.

B Accompagner les soignants

- Le « *burn-out* » (*cf.* fiche 35) est un risque important dans une pratique quotidienne au contact de la souffrance de l'autre. L'hypermédicalisation peut être conçue comme un moyen de lutter contre l'angoisse et la culpabilité : elle permet une mise à distance et une rationalisation de la relation au patient. Le psychologue est là pour favoriser l'expression des émotions, et leur donner un sens (notamment en groupes de parole). Le soignant n'est pas tout-puissant et ce qui fait son humanité est loin d'être une faiblesse, pour peu que l'on s'y attache.
- En réunion de synthèse, le psychologue est également celui qui informe ou qui propose une réflexion. Ainsi, montrer qu'il n'existe pas de patients difficiles mais plutôt une relation au patient éventuellement difficile permet d'en désarticuler les mécanismes et aide la relation soignante. Par exemple, la représentation de la toxicomanie peut gêner la relation au patient concerné, alors même qu'un cadre adapté ne rend pas la pratique de soins plus difficile que pour d'autres patients.

2 Les groupes de parole

A Le contre-transfert

- Confrontés aux mécanismes spécifiques mis en place par le soigné (*cf.* fiche 97), les soignants actionnent d'autres mécanismes dits contre-transférentiels. Ceux-ci sont importants car ils interviennent au niveau même de la relation thérapeutique (qualité de soins et compliance, par exemple).
- Ainsi, le soignant peut être gagné par l'angoisse du patient. Une attitude fréquente est l'isolation du symptôme ou du processus morbide, avec une non-considération du patient comme individualité. L'énergie que dépense le soignant pour lutter contre un symptôme peut inquiéter le patient. Ceci a pour conséquence une intensification de la demande affective, mettant en échec la tentative d'isolation. On assiste alors à la montée de l'angoisse de part et d'autre. La mise en place de groupes de paroles où le psychologue intervient comme régulateur contribue à mettre à jour ce type de dynamique et à ce que les soignants aient une prise sur elle.

B Le fonctionnement des groupes de parole

- Il s'agit d'un espace de parole ouvert par un psychologue où chacun peut parler librement et avoir le soutien de ses collègues. Le but est de permettre aux soignants de se dégager de leurs implications émotionnelles qui perturbent leur relation aux patients. Il s'agit de faire en sorte que les faits professionnels pénibles ne deviennent pas des problèmes personnels, isolant un soignant des autres membres de l'équipe, et par conséquent de trouver la bonne proximité relationnelle par rapport aux soignés. Les groupes de parole permettent l'apprentissage des limites et rôles de chacun.
- Spécifiquement, les groupes Balint (psychiatre anglais) rassemblent des professionnels confrontés aux même difficultés. Ces groupes sont animés par des psychanalystes. La dynamique collective créée est destinée à la prise de conscience des éléments contre-transférentiels afin de pouvoir en maîtriser les conséquences au plan de la relation au patient (par exemple, éléments contre-transférentiels de l'angoisse décrite précédemment).

Le travail des psychologues avec les soignants contribue à la qualité des services auprès des patients à l'hôpital, tout en préservant la santé des soignants.

Définitions

Contre-transfert: ensemble des sentiments ressentis par le soignant à l'égard du soigné, en réaction aux sentiments de celui-ci.

Compliance: suivre les règles d'un traitement, dans les termes proposés par le soignant.

Pour aller plus loin

Balint, M., Balint, E. (1961), *Techniques psychothérapeutiques en médecine.* Paris : Payot.

Navelet, C., Guérin-Carnelle, B. (1998), *Psychologues au risque des institutions.* Paris : Frison-Roche.

Rusznievski, M. (1999), *Le groupe de parole à l'hôpital.* Paris : Dunod.

FICHE 99

LE TRAVAIL AVEC LES PATIENTS ATTEINTS DE MALADIE LÉTALE

L'annonce d'une maladie létale provoque un traumatisme pouvant avoir un effet destructeur. Le psychologue peut aider le patient à le surmonter et accompagner les remaniements que l'irruption de la mort engage dans sa vie et celle de ses proches.

1 L'ANNONCE DE DIAGNOSTIC

- **Un effet de choc immédiat:** l'annonce d'une maladie grave peut être traumatique lorsqu'elle apparaît comme une mort annoncée. La prise de conscience par le sujet de sa propre mortalité exerce un effet destructeur sur le narcissisme. Ceci contribue à provoquer une pathologie réactionnelle qui se surajoute à la détresse physique du patient.
- **Trois types de réactions initiales:** tout d'abord des manifestations de grande détresse (agitation, crises d'angoisse, état dépressif), voire de grandes confusions mentales – celles-ci ressemblent aux réactions immédiates observées lors d'événements traumatiques (explosion de grande ampleur, guerre). L'individu peut également s'isoler dans un mutisme souvent difficilement supportable par l'entourage et les soignants (déni, alexithymie, etc.) alors qu'il s'agit d'un fonctionnement défensif essentiel. Enfin, il peut osciller entre ces deux positions, au risque de l'effondrement par épuisement.
- **L'annonce d'une maladie létale de l'enfant** provoque chez les parents des sentiments d'incompétence et de perte d'estime de soi qui s'accompagnent souvent de troubles relationnels : déficit de l'attachement du fait que les parents ont des difficultés à investir un enfant qui va mourir. « L'anticipation de la perte à venir peut empêcher l'établissement d'une relation d'objet saine et durable avec l'enfant générant une série de dysfonctionnements (...). Tous ces processus sont des tentatives de défense mises en jeu d'autant plus activement que l'angoisse et la douleur d'avoir conçu un enfant malade et qui va mourir est intriquée à des deuils et des pertes d'objets antérieurs » (Funck-Brentano et Costagliola, 1998).
- **Une maladie grave n'est pas nécessairement mortelle et l'échéance d'une maladie mortelle est toujours inconnue**. Pour les équipes soignantes, il est donc extrêmement important de savoir dire et ne pas dire, dire au patient ce qu'il peut entendre et gérer. Il en est de même à l'égard de la famille.

2 L'ACCOMPAGNEMENT DES MALADES EN PHASE TERMINALE

A Le cadre d'action

- **La circulaire du 26 août 1986 définit l'accompagnement des malades en phase terminale**. Il s'agit de soins actifs dans une approche globale de la personne atteinte d'une maladie grave évolutive ou terminale. Les objectifs en sont de soulager les douleurs physiques ainsi que les autres symptômes somatiques, avec la prise en compte de la souffrance psychologique, sociale et même spirituelle. À côté de quelques unités spécifiques, il existe en France des unités mobiles qui viennent dans les services à leur demande, en particulier pour la prise en charge de la douleur.

- Il n'existe pas, fort heureusement, d'étapes psychologiques codifiées dans lesquelles il faudrait inscrire celui qui meurt. Le psychologue cherche surtout à permettre d'accueillir la mort le mieux possible pour le patient, son entourage et également pour les soignants. Le mourant est perçu dans sa réalité actuelle de vivant, et accompagné dans ses propres objectifs.

B Le travail de deuil de soi

- Le travail de deuil qui accompagne la mort est très particulier puisque c'est un travail de deuil de soi. La mort est inacceptable pour celui qui vit, ce qui explique que le déni fonctionne en alternance avec l'acceptation de la mort.
- Il s'agit de faire avec sa mort alors qu'on ne peut la connaître, faire avec les angoisses la concernant (les **angoisses de mort** sont très pénibles), d'apprendre à laisser sa vie tout en s'appuyant sur ceux qu'on aime et se laisser aller à l'impuissance complète.
- Il peut arriver que ce travail de deuil de soi soit prématuré : l'espérance de vie des patients peut se trouver modifiée par une nouvelle thérapeutique ; c'est le cas en particulier pour les patients infectés par le VIH. Il y a aussi des cas de survie imprévue. Il s'agit alors pour le patient de réapprendre à vivre quand il a cru qu'il allait mourir, et pour ses proches de le réinvestir.

Le travail auprès des patients atteints de maladie létale et des mourants et auprès de leur entourage est très spécifique. Plus que tout autre, il implique un travail d'équipe et le partage d'un cadre éthique.

Définitions

Déni: mécanisme de défense donnant lieu à un rejet d'une réalité extérieure vécue comme terrible.

Alexithymie: gel affectif qui correspond à une protection contre l'irruption d'états affectifs particuliers.

Pour aller plus loin

Bourgeois, M.-L. (1996), *Le deuil, clinique et pathologie*. Paris : PUF.

Pratiques psychologiques, diagnostic: effet d'annonce, 1988, 1.

Ruszniewski, M. (1999), *Face à la maladie grave, patients, familles, soignants*. Paris : Dunod.

Thomé-Renault, A. (1999), *Le traumatisme de la mort annoncée*. Paris : Dunod.

FICHE 100 LES LIEUX DE CONSULTATION

Les lieux de consultation sont divers et pour la plupart ignorés du public. Celui-ci ne rencontre bien souvent le psychologue que dans des circonstances où, de fait, ce n'est pas lui qui a l'initiative de la consultation (bilan psychologique à l'école ou à l'hôpital, tests psychotechniques dans une procédure d'embauche...). De fait, les psychologues sont présents dans une multitude de structures où il est possible de bénéficier de leurs services, soit sur prescription, soit à la demande de l'individu. Par ailleurs, il est possible d'y faire appel dans le cadre de l'exercice libéral. Le titre « psychologue » garantit un niveau de formation.

1 Les lieux de consultation du secteur public

A Les services des hôpitaux

- Les psychologues cliniciens exercent :
  - dans les centres hospitaliers gérant les secteurs psychiatriques (hôpitaux de jour, foyers, appartements thérapeutiques) et neurologiques ; les services d'urgence et de médecine ;
  - dans les services pour enfants et adolescents, de maternité (procréation médicalement assistée, bébés prématurés), de chirurgie et en particulier de chirurgie esthétique réparatrice, de gériatrie et de gérontologie, de traitement de l'alcoolisme et de la toxicomanie, les services spécialisés dans les troubles du comportement alimentaire, dans les maladies létales (*cf.* fiches 98 et 99).

B Les centres spécialisés pour la petite enfance et les enfants handicapés

- Les PMI (Protection maternelle et infantile) : ce sont des centres départementaux chargés de la protection sanitaire et sociale des femmes enceintes et des mères ainsi que des enfants de la naissance à six ans. Les services de consultation sont divers : consultations prénuptiale, prénatale et postnatale, planification familiale, etc.
- Les centres spécialisés pour enfants déficients sensoriels, moteurs ou mentaux : les missions de ces centres sont le dépistage, le diagnostic, la rééducation, la guidance des familles.
- Les crèches : les psychologues y sont présents pour écouter les familles et venir en aide aux personnes.

C Les centres de consultation psychologiques dans les administrations publiques

- Un certain nombre de grands organismes relevant de différents ministères (éducation, travail et emploi, justice, armée, police...) disposent de centres de consultation psychologique plus ou moins spécialisés (les réseaux d'aide à l'école primaire, les Centres d'orientation et d'information des collèges et lycées, les services d'aide psychologique aux étudiants des universités, etc.). Quelques universités ont créé des services spécifiques (centre Devereux à l'université Paris VIII-Saint-Denis, par exemple).

2 Les grandes entreprises et le secteur associatif

- Au sein de certaines grands entreprises publiques et privées, il existe des **services employant des psychologues** (aide psychologique, Direction des ressources humaines – DRH –, étude et recherche…). Comme dans tous les lieux où ils exercent, les psychologues sont tenus au secret professionnel.
- Le secteur associatif (souvent soutenu par les collectivités locales) a développé une grande variété de **lieux d'écoute** où il est possible d'être conseillé en vue éventuellement de prises en charge plus spécifiques, voire d'y trouver un cadre permettant de surmonter des difficultés plus ou moins passagères (rupture familiale, toxicomanie, alcoolisme, tentative de suicide, etc.). Il convient d'être attentif à la qualification des personnes auxquelles on s'adresse, car il s'agit d'un secteur peu contrôlé.
- Les **« boutiques vertes »** (ou « maisons vertes »), créées sous l'impulsion de Françoise Dolto, sont des lieux de rencontres entre parents et enfants, organisés généralement par des psychologues cliniciens et des psychanalystes.

3 Le psychologue libéral

- Les pratiques des psychologues qui exercent en libéral sont diverses : bilan psychologique, traitement psychothérapeutique, thérapie de couple, conseil conjugal ou familial, conseil en management et organisation, etc.
- Les personnes qui ont recours aux services d'un psychologue libéral n'ont pas de couverture institutionnelle. Les actes ne sont pas pris en charge par la Sécurité sociale car, pour elle, ils n'ont pas la capacité à prescrire. L'exonération de la TVA ne vaut que pour certains actes (bilan psychologique, bilan de compétences…).

Tout un chacun peut avoir besoin des services d'un psychologue, pour soi-même ou un membre de sa famille. Contrairement aux idées reçues, aller voir un psychologue ne signifie pas qu'on est fou. Au cas où les problèmes qui motivent la consultation ne relèvent pas de sa compétence, le psychologue est à même d'orienter les personnes vers des lieux de consultation et de soins plus appropriés. Les laboratoires de recherche (universités et CNRS) peuvent répondre à des demandes d'étude et de recherche sur tout sujet relevant d'une approche psychologique.

Pour aller plus loin

Charvin, F., Minguet, G. *et al.* (1995), *La psychologie et ses applications pratiques.* Le Livre de poche, n° 522.

Ghiglione, R. (1998), *Les métiers de la psychologie.* Paris : Dunod/Topos.

Index des notions

Index des noms propres

Achevé d’imprimer en France sur les presses de Jouve, Paris
N° d'impression : 406926F - Dépôt légal : Août 2006
8260001/07